理念與制度：

基於實踐視野的經濟正義研究

譚亞莉 著

序　言

　　各價值目標既具有相對獨立的內涵，在各個領域中有著具體的、特殊的實踐訴求，又彼此聯繫，具有不可分割的統一性。在弘揚核心價值觀的過程中，必須從制度建設等實踐層面，保證各價值目標的實現，同時有效地化解各種價值衝突，整合多元價值訴求，推進社會和諧發展。在經濟實踐領域，如何準確地把握核心價值觀與體系目標，把自由、平等、公正等價值理念有效融入經濟發展目標和發展規劃，融入經濟社會政策和重大改革措施，融入社會制度文明建設中，是當下理論工作者應盡的職責。本書立足於實踐視野，從多元經濟正義觀的統合視角，對自由、平等、公正等核心價值目標的內涵與實踐意義，以及它們相互間的聯繫，進而對實踐的制度訴求等問題進行整體性、系統性研究。

　　「經濟正義」作為現代社會正義的重要範疇，凝結著人們對美好生活的憧憬，承載著對現實經濟生活的引導與改造，是人們基於對幸福的理解所產生的價值訴求在現實經濟領域的實踐過程。全面深刻地把握經濟正義的含義及其實踐特徵，將有助於我們進一步探究正義在經濟領域實現的規律，在促進經濟可持續發展的過程中，實現人們對「善生活」與「好社會」的不懈追求。

　　然而在現今社會裡，經濟正義的實現面臨著經濟運行與倫理價值訴求相疏離的困境：一方面是經濟的片面發展造成了對其他正義價值的忽略或損害，導致了「物化」「異化」現象；另一方面則由於社會執著於抽象道義層面對經濟活動的指責與干預，導致經濟制度與決策上的技術非理性，經濟正義難以伸張。因此，如何通過人類的實踐理性盡可能消除現代經濟中資本對人性發展的扭曲，如何應對經濟世界中多種價值目標的衝突，如何均衡各種價值目標並通過經濟技術轉化為現實有效的經濟制度、政策力量，則是現代經濟正義研究所需面對的時代挑戰和現實任務。本書對經濟正義的研究將側重放在實踐維

度上。

　　圍繞上述主題，本書在繼承前輩研究成果的基礎上，按照從宏觀到微觀、從抽象到具體的邏輯方法和研究思路，圍繞「經濟何以正義、經濟正義實現了什麼、經濟正義如何實現、實現得如何」這個線索，分別就正義及經濟正義的內涵、實踐特徵、實踐原則，經濟正義的終極目標、價值維度以及經濟學的實踐歷程，經濟正義的制度建設科學、建設原則，經濟正義的制度分析四個方面作出了嘗試性的探析。

　　第一部分：實踐視野的經濟正義理念。本章在追溯關於「正義」的各種概念的基礎上，明晰了「正義」的內涵及實踐性，並進一步闡明了現代經濟正義的實踐特徵、實踐困境與實踐原則。本書通過分析指出，經濟正義是道德目的性與經濟規律性的統一，是「在特定社會條件下的經濟生活中，通過把握社會經濟規律，將促進人性自由而全面發展的系列價值理念在經濟世界滲透，並外化為現實的經濟原則和經濟制度規範、決策，從而引導和約束經濟行為及經濟活動，使之符合人性發展及社會完善的過程」。經濟正義的實現要突破當前經濟世界強勢發展導致的「經濟」與「倫理」相分離以及社會分化、正義價值多元化等困境，須得以經濟學與倫理學的交叉融合視角與方法，關註經濟正義實踐範疇的「正義價值的經濟表達」「多元經濟正義價值的經濟技術澄清」「動態的調整機制」等問題，以「人道價值原則」「經濟原則」「和諧原則」三個經濟正義實踐原則對應之。

　　第二部分：經濟正義的價值追求及其軌跡。此部分為本書的核心內容。經濟正義關註特定經濟體系的優劣，以及如何做才能使經濟運行得更好，這離不開一套切合社會現實的價值體系和科學有效的衡量方法。此部分圍繞由此而展開的「經濟活動的終極目標、經濟活動的價值訴求、如何估價它們」等一系列問題，進行了充分的論述。正義的價值訴求源於人們對美好生活的理解，對經濟的正義訴求應該在對「幸福」的理解之中被說明。基於此，本部分首先在充分探析作為經濟正義的終極目標的「幸福」的基礎上，指出經濟正義的三個主要價值維度：經濟自由、經濟平等、經濟效率，並分別對三個價值目標的意義、內涵、表現等內容從哲學、倫理學、經濟學的視角進行了詳細的分析與闡明。最后，圍繞這三個價值目標，按照以福利經濟學為主的現代經濟學發展歷程線索，呈現了經濟正義價值走向現實層面複雜而艱難的實現歷程，從而探討了各個正義價值目標在經濟體系中走向實踐層面的約束條件。

　　第三部分：基於經濟正義視角的制度理論。在確立了經濟正義的實踐原則、目標、價值體系等理念層面規範後，本書的探討逐步進入到更具體的實踐層面。抽象的價值藍圖僅構成正義的一部分，美好的價值訴求還需要通過合宜

的制度對人們行為的規導而呈現出來。因此，經濟正義的制度建設的核心問題就在於，如何把經過哲學的價值審視而達成的經濟正義理念和主張，通過合理的制度設計外化為現實的經濟規範力量。而這一切，有賴於對制度科學的把握。本部分以制度經濟學為依託，對制度的定義、分類及其功能作出了概述，在此基礎上，通過闡析新制度主義的制度設計與變遷理論，尤其是對諾斯的「路徑依賴理論」、赫爾維茨的「機制設計理論」等的闡析，啟發基於經濟正義的制度建設，嘗試得出基本的建設原則。

第四部分：基於經濟正義視角的制度實踐。從抽象的制度科學進一步走向具體的經濟制度，本部分從經濟正義的視角，對現代經濟體系中的幾個主要制度實踐進行了具體分析。作為現代社會中最重要的兩種資源配置方式——「市場」與「政府」，本書首先以其為制度分析對象，分別剖析並總結了各自的優劣，並盡可能地以經濟倫理學的交叉視角去闡釋因制度缺陷而導致的價值失效、失衡問題，指出「市場」與「國家」的有效結合是實現經濟正義的必然途徑，但目前這仍有待經濟學等社會科學進行更深入的研究探討。本書接著對「產權制度」進行了具體的經濟正義分析。本部分在介紹了現代產權制度的產生、發展等理論，以及對經濟正義的積極意義的基礎上，結合中國的改革現實，評析了當下產權制度改革中引發的正義問題。分配正義是經濟正義中的重要問題，而再分配的正義性更是現代經濟生活中引發諸多議論，令學界爭執不休的理論問題。對於此，本書專門就再分配制度從政治哲學、倫理學、經濟學的角度，對其正義性、約束條件、實現形式等進行了深入闡析，尤其是在再分配正義性的論證上，本書傾註了筆者力所能及的創造性思考努力，小有心得，拋磚引玉，以求斧正。

作者

目　錄

0　導論 / 1

 0.1　背景與意義：問題的提出 / 1

 0.2　研究的現狀與本書的立場 / 4

 0.3　研究的方法和思路 / 9

  0.3.1　研究方法 / 9

  0.3.2　研究思路 / 12

1　實踐視野的經濟正義理念 / 14

 1.1　「正義」及其實現 / 14

  1.1.1　「正義」的定義 / 14

  1.1.2　「正義」的實質與形式 / 19

 1.2　經濟正義為什麼要引進實踐考量 / 24

  1.2.1　「正義」的實踐性 / 24

  1.2.2　經濟正義是道德目的性與經濟規律性的統一 / 30

  1.2.3　經濟正義的實踐困境 / 33

 1.3　經濟正義的實踐：方法論與原則 / 35

  1.3.1　作為方法論的經濟倫理學視角 / 35

  1.3.2　多元正義與經濟正義的實踐原則 / 40

　　　　1.3.3　小結 / 47

2　經濟正義的價值追求及其軌跡 / 52

　2.1　經濟正義的終極目標：幸福 / 52

　　　　2.1.1　「幸福」是什麼 / 53

　　　　2.1.2　怎麼獲得幸福 / 56

　　　　2.1.3　幸福之於「美好社會」/ 58

　2.2　經濟正義的「價值體系」/ 60

　　　　2.2.1　經濟正義的核心——「經濟自由」/ 61

　　　　2.2.2　作為價值之維的「經濟效率」/ 64

　　　　2.2.3　有平等，也有不平等的「經濟平等」/ 72

　　　　2.2.4　小結 / 83

　2.3　經濟學負載價值實現的福利經濟學歷程 / 84

　　　　2.3.1　基於「人際效用比較」的舊福利經濟學 / 85

　　　　2.3.2　引進「帕累托標準」「序數效用」的新福利經濟學 / 87

　　　　2.3.3　「能力」對福利經濟學的超越 / 93

　　　　2.3.4　小結 / 100

3　經濟正義的制度理論 / 101

　3.1　「制度」自身的邏輯 / 102

　　　　3.1.1　什麼是「制度」/ 103

　　　　3.1.2　制度的分類 / 105

　　　　3.1.3　制度的主要功能 / 107

　3.2　新制度主義的制度設計與變遷理論 / 111

　　　　3.2.1　新制度主義概述 / 111

3.2.2 關於制度設計的理論——「機制設計理論」/ 113

　　3.2.3 關於制度演化、變遷的理論 / 118

　　3.2.4 小結 / 125

3.3 經濟正義的制度建設原則——結合制度理論的啟示 / 126

　　3.3.1 註重制度體系的結構性正義調節 / 127

　　3.3.2 價值激勵相容與制度激勵相容的統一 / 128

　　3.3.3 靈活的調整機制 / 131

　　3.3.4 推進不同制度形式協調發展 / 133

　　3.3.5 完善經濟制度正義建設的輔助機制 / 136

4 經濟正義的制度實踐 / 138

4.1 市場與政府——兩種經濟運作機制 / 138

　　4.1.1 「市場奇跡」與「市場失靈」/ 138

　　4.1.2 「政府干預」與「政府失靈」/ 146

　　4.1.3 「市場」與「政府」的有效結合探討 / 154

4.2 產權制度的經濟正義分析 / 158

　　4.2.1 產權、產權制度 / 158

　　4.2.2 產權制度對經濟正義的促進 / 162

　　4.2.3 產權制度的正義性問題 / 167

4.3 再分配制度的經濟正義分析 / 170

　　4.3.1 再分配何以必要 / 171

　　4.3.2 再分配的代價 / 177

　　4.3.3 管好「入口」——對累進稅的反思 / 179

　　4.3.4 管好「出口」——對再分配實現形式的反思 / 183

　　4.3.5 小結 / 187

「以冷靜的頭腦進行實證分析，進而將熱情的心所進行的規範價值判斷付諸實施。」
——馬歇爾《經濟學原理》

0 導　論

　　正義不僅是作為一種理念存在於人們的觀念、情感與社會共識之中，更是以規範、制度等形式存在於社會生活的各個領域，並呈現出不同的績效，正義由此而具有「實現層面」的意義。經濟正義是現代社會正義的重要範疇，它凝結著人們對美好生活的憧憬，承載著對現實經濟生活的引導與改造，是人們基於對幸福的理解所產生的價值訴求在現實經濟領域的實踐過程。我們不僅需要明晰在規範層面經濟正義的根本目標與價值維度，還需要在現實經濟生活中，結合經濟運行規律，通過建立切合社會現實的正義價值體系與科學有效的衡量方法，對經濟活動或經濟政策進行價值評估。並且要將符合時代需要的正義價值目標落實為科學有效的經濟制度以及公共政策，以幫助國家與市場引導經濟朝著符合人們正義價值訴求的方向發展。

0.1　背景與意義：問題的提出

　　富士康在 2010 年共計發生 14 起勞工跳樓事件，此一「連環跳」事件震驚全國。2012 年富士康作為蘋果公司最大的總裝供應商，更是受到全球勞工保護組織的聯合抵制，最后促使蘋果公司自邀美國「公平勞工協會」（Fair Labor Association，FLA）對富士康進行督察。[①] 與此同時，富士康每日的招聘現場依

[①] 摘錄自《勞工組織入廠調查蘋果供應鏈——富士康調查已開始》，載於《第一財經日報》，2012 年 2 月 15 日。

然人山人海，無數來自各地的農民工趨之若鶩。富士康為中國解決了120余萬人的就業，為所在城市每年貢獻上百億元的稅收。即使有鋪天蓋地的負面新聞，卻也並不影響各城市政府頻頻向富士康拋出橄欖枝，競相提供優惠條件引之安營扎寨。富士康到底是促進中國經濟發展的「有功之臣」，還是「血汗工廠」呢？

2011年6月30日起，中國個稅起徵點從2,000元提升為3,500元。有人認為這是中國稅收政策的進步，體現了「劫富濟貧」的社會再分配的公平取向。然而也有人指出這是對窮人權利的侵犯，因為個稅的提升導致部分收入低於起徵點的民眾因免於交稅而無法出示納稅證明，導致無法享受某些城市必須以此為條件而提供的城市待遇（購房、入學、社保等）。那麼，這樣的個稅改革是否正義呢？

2012年年初，發改委、財政部等17部委共同發布《「十二五」節能減排全民行動實施方案》，其中在第七條「節能減排政府機構行動」中，提出要加快推進公務用車制度改革，「全國政府機構公務用車按牌號尾數每週少開一天」①。對此，公眾提出疑問：以何樣機制來保證該制度得以實施？該政策的出抬會不會反而導致政府機關購買更多汽車以應對出行？面對非議，相關部門緊急「澄清」，將該政策界定為「全民倡導」。「節能減排」毫無疑問是符合公眾利益的，但在此目標下，應該怎樣制定制度？制定什麼樣的制度、政策？失效的決策、制度是否有損於其目標的正義性呢？

上述中國社會經濟生活中的類似事件，時有發生。它們或是關涉著多種價值訴求之間的掣肘，或是價值理念走向制度實踐遭遇到技術困難，或是制度的連帶效應造成對其他價值的冒犯……但總之，它們都關乎正義諸理念在現實經濟生活中的落實，其結果都會直接影響到我們對經濟生活正義與否的體驗與判斷。

隨著現代經濟生活的日益複雜，現代社會打破了傳統社會單一正義標準的狀態而呈多元化發展，不同的個體、群體，基於不同的正義立場，對正義實踐的目標、方式、路徑各有看法，由此而產生正義實踐中的衝突。正如韓水法在其《正義的視野》前言中所指出的那樣，「中國問題自上世紀末以來就……匯集了當代社會科學和實踐哲學的所有問題於一身——彼此衝突的行為與規範，相互掣肘而又相互突破的制度，多元而層出不窮、彼此關聯或矛盾的事件」。②

---

① 摘錄自《「十二五」節能減排全民行動實施方案》，載於中國網2012年2月7日：http://news.china.com.cn/txt/2012-02/07/content_ 24573830.htm

② 韓水法. 正義的視野——政治哲學與中國社會 [M]. 北京：商務印書館，2009：16.

面對紛繁複雜的社會經濟生活，經濟正義的理論與實踐探索依然面臨著巨大的挑戰。什麼樣的經濟才是好的？是平等，是自由，抑或是高效的？似乎難以用單一的正義價值標準作出評價。當今社會，理論與實踐中的諸多分歧往往並不是「要不要正義」的紛爭，而是「要什麼樣的正義」以及「如何實現正義」的分歧——正義的實踐維度由此得以凸顯。

就經濟領域而言，經濟發展與企業活動對社會生活影響越大，不同的倫理價值觀、信念的分化及衝突就越激烈，經濟正義所面臨的挑戰就越是嚴峻。它不僅關涉到身處日常生活中的企業者、決策者和公民，更是學術界不可迴避的重大理論問題。在社會經濟生活日益複雜的今天，「懂得正確的事」和「做正確的事」並非易事。尤其在中國社會經濟轉型時期，所面臨的大量社會經濟問題都是全新的、複雜的，絕非簡單的道義批評而能概括之。目前隨著經濟倫理的研究重點逐漸從價值批判轉入價值實現領域，「經濟倫理研究及其實踐更註重把倫理準則整合到可操作的產業標準和績效評估中，更註重機構合作和制度設置」。需要關註的是「如何將道德要求付諸實踐的挑戰，使之具有可操作性和實用性」。① 就經濟正義研究而言，其承擔的歷史使命不僅包括對現實經濟生活的道德評價與價值引領，其更重要的功能還在於如何促進多種利益訴求下的多元價值目標的融合，以及經濟正義價值理念向現實社會生活的呈現。這包括從技術層面解決價值分歧的經濟問題，價值理念轉化為制度的有效性問題，制度對正義價值主題嬗變的調整機制等實踐性問題。

概括而言，基於如上的現實背景與理論訴求，本書認為立足於「實踐視野」的經濟正義研究，不可迴避如下三個方面問題：

1. 正義價值的經濟表達問題

它即是指經濟正義的倫理價值如何通過經濟制度、決策等經濟活動而對現實產生作用的問題。這是價值理性與工具理性統一在經濟正義範疇的具體表現。由此產生的具體問題主要有：經濟正義在現實的社會背景條件下，對經濟生活給予了怎樣的價值訴求？這些價值目標怎樣轉化為經濟目標？在經濟倫理學的交叉學科視野下，促成這種轉化的經濟制度、決策、機制是否有價值損失或扭曲？如何應對？其形式合理性與實質合理性怎樣得到保證？……

2. 多元經濟正義價值的經濟技術澄清問題

它即是指在經濟領域的正義價值衝突如何通過經濟技術得以和解的問題。

---

① 丹尼爾·豪斯曼，等. 經濟分析、道德哲學與公共政策 [M]. 紀如曼，高紅豔，譯. 上海：上海譯文出版社，2008：5.

正義在經濟領域，必然存在著一個價值互動與價值制衡的問題。那麼，經濟正義諸價值之間（如自由、平等、效率等）存在著什麼樣的關係？其在經濟領域的實現具體應以哪些指標為基準？其相互之間又存在什麼關係？如何以現實為基礎，對多元價值訴求進行先後序列的論證？如何評估並優化現實經濟規制（制度層面與公共決策層面）在實施過程中對諸價值實質的減損？

3. 經濟正義實現的動態調整問題

它即是指在經濟正義轉化為現實的經濟制度、決策的過程中，為了盡量減少規制本身的非完全理性可能造成的負面效應，以及避免制度本身所具有的固化、慣性、滯后等特點，經濟正義的實踐性要求在制度建設與政策決策的程序設計中應納入制度本身的靈活的、動態的、可調性等性質考慮，能夠不斷接受理性把握的新成果，適時地調整改變經濟生活所出現的不利於實現經濟正義的部分或方面，形成合理靈活的彈性機制，以最大限度地實現經濟正義。

總之，當前經濟正義的實踐要務即是經濟正義何以可能的問題，即如何把經過哲學的價值審視而達成和確立的經濟正義理念和主張通過合理的制度設計外化為現實的經濟規範力量。這正是本書所研究經濟正義的立足點。

0.2 研究的現狀與本書的立場

在闡述本書對經濟正義研究的基本立場與總體框架之前，有必要回顧與梳理一下中國學界對經濟正義研究領域已經完成的具體工作與成果，以確立本書研究的基礎與起點。

國內對經濟正義的研究是伴隨著中國改革開放的發展歷程而行的，迄今已取得較大的研究成果。其中 2004 年，何建華博士的博士論文《經濟正義論》與毛勒堂博士的博士論文《經濟正義——經濟生活世界的意義追問》稱得上中國系統研究經濟正義理論的奠基之作。① 兩位學者都結合了中國的現實，各有側重地對經濟正義以及相關論題作出了系統的研究，從理論和現實的雙重層面論述了經濟正義之於社會發展的重大意義，闡明了經濟正義研究的迫切性。

何建華博士對經濟正義進行了全面系統的研究，初步建立了經濟正義理論的基本框架。她在揭示經濟正義凸顯社會現實衝突的基礎上，克服過去只是從

---

① 目前這兩部博士論文已分別正式出版：何建華. 經濟正義論 [M]. 上海：上海人民出版社，2004. 毛勒堂. 經濟生活世界的意義追問——經濟正義與和諧社會的構建 [M]. 北京：人民出版社，2011.

人性層面來研究正義問題的局限，力圖從經濟制度和經濟活動的視角對經濟正義理論進行應用性研究。在對經濟正義的內涵作出科學闡釋與界定的基礎上，確立起了其經濟正義的邏輯體系。她指出經濟正義主要表現為對經濟制度、經濟體制的正義反思與評價，在內容上根據經濟活動的四個環節，進一步劃分為生產正義、交換正義、分配正義和消費正義。何建華博士的著述將經濟正義放在經濟全球化和經濟轉型的現實背景下加以研究，試圖建立起一個完備的能夠「為現實的經濟活動及決策提供倫理價值的坐標」①，對當前中國經濟正義研究具有較強的指導意義。

　　毛勒堂博士以經濟哲學的視域，立足於人性以及人的利益關係來闡述經濟正義的存在論基礎。他提出了經濟正義蘊含的四重維度，即以平等對待經濟需要，以秩序規範經濟行為，以共生牽引經濟活動，以自由看待經濟發展。②毛勒堂博士的研究立足於當下「社會的經濟化」「經濟的資本化」「經濟主義」大行其道的社會現實，將經濟正義研究重點切入在通過對經濟生活的理性反思並透視問題的根源來超越現代危機。他提出「對現代經濟的正義維度的意義追問和價值訴求，就是要求超越『經濟就是正義』『經濟效率就是經濟正義』的狹隘的經濟價值觀和片面的經濟發展觀，倡導經濟的效率原則和社會公平原則相統一、經濟發展和社會進步相統一、經濟增長和生態保護相統一，把經濟的手段性和人的發展目的性結合起來，以人的自由本質力量的增長和提升人的尊嚴作為經濟發展的根本宗旨」。③他從哲學的高度反思經濟生活領域中那些關乎人類基礎性生存方式、關乎人類前途命運的重大經濟問題及其意識形態，賦予經濟正義以捍衛社會經濟生活中人的存在價值和生命尊嚴，以及承載起對人類命運的深切關懷和人之自由提升的哲學使命，從而為社會經濟的發展提供符合人道的牽引性導向。

　　可以說，以這兩位學者為代表的研究成果為中國的經濟正義研究起到了較好的奠基作用。近年來，隨著中國的社會經濟發展呈現出比較嚴重的兩極分化、貧富懸殊的社會問題，分配正義研究成了經濟正義研究的熱點，湧現了大量相關著述，如汪行福的《分配正義與社會保障》（上海財經大學出版社，2003年版），何建華的《分配正義論》（人民出版社，2007年版），周謹平的《機會平等與分配正義》（人民出版社，2009年版），等等。除此之外，學界專門論述經濟正義的研究成果還散見於一些書籍中的部分篇章，如劉敬魯教授的

---

① 何建華. 經濟正義論 [M]. 上海：上海人民出版社，2004：3.
② 毛勒堂. 經濟正義：經濟生活世界的意義追問 [D]. 上海：復旦大學，2004.
③ 毛勒堂. 經濟正義：經濟生活世界的意義追問 [D]. 上海：復旦大學，2004.

《經濟哲學》第八章（中國人民大學出版社，2008年版），以及大量學術論文，主要有汪行福的《經濟正義概念及其演變》（《江蘇社會科學》，2000年第6期），劉可風的《略論經濟正義》（《馬克思主義與現實》，2002年第4期），鄭永奎的《經濟正義是人的本質的內在要求》（《經濟縱橫》，2004年第10期），喬洪武、柳平生的《現代西方經濟正義理論的演進及其啟示》（《哲學研究》，2007年第6期），朱春暉的《當代中國經濟正義觀演變研究》（《理論與現代化》，2009年第6期），許冬香的《布坎南經濟正義論》（《倫理學研究》，2010年第2期），郭衛華的《經濟正義：倫理——經濟的人文整合》（《前沿》，2010年第13期），朱繼勝、譚培文的《經濟正義與社會主義核心價值認同》（《長白學刊》，2011年第1期），方以啓的《羅爾斯和諾齊克經濟正義論研究立場批判》（《現代經濟探討》，2011年第5期），等等。

基於這些研究成果，結合本書的研究立場，筆者作出如下簡要的評述：

（1）較為全面地梳理了從古希臘學者到近現代學者關於正義、經濟正義思想的發展脈絡，尤其是對一些重要代表人物的經濟正義思想（如羅爾斯、布坎南等）進行了深入細緻的研究，並闡述了這些思想對中國現實經濟發展的啟示。如汪行福以市場經濟發展過程為線索，探討了經濟正義的產生、發展，回顧了作為經濟正義內容的交換正義、分配正義，以及經濟正義的平等、自由等價值主題的歷史嬗變過程；何建華與毛勒堂分別在其博士論文第二章對西方經濟正義思想發展歷史作出了較為全面的、認真細緻的考察與厘清；喬洪武、柳平生則側重於從經濟學的角度對現代西方經濟正義的主要思想進行了概要性解讀……他們的研究成果為本書的撰寫奠定了堅實的理論基礎，令筆者能夠以前輩的學術研究為起點，在既有的研究成果上探索並延伸同一主題下的新義。

（2）中國對經濟正義的研究成果主要集中在對經濟正義的必要性，歷史使命以及經濟正義的概念、原則、內容等理論闡明上，在如何將正義價值理念、正義原則實踐於現實經濟生活方面，還留有較大的研究空間。前期的研究成果表明，學者們對經濟正義的界定等基本理論問題作了比較全面、深入的探析。如劉可風教授指出，經濟正義的形式多種多樣，但其本質是在人類社會最基本的經濟實踐中實現人的全面解放。鄭永奎認為，經濟正義正是人們對真理崇高的追求，在經濟領域、經濟生活中的表現，是「人們超越現實功能的人性的精神需求」。這些論述都對本書把握對經濟正義的理解與定位有很大的影響與啟發。在此基礎上，比較前輩們的研究成果，本書認為在對經濟正義的界定中，雖然學者們的概括各有千秋，卻有一些共通之處。如毛勒堂指出：「所

謂經濟正義,是對人類經濟方式所進行的正義與否的價值評價和哲學審視,是對經濟生活世界的正義追問和理性反思。」[1] 何建華認為:「經濟正義是關於社會經濟活動和經濟制度的正義,是指人們在經濟制度安排、經濟活動中產生的正義觀念,正義原則以及對經濟活動和經濟發展的目的、過程、手段、結果所體現的複雜關係所作的合理性評判。」[2] 劉可風在其文中提出:「簡言之,經濟正義就是一定經濟制度的意義元素或經濟的精神。」可以看到,他們對經濟正義的定義主要是立足於經濟正義的價值層面,註重的是經濟正義的理念維度,彰顯的是經濟正義的價值批判功能,而對經濟正義的價值實現層面則鮮有專門的強調。而本書認為,任何正義價值目標尚未在實踐中有效呈現出之前,其正義性質都還未完全展開,完整的正義包含著正義的實現內容、形式及其效應。經濟正義價值理念的澄清與證明固然重要,但要使抽象的目標與原則轉化為現實的力量,並且在將倫理訴求轉化為現實的經濟力量時如何保持其既定倫理訴求的有效呈現,同時又避免諸多倫理價值訴求之間的衝突,在實踐層面,還必須結合倫理學與經濟學兩方面的理論指導,尤其是經濟學的技術支持,才能使現實的制度建設和政策制定既切合實際的正義訴求,又具有科學性,由此,才能實現經濟正義的真正要義。否則,一切正義訴求也僅僅停留在道義層面,最終流於蒼白空洞的形式。經濟正義不應該僅僅是遊離於經濟領域外的道義評價,而是貫穿於經濟生活的始終,與經濟成為一體。對應於傳統的經濟正義研究立場所認為的,「經濟正義本質的揭示需要從經濟哲學的層面才能得到科學的展開」「經濟的有效性並不能確保經濟的真理性和正義性」,本書則認為經濟活動的有效性也是經濟正義的內在要求,經濟價值目的的真理性和意義在於其對於人之生存狀況的確證,更在於這種價值訴求的現實兌現。

最近幾年的經濟倫理研究也表明,經濟倫理研究及其實踐更註重把倫理準則整合到可操作的產業標準和績效評估中,更註重機構合作和制度設置。即將正義要求付諸實踐的挑戰,使之具有可操作性和實用性。總的來說,中國的經濟正義研究,主要還集中在倫理價值層面的辨析與澄清,而對於經濟領域如何去表達正義價值,如何將經濟正義的目標轉化為現實的經濟目標,以及對經濟正義與制度實現的關聯性實證研究都還有待進一步深入探討。如何喚起中國經濟正義實踐性研究對如上內容的重視,則需要首先在經濟正義的概念上對此作出完整的界定,本書嘗試在此方面作出應有的探索。

---

[1] 毛勒堂.「經濟時代」與經濟正義 [J].道德與文明,2011 (5).
[2] 何建華.經濟正義:當代倫理學面臨的重大課題 [J].倫理學研究,2005 (4).

（3）具有強烈的時代性研究風格以及對此的反思。中國的經濟正義研究始終以現實社會經濟狀況為背景，改革初期的時代主題為市場經濟取代計劃經濟，經濟正義的主題就是圍繞市場自由、市場效率的正義合法性，由此產生了大量批判反思平均主義，以及論證市場經濟合道德性的文獻。而隨著改革的深入，經濟的強勢發展造成社會各方面不相協調，貧富懸殊，社會兩極分化加劇時，經濟正義的研究主題轉為對「效率優先」的批判，以及對公平、平等等價值訴求的倡導。這種把握時代風標的研究風格固然起到了理論批判、指導現實的積極作用，卻也促成了經濟正義的學術研究形成了一種既定模式，即當經濟發展引發某方面的價值訴求出現欠缺而出現社會問題時，學界則將該價值訴求規定為社會正義，而將與其相對立的價值主導視為不正義。舉例而言，基於中國當下的發展現實，學界就產生了將經濟效率與經濟正義相對立的理論界定。如毛勒堂《資本邏輯與經濟正義》中提及：「經濟正義的核心在於通過對人類基礎性存在方式的經濟活動及其交往關係的哲學檢審，歷史而辯證地追求經濟的合理性、訴求存在的合目的性及二者的統一，從而在經濟效率和社會正義的辯證張力中成就人之為人的自由存在本質和生命的至上尊嚴。」① 並進一步將「效率」歸結為形而下的追求，而將「人的價值、人的尊嚴、人的發展、人的自由」作為經濟生活形而上的終極價值。② （這種理論劃分在學界不勝枚舉，在此僅取代表性論點）這種理論處理一方面會導致理論上的矛盾，同時也會對社會現實的干預出現矯枉過正等消極影響。如喬洪武在其文中對效率就有著極其嚴厲的指責：「效率原則作為功利主義的正義準則，僅僅是一種單質的經濟指標，它忽視了人的主體地位和基本權利。以這種原則作為評判社會經濟進步的標準，帶有極大的局限性和片面性，甚至會給經濟發展和社會進步造成危害。」指出片面追求效率目標的局限性無可非議，但並不意味著取消效率的正義價值性。其實，「效率」也並非無視於人的主體地位與基本權利，舉例而論，有效率的經濟增長意味著每1%國內生產總值（GDP）的增長帶來約800萬人的就業增長，有「效率」的經濟意味著人們通過自己的創造性勞動以有限的資源創造出更多的物質財富。沒有效率的經濟既是對自然資源、勞動的浪費，也是對改善人們物質生活條件的忽視，這樣的經濟根本不可能維護人的主體地位與基本權利，是糟糕而不義的經濟。因此，效率蘊含著人類進行創造性勞動的人文智慧，其內含的道德價值性是無可厚非的。即使是片面地註重

---

① 毛勒堂. 資本邏輯與經濟正義 [J]. 湖南師範大學社會科學學報，2010（5）.
② 毛勒堂.「經濟時代」與經濟正義 [J]. 道德與文明，2011（5）.

「效率」而導致種種負面效應，也抵消不了「效率」本身的道德價值。

　　進一步而論，在倫理學界定上，正義不同於善目，它本身就是價值與形式的統一，是善目與手段的統一。將「效率」與經濟正義的價值訴求分離出來的理論認識，其實是忽略了經濟正義本身就是經濟規律性與經濟人道性的統一，忽略了經濟效率本身的正義價值性。同時，這種劃分，削弱了經濟正義諸價值目標間的相互制衡，在忽略了「效率價值」自身的倫理性的同時，也忽略了「自由價值」「平等價值」對促進經濟有效活動的工具性。本書研究認為，效率、自由、平等都是經濟正義的題中之義，而只有當任一價值訴求片面發展（或不因時、因地、因勢之宜），脫離了現實的實踐條件，並造成對其他價值目標的嚴重損害和阻礙時，其才為不義也！效率與其他價值目標的衝突不是經濟與正義的衝突，不是手段與價值的衝突，而是正義價值諸目標間的衝突。而在現實實踐中，這些價值目標之間都可能互為手段，互為目標。片面地追求效率可能會導致不義的經濟，而片面地追求自由或平等同樣也可能導致不義的經濟。

0.3　研究的方法和思路

0.3.1　研究方法

　　研究方法的採用，取決於研究對象的特殊性以及研究問題的視角。本書的論題立足於「經濟正義的實現」，即表明了本書的研究是在闡明經濟正義對人類文明生活的必要性基礎上，重點探討經濟正義的價值內涵及其特點，以及它在現實經濟領域的實現形式、過程、特點和規律。

　　首先就「經濟正義」這個主題而言，古今中外關於正義、經濟正義的思想源遠流長，任何立足於此的學術研究都離不開前輩學者們在此主題下所奠定的理論基礎。因此，本書的研究廣泛地運用了文獻法、分析比較法等基本的社會科學研究方法。

　　除此之外，基於本書研究主題側重於「實現」的立場，貫穿全文的最重要的研究方法主要包括兩方面：

（一）歷史主義方法

　　歷史主義的研究方法就是堅持歷史唯物主義，歷史地、辯證地研究正義以及經濟正義的觀念與理論。由於各種正義觀、正義思想是伴隨著社會生活的歷史發展而逐步形成並豐富起來的，「歷史從哪裡開始，思想過程也應當從哪裡開始，而思想進程的進一步發展不過是歷史過程在抽象的、理論上前後一貫的

形式上的反應」。① 隨著社會的不斷發展，正義的核心價值以及相應的規範內容都會隨之而變，而經濟正義理論研究的成果也不是憑空想象、主觀臆斷的，而是「歷史關係的產物」，是歷史在思想觀念上的反應，是后人在前人思想基礎上的推進與豐富，是伴隨著人類社會的發展日積月累的結果，是文明的產物，是歷史的產物。運用馬克思歷史唯物主義是本書研究必不可少的方法。

　　正義理念一旦出現，就會在思想中、在不同文化、不同國家的政治經濟生活中有其具體的形式。在充實它或者將其轉化為具體政策的過程中，正義理念逐漸獲得了屬於自己的生命，超出了產生它的那些基礎觀念所嚴格限定的範圍。通過轉變為真實的歷史存在物，正義在現實中獲得了自己的身分——此謂正義的實現。正義理念所採取的具體形式、正義學說在一定的社會生活中呈現自己的方式，在很大程度上，是當地傳統而不是基礎原則的作用使然。不過，傳統具有歷史偶然性，它可能會有不同的內容，從而可能就會影響其他可選擇方案的出現。正義的歷史性表明它會隨時間而改變，而這也為正義理論賦予了一種特殊的性質。它意味著，我們不可能通過訴諸該理念的內容就能充分確認它，我們更應該認為，提到正義的理念，就是要提到最好地滿足了基礎因素或價值的種種原則和制度安排，而這些基礎價值同我們所知道的正義理念是歷史地聯繫在一起的。正義理念是通過它的那些基礎因素（或基礎價值）而得到確認。這些基礎價值，隨著正義理念在歷史中的呈現、發展而被整合到該理念之中。正義理論包括了對那些基礎因素（價值）的正確運用，同時也給予了當地傳統應有的分量。因此，關於正義的分歧與爭論也就很容易理解了，它們其實是關於什麼才是正義理念在歷史中呈現的最佳方式這一問題的爭論，當然，最佳的選擇方案不止一種。這意味著，理念相同，但其內容和含義會改變，即基本原則的運用會隨著它們所運用的環境的改變而改變，而且會由於一些基本因素與該理念之間關係的強化或淡化而發生改變。

　　總之，在研究中，不僅要以歷史唯物主義的視角闡明經濟正義的實踐特徵，同時還要結合使用文獻法、比較法，深入準確地把握各種經濟正義思想的精髓，從中探索經濟正義實踐歷程中的特點與規律，將其納入本書的研究視野之中。當我們在討論正義以及經濟正義的實現問題時，必須要澄清理念本身的分歧，也要充分分析正義理念的實現條件與實現形式，唯此才能避免抽象而空洞地去探討正義的實現問題。

---

　　① 中共中央馬克思恩格斯列寧斯大林著作編譯局. 馬克思恩格斯全集：第三卷 [M]. 北京：人民出版社，1972：465.

(二) 經濟倫理學方法

當代社群主義學者戴維·米勒在《社會正義原則》中指出，在關於正義問題的研究中，對正義的科學研究和哲學研究必然是相互依賴的。[①] 但在現實中，經濟正義的規範研究與實證研究往往分庭抗禮，互不買帳。以經濟正義為主題，筆者在閱讀大量不同學科類別的相關文獻後，深感經濟學與其他社會人文學科在一些問題上的觀點及觀念分歧，並不主要在於道德準則或道德目標的差異（或高低），而更多的是在於認識論和方法論上的差異。作為社會科學的經濟學，側重於對經濟現象的實證研究，而作為人文學科的倫理學、哲學則側重於概念的分析、形式化的推理和結構或體系的營造為主的理論研究。那麼當面對經濟正義這類交叉式的研究對象，需要運用綜合性研究的方法，綜合使用實證的方法以及哲學思辨的方法。

正如中國人民大學王南湜教授在《實踐哲學視野中的社會正義問題——一種複合正義論論綱》中指出，理論哲學主要是以永恒必然的東西為研究對象，以獲得作為理論智慧的普遍原理為目標，而實踐哲學，則是以動態的生活實踐為研究對象，從而探究指導具體生活的特定的實踐智慧。[②] 近代以來，實踐哲學的路子比較趨於以理論哲學的方式，從普遍的人性抽象與假設出發，來推出一般的政治行動原則。之後，在實證主義思潮的批判下，政治哲學分化為重實證性研究的政治科學，以及重語義、邏輯分析的分析政治哲學。這種作為研究領域的實踐哲學與作為思維方式的實踐哲學的分裂在 20 世紀後半葉達到了極致。即便是 20 世紀 70 年代引發現代政治哲學復興的羅爾斯，其理論也是奠基於分析哲學研究範式，以一種抽象的人性設定為基礎，建立起具有強烈的普遍主義、建構主義的政治哲學理論體系。本書並非要就理論的或是實踐的研究方法一分高下，而是要在指出兩種方法論的研究意義與價值各有聯繫與區別的基礎上，有機地融合二者以應對本書的研究主題。以實踐哲學的視野進行正義問題研究，並非要完全摒棄理論哲學中對正義的普遍性研究，或轉為以直觀的方式處理社會正義問題，而是堅持以作為實踐智慧的辯證法方式，將經濟正義及其價值等諸多抽象概念、理論，轉化為經濟正義價值導引下社會經濟生活具體的、現實的實踐活動。而經濟倫理學的方法就是這樣一種典型的作為實踐智慧的辯證法。

何謂經濟倫理學的研究方法？基於本書在第一章第三節的具體界定，筆者

[①] 摘錄自戴維·米勒，《社會正義原則》第三章「社會科學和政治哲學」。
[②] 王南湜. 實踐哲學視野中的社會正義問題——一種複合正義論論綱 [J]. 求是學刊, 2006 (3).

認為，以經濟學與倫理學有機結合的雙重視角和方法來研究經濟倫理問題，一方面需要從倫理到經濟的認識視角，即以哲學、倫理學的世界觀高度，對於經濟問題有高瞻遠矚的把握，將經濟活動的具體實踐，納入倫理學人類社會幸福的目的、宗旨下來予以考量。同時又避免脫離社會現實而片面運用偏重於理論思辨的邏輯推理和演繹來論證經濟與道德的關係，以至於使其理論存在空泛、抽象、模糊等問題，因而缺乏應用性的傾向。另一方面還要有從經濟到倫理的視角，即社會倫理目標要通過合理的經濟技術與方法，轉化為現實的規範、制度、決策。要避免經濟倫理學僅停留在道義的呼吁層面，而是要轉化為現實的力量。這需要我們充分結合經濟事實，利用經濟學實證分析的特長，細緻入微、嚴密周延，為倫理問題的解決找到在實際生活中的可行途徑。但又要避免將功利價值、效用意識拔高到至上的地位，成為衡量經濟行為的唯一標準，從而忽略其他價值取向，導向經濟帝國主義。總的來說，經濟倫理學的方法就是在經濟學和倫理學之間進行聯繫、溝通、搭架橋樑，使其最終融合起來，整合演繹與歸納方法、分析和綜合方法、抽象與具體的方法。既研究關乎倫理價值、經濟學理論，又著力於現實的制度建設與決策研究。

經濟正義是經濟倫理學重要的研究對象，加之本書對經濟正義的研究將側重放在「實現層面」，這決定了本書對經濟正義主題研究方向的特殊性。它既包括正義價值的規範研究，又包括規範之於社會的實現效應研究，而后者則取決於實證方法的驗證。在此背景之下，從經濟倫理學的視角去研究經濟正義的實現問題。筆者認為，研究方法的選擇與運用應該是開放的，視角的轉化、方法的選擇與運用取決於現實問題的取向。即以「問題意識」為先導，研究方法和路徑以研究現實問題、解決問題為依歸。本書的主題是經濟正義的實踐問題研究，所關註的重心已經從價值批判轉入價值實踐領域，其涉及對基本經濟制度的評價與完善，經濟政策制定的倫理正當性與技術合理性的雙重論證，涉及經濟決策執行的效果評價以及調整機制、政策執行的程序正義等問題。因此，在方法的選擇上，力圖更多地把握經濟學等社會科學的工具手段，去解釋、闡發、實現正義價值訴求。

0.3.2 研究思路

本書從實踐視野來審視經濟正義這個主題，強調經濟正義理念的實踐維度和現實中的制度實現狀況，因此在研究中區別於前輩學者們對經濟正義所研究的側重：如果說他們所研究的是對如下問題的回答，即「我們所想的和我們

所做的皆具有無可爭辯的倫理正當性麼?」[1]——而何建華、毛勒堂、劉可風等學者的研究，已經初步回答了該問題，並構建起了符合時代要求的、基於中國背景的經濟正義理論的基本框架，為現實的經濟活動及決策提供了倫理價值坐標。但由於正義的價值目標、倫理要求並不會自動導向現實的正義與倫理，正義走向實踐的過程又會呈現出新的正義問題，加之目前中國的經濟發展與正義的軌道尚未處於一種自覺的契合狀態，這就更加大了正義的實踐困難。那麼本書的研究則是在前輩們研究的基礎上，進一步探求「我們所想的倫理正當性在現實中實現（做）的約束條件」。即探討的主題是經濟正義理念的實踐性，以及在當今多元社會背景下，經濟正義價值目標從理論走向實踐，從理想走向現實，其可能遭遇的困境與實現的約束條件。

運用這種方法，按照本書的定位，是要以經濟正義的實踐為主題，探討如何在各種具體的、特殊的社會條件下，把握住經濟正義實踐的時代價值目標；協調好正義實現中的價值差序與衝突問題；如何將抽象的、多元的價值理想目標，轉化為現實有效的制度與決策；如何在決策實施中把握行為分寸；如何在經濟正義的主題時過境遷時，具有靈活敏捷的制度調整機制予以應對……如此，我們就能夠將諸多（普遍性的）合宜正義理念及其理論落實在現實的經濟實踐中，形成一種從屬於經濟生活實踐的有限的實踐理論體系。本書從政治哲學、倫理學、經濟學的角度，深入闡析了「再分配制度」的正義性、約束條件與實現形式等，通過具體的制度正義分析，力圖呈現經濟正義實踐過程中的各種複雜性與困難，以及實踐中的應對周旋。

---

[1] 摘錄自陳根法為何建華《經濟正義論》所作的序。

1 實踐視野的經濟正義理念

經濟正義是現代社會正義的重要範疇，它凝結著人們對美好生活的憧憬，承載著對現實經濟生活的引導與改造，是人們基於對幸福的理解所產生的價值訴求在現實經濟領域的實踐過程。在現代社會中，每個人都有正義感，但基於各自的立場，對正義理念的本質、含義有不同的理解，對正義實踐的目標、方式、路徑各有看法，由此會產生正義實踐中的衝突。這種分歧往往並不是「要不要正義」的紛爭，而是「要什麼樣的正義」以及「如何實現正義」的分歧。這種衝突表現在社會生活中的方方面面，而本書所立足探討的，則是在經濟這個特定的社會領域中正義實踐的問題。當我們試圖探討經濟正義的實踐問題時，首先應該釐清正義、經濟正義等核心理念的概念，尤其是它們在現代文明背景下所呈現出的實踐特徵，這是進一步展開實踐層面探討的基礎。

1.1 「正義」及其實現

1.1.1 「正義」的定義

作為觀念與理念的正義，在不同的時空下有著獨具特點的演變史。由於人們寄居於各不相同的歷史傳統之中，隨著社會的發展與人們認識能力的提高，「每一種傳統都有一種與眾不同的正義和實踐合理性的解釋」①。在不同的時代、不同的社會或階級中產生了不同的正義觀，要探究正義的本質，我們必須對歷史上的諸多正義觀念及其思想進行全面的把握。

「世界上所有的民族和國家在其發展的早期階段都形成了某些關於正義和法律之性質的觀念和思想，儘管這些觀念和思想的具體內容和表述方式可能不

---

① 阿拉斯戴爾・麥金太爾. 誰之正義？何種合理性？[M]. 萬俊人, 吳海針, 王今一, 譯. 北京：當代中國出版社，1996：13.

盡相同。」① 在古希臘早期，正義最先是以一種宇宙論的原則出現的。在《荷馬史詩》中，表示正義的詞有「Dike」和「Dikaios」，「Dike」的基本意思是宇宙秩序，「Dikaios」進一步指尊敬和不侵犯該秩序的人。② 而萬物之神宙斯的意志，就是絕對的公道。荷馬時代的道德思考和宗教神話對古希臘早期哲學思想有較大影響，「由於人們看到自然界、自然事件和諧統一、有條不紊，便產生了對引起這種現象發生的力量的信念。」③「正義」因此被視作「一種調整自然力對於宇宙組成部分的作用、保證平衡與協調的先驗宇宙原則」。④ 古希臘哲人把對自然界的觀察和思維進一步應用到人類社會，認為人類社會同樣也受這種力量，即正義力量的調整。在這種原始正義觀的影響下，古希臘前蘇格拉底哲學中的正義觀基本上是一種宇宙論正義觀。正如阿那克西曼德把事物之間由必然性（命運）所規定的和諧關係看作正義，赫拉克利特將事物之間由鬥爭而形成的和諧視為正義。隨著社會條件的改變，古希臘哲人對正義諸觀念的思考日漸深入，進而對其作出了更明確的界定，「所謂公道與正義，就是確切而適當的法度、均衡和正直，是與粗鄙的情欲、欺騙及統治的野心相對立的。」⑤

這種樸素的宇宙論正義觀預設了宇宙存在某種單一的基本秩序為前提，此秩序使自然與社會都具有相應的結構。可見，在正義觀念產生的初期，就包含了人類對社會有序運作的訴求，人們希望按照先驗的「正義之道」來解決社會生活中的各種矛盾和衝突，正義是緩和矛盾、化解衝突、維持穩定的「一種整合因素」。⑥ 隨著人類社會的發展，古希臘的先哲們更是對正義諸問題進行了深刻而全面的探究。

梭倫把正義作為一個道德範疇提了出來，他將正義與自身的政治改革實踐結合起來，提出了正義是「給一個人以其應得」的理念。他認為，正義是在「應得」的基礎之上，處於對立的雙方抑制自己的慾望，互相讓步，以保持雙

---

① 博登海默. 法理學：法律哲學與法律方法 [M]. 鄧正來，譯. 北京：中國政法大學出版社，2004：3.
② 沈曉陽. 正義論經緯 [M]. 北京：人民出版社，2007：5.
③ 戴維·M. 沃克. 牛津法律大辭典 [M]. 北京社會與發展研究所，譯. 北京：光明日報出版社，1988：629.
④ 戴維·M. 沃克. 牛津法律大辭典 [M]. 北京社會與發展研究所，譯. 北京：光明日報出版社，1988：497.
⑤ 萊昂·羅斑. 希臘思想和科學精神的起源 [M]. 陳修齋，譯. 桂林：廣西師範大學出版社，2003：24.
⑥ 阿拉斯戴爾·麥金太爾. 誰之正義. 何種合理性？ [M]. 萬俊人，吳海針，王今一，譯. 北京：當代中國出版社，1996：17.

方在經濟收入上的平等和政治地位上的平衡。

　　柏拉圖認為，行正義者，就是在城邦生活中遵奉「做好自己的事而不干涉他人做他們的事」這種「總體的善」之人。在此，正義是總體的德性，對國家來說體現為各司其職、各守其序、各得其所，對個人來說表現為靈魂各組成部分的和諧秩序，是一種內在的精神狀態。這種總體的德性是人們獲得具體德性的條件。

　　亞里士多德對柏拉圖的「正義為總體德性」思想和梭倫關於「應得」的正義思想都作了新的闡述和發展，進而奠定了西方的正義論基礎。亞里士多德將正義進行了兩次區分，首先，他將正義分為「普遍正義」與「特殊正義」。「普遍正義」包括了所有美德，也就是柏拉圖《理想國》中使用的正義含義的進一步延伸。他認為：「正義不是德性的一部分，而是整個德性；同樣，非正義也不是邪惡的一部分，而是整個邪惡。」「所謂正義，一切人都認為是一種由之而做出正義的事情來的品質，由於這種品質，人們行為正義和想要做正義的事情。」①「政治學上的善就是『正義』，正義以公共利益為依歸，按照一般認識，正義是某些事物的『平等』觀念。」② 可以說，亞里士多德的「普遍正義」主要是指所有針對他人而表現出的美德（如影響到他人的勇敢、克制等行為），而不涉及那些只關涉我們自身修養的其他美德。在「普遍正義」這個層面，亞里士多德進一步在「守法」的概念下引申了柏拉圖「總體的善」的觀念：守法是一個人對他人的某種善的關注態度，但它的性質是純然消極的。一個人守法對他人就是一種善，雖然不是一種具體的善，他不去傷害別人，就使他人可以不受干涉地追求屬於他們自己的善。因此，在總體上，正義意味著守法，違法便是不正義。不干涉他人和守法的正義就是總體的德性。③ 在「特殊正義」這個層面，亞里士多德進一步將正義區分為「分配正義」和「矯正正義」（也稱為「交換正義」）。「分配正義」要求根據每個人的功績、價值、能力按比例分配財富、榮譽或政治職務。當然，亞里士多德雖然提出了「分配正義」的形式，但面對人們對何種美德適用於分配正義的爭議，他並沒有特定的立場。而且，亞里士多德的「分配正義」主要是針對政治參與度應該如何分配的問題，而在財富的分配正義方面他主要對微觀層面的企業合資人按出資比例進行分配提出了要求，至於國家層面，「他沒有提到正義要求國家在

---

① 亞里士多德. 尼各馬科倫理學 [M]. 苗力田，譯. 北京：中國人民大學出版社，1994：88，23.
② 亞里士多德. 政治學 [M]. 吳壽彭，譯. 北京：商務印書館，1996：148.
③ 廖申白. 西方正義概念——嬗變中的綜合 [J]. 哲學研究，2002（11）.

公民中組織物質分配的基本框架，甚至連可能性都沒提。」① 而「矯正正義」要求對任何人都一樣看待，僅計算雙方利益與損害平等。這種正義適用於雙方權利、義務的自願的平等交換關係，其實行的原則是等差比例原則。總的來說，亞里士多德的正義理論在歷史上產生了深遠的影響，他的正義思想比較側重於關注正義價值的個體性，主張通過「分配正義」和「矯正正義」來調整社會成員之間的利益關係，使其「各得其所」。

概括而言，古希臘的正義思想是一種德性論。一方面，正義是給予每一個個人以應得的善或按照每個人的功德來給予相應的回報；另一方面正義是一種有效性規則，以對人們的行為能產生規範作用。

在中世紀，正義問題納入了神學的範疇。奧古斯丁將「上帝」的正義作為一切存在事物善惡的標準與基礎；阿奎那根據自然法，將正義看作在各種活動之間規定一種適當的比例，把各人應得的東西歸於各人，而自然法又是「上帝」永恒法的一部分。阿奎那將「應得」「總體的善」「不干涉」「比例平等」等這些古希臘的正義概念及觀念，都融入一個與神相溝通的「良心正直」（Right Eousness）概念中。他認為：「一個人要良心正直，對他自身而言，就要只取己之應得。只有行為端正，只取自己的應得，不損害他人的利益，並友善地勸導他人也做正確的事，勸阻他人作惡，一個人的良心才能寧靜。「應得」是良心正直的本有之義。」②

文藝復興的到來動搖了神學世界觀，西方正義觀由此發生了重大轉變：學者們力圖從人性出發去探尋正義的合理基礎，正義的價值天平也從對神的信仰轉為對人的尊重，從傳統社會強調人們各守其位轉為倡導對自由、平等、博愛的追求。英國思想家霍布斯認為，正義就是守約，其目的是結束「人對人是狼」的自然狀態；荷蘭哲學家斯賓諾莎認為，正義是思想自由、行動守法；德國哲學家康德認為，正義就是善良意志；西季維克認為，正義是同樣的事情應該同樣對待；龐德指出，「正義既不是個人的德行，也不是人們之間的理想關係，而是一種體制，它意味著對關係的調整和對行為的安排，它能使生活物資和滿足人類對享有某些東西和做某些事情的各種要求的手段，能在最少阻礙和浪費的條件下盡可能多地給以滿足。」③ ……幾個世紀以來，學者們提出了各種正義觀，在當代西方，正義問題更是成為各門社會科學尤其是政治哲學的

---

① 塞繆爾·弗萊施哈克爾. 分配正義簡史 [M]. 吳萬偉，譯. 南京：譯林出版社，2010：26.
② 廖申白. 西方正義概念——嬗變中的綜合 [J]. 哲學研究，2002（11）.
③ 龐德. 通過法律的社會控制 [M]. 北京：商務印書館，1984：35.

中心話題，人們通過許多路徑去解決社會正義問題，如羅爾斯的公平正義觀、諾齊克的權利正義觀、麥金太爾的美德正義觀等。雖然他們都深刻洞悉了現代正義所面臨的困境並力圖開出和解之道，但在現實中仍然很難達成共識。

在中國的思想史上，正義問題同樣舉足輕重。在古漢語中，「正」和「義」原本是兩個詞，「正」的古義是「奔向遠方某一目標」，為「證」的本體，因為「奔向某一目標」意味著方向必須正確，故引申為「不偏、不斜」之義。① 「義」的繁體字由「羊」「我」二字會意而成。「羊」在遠古時期被視為公忠無私、聰明正直而富有理智的動物，故被視為美善吉祥的象徵。由「羊」「我」二字會意而成的「義」（「義」的繁體寫法）的本義則是以「我」的力量捍衛那些美善吉祥、神聖不可侵犯的事物及其所代表的價值。② 此義比較明確地體現在中國古代思想文獻中，譬如荀子的「義之所在，不傾於權，不顧其利，舉國而與之不為改視，重死持義而不撓」③，孔子的「不義而富且貴，與我如浮雲」④。「正」「義」兩字結合在一起主要表達了「義」的善價值，「正」字則是對善價值起進一步的強化作用。從中國古代正義思想而觀，孔子在《論語》中貫穿始終的基本精神就是對正義的理想社會的探求。道不行將遠走他鄉而逍遙的人生理想，克己復禮即為仁的社會綱領，君子喻於義而小人喻於利的對立，所表明的正是對正義的執著。⑤ 孟子則將正義理解為人人平均土地基礎上的和諧社會。漢代董仲舒在孔子義利之辨的基礎上，提出了正其義不謀其利，明其道不計其功。宋明理學家朱熹，進一步系統地從理出發，將理與功、義與利相對立，強調道與義即天理，選擇天理就是正義，功與利即人欲，選擇人欲就是不義。總的來說，中國古代對正義的探討是圍繞著正義與邪惡、正義與貪利等內容來展開的，它體現了一種至善的價值，表明了人們對美好境界的向往，其中也包括了公正的含義。

就中國的幾部權威辭典註解來看，《現代漢語辭典》中的解釋，正義即「公正的，有利於人民的道理」之義。⑥《辭海》的解釋是：正義是「符合政治和道德準則的行為」。⑦ 從以上解釋中可以看出，在中國現代，「正義」包含

---

① 蘇寶榮.《說文解字》今註 [M].太原：山西人民出版社，2000：63.
② 呂世倫，文正邦.法哲學論 [M].北京：中國人民大學出版社，1999：464-465.
③ 摘錄自《荀子·榮辱》。
④ 摘錄自《論語·述而》。
⑤ 劉敬魯.經濟哲學導論 [M].北京：中國人民大學出版社，2003：172.
⑥ 中國社會科學院語言研究所辭典編輯室.現代漢語辭典 [M].2002年增補本.北京：商務印書館，2002：1607.
⑦ 舒新城.辭海 [M].上海：上海辭書出版社，1989：3569.

著對某種善價值的肯定，並以是否符合人民的利益作為判斷正義與否的根本標準。

縱觀古今中外對正義思想的探討，儘管內容大相徑庭，但究其實質，實際上都深入到了正義的核心：正義即選擇正道。① 道即必然或規律。各種道本身並不是正義，正義是對各種道的選擇。而選擇的前提是對道形成理性把握，選擇是在理性基礎上的行動。由此，正義的存在首先是道和理性行為選擇的統一，簡言之，正義是對各種規律的理性行動選擇。當然，由於人類社會發展有一個過程，人的理性是逐漸提高的過程，人從理性認識到自覺行動不可能一蹴而就。因此，正義在不同的歷史與社會條件下必然呈現出不同的面目，正義將繼續在永恒的探索中引導人類社會的發展。

1.1.2 「正義」的實質與形式

正如哈耶克在其《自由秩序原理》導言中寫道：「舊有的真理若要保有對人之心智的支配，就必須根據當下的語言和概念予以重述。」我們有必要從當今視角再度審視正義，以具體的歷史條件為背景，反思正義概念。儘管正義觀念的演變紛繁複雜，但並非變幻無常，當我們對歷史上諸多有影響的正義觀念與理論進行梳理后，結合人與社會的發展，我們認識到，正義的具體內涵儘管各有解讀，「但各種正義觀念之間也存在著某些最低度的共同要素和特點。」②在差異背後正義的演變具有恒常的主題——**正義總是與理性、自由、平等、安全、共同福利等價值緊密相連，而在個人權利和社會福利之間創設適當的平衡，乃是有關正義主要考慮的問題**。③不管是功利主義的正義觀，還是自由主義的正義觀、社群主義的正義觀，雖然構成其基本理論的正義價值訴求與正義原則大相徑庭，但它們都是從人類理性的角度而對人自身生存狀態的認識和評價；是人們在既定的物質條件下對「人與人之間應該如何相互對待」的理性反思與實踐；是人們在實現其自身具體目的的過程中，對這種目的和達到這種目的方式的肯定性評價。可以說，正義的存在源於人們對社會的良性運行的訴求，人類在對正義的追尋過程中，推進社會朝著更為穩定的、有序的、合理的、符合人性的「正義狀態」方向發展。而這個「正義的社會」則力圖營造和保持著一個有利於每個人各盡所能、各盡其才的生活環境，促使每個人的才

---

① 劉敬魯. 經濟哲學導論 [M]. 北京：中國人民大學出版社，2003：172.
② 沈曉陽. 正義論經緯 [M]. 北京：人民出版社，2007：367.
③ 博登海默. 法理學、法哲學和法律方法 [M]. 鄧正來，譯. 北京：中國政法大學出版社，1999：251-298.

能得以最有效、最充分地發揮，最終實現每個人自由而全面的發展。

為進一步把握作為一般的正義，本書接著從結構上去把握構成正義的兩大基本要素。

一是正義的實質要件，即價值層面。正義是人類基於理性而對自身存在的一種認識和評價，是人們在實現其自身具體目的的過程中，對這種目的和達到這種目的的方式的理性選擇。觀之諸種正義觀，無一例外都有其特定追求的價值目標這樣的實質內容。

縱觀歷史上諸多正義的理論，可以看到其基本主題是圍繞著人類對自身存在狀態的評價——「應得」——而展開的。「正義乃是使每個人獲得其應得的東西的永恆不變的意志。」[1] 正義是「一個人以一種永恆不變的意願使每個人獲得其應得的東西」[2]「人們公認每個人得到他應得的東西為公道，也公認每個人得到他不應得的福利或遭受他不應得的禍害為不公道」[3] ……諸多正義理論都凸顯出正義的關鍵是「應得」，而一個社會的正義與否正是取決於其運行是否遵循著被普遍認同的「應得」標準。但「應得」的標準又是什麼？對此不同的回答在歷史上形成了不同的正義理念，如等級主義、平均主義、功利主義、人道主義等正義觀。而這些基於「應得」的不同的、具體的依據，既是對當下社會生活的反應，也是基於現實對未來的美好展望，表現為實質的價值目標。可以說，正義的實質要件切實地反應了特定歷史條件下人的生存狀態與社會狀況，體現了正義的功能，確定了某一「正義觀」的具體構成與特定內容。

正義的實質要件表明了正義的功能是通過個體與社會的全面協調發展，最終為個體自主地追求幸福創造良好的社會條件。個體的生活與發展就是自我創造的過程，人們在自己所創造的文明中生存、生活與發展，在自己創造的生活世界中完善與發展自身，人的發展狀況與人的生活世界發展狀況以及文明化程度緊密相關。人們追求正義，建立起評價標準和引導人們行為的規制，歸根究柢是為了使每個人都有獲得全面發展的機會，都能擁有自主追求幸福和擁有生活意義的能力。可以說，正義的主題既關乎個體的生活狀態與意義，又面向人類整體的生活世界的狀態與意義，其終極關懷是「好生活」和「好社會」的和諧發展。正義首先是作為人的理想性存在，作為判斷一定體制中人的行為及

---

[1] 轉引自博登海墨《法理學——法哲學及其方法》，北京：華夏出版社，1987年版，第253頁。

[2] 博登海墨. 法理學——法哲學及其方法 [M]. 北京：華夏出版社，1987：254.

[3] 穆勒. 功用主義 [M]. 北京：商務印書館，1957：48.

其結果所具有的意義，作為衡量人的價值、尊嚴、權利和自我實現的標尺而設定的。這是社會體制的內在精神或理想性規定。

因此，正義一方面是出於對美好社會向往的社會理想。正義的本質在於它與人性相關聯，表明了人類對美好生活的向往，對人類生活本質的探求。因此，對正義的追求必然要訴諸各種特定的善價值與道德觀念，是人類社會生活、人類行為方式的最高價值統攝。所有的價值訴求在現實中的呈現，都要以「正義」為最終的、綜合的、統一的評判歸宿。但由於人性訴求是多樣的，人類生活方式是多元的，構成幸福與好社會的內容是豐富的，對諸善與多種道德觀念認知的差異決定了對正義感知的不同程度，正義是對諸善的統合，代表著人類社會最高的追求。從概念層次來看，「正義」是高於「自由」「平等」「效率」等價值訴求的概念。可以說「自由」是正義的，但不能倒過來稱「正義」是自由的。也就是說，正義是概念的概念，是用於評價一個概念或者觀念是否「正當」，是否符合一定時代一定社會關於「正義」的標準。而「自由」「平等」「效率」等則是正義概念的具體價值表現。

另一方面，正義也是對現實社會生活中利益關係的調整。利益是人們現實生活中實際存在的重要因素，一切正義價值訴求無不與利益相關，對正義的追求，正體現了人們對社會利益關係合理化的願望。為了合作，人們結成了社會，在各種實踐活動中形成了複雜的社會關係，進而產生了各種利益衝突，而如何處理好個人、人類、生活世界之間協調與平衡的問題則成了任何時代正義理論與實踐的探索所面臨的永恒主題。正如羅爾斯在闡述正義原則的作用時所言：「由於社會合作，存在著一種利益的一致，它使所有人有可能過一種比他們僅靠自己的獨自生存所過的生活更好的生活；另一方面，由於這些人對由他們協力產生的較大利益怎樣分配並不是無動於衷的……這樣就產生了一種利益的衝突，就需要一系列原則來指導在各種不同的決定利益分配的社會安排之間進行選擇，達到一種有關恰當的分配份額的契約。這些所需要的原則就是社會正義的原則。」① 因此，「從根本上說，正義的實質內涵體現為權利與義務的對等交換。說得再直接簡明一點，所謂正義，就是相互性基礎上的利益交換。」② 它表明了人與人之間利益關係的合理化，人的權利和義務的對應化，人的付出和獲取的對稱化，人們各種價值訴求的平衡化。

因此，正義的實質要件一方面包含著特定社會條件下人們對美好生活訴求

---

① 羅爾斯. 正義論 [M]. 何懷宏，等，譯. 北京：中國社會科學出版社，1988：4，10，136，126.

② 萬俊人. 正義為何如此脆弱？——讀慈繼偉《正義的兩面》[J]. 讀書，2002（5）.

的價值理想，並在此基礎上包含著對現實社會和諧有序運行的調節原則。其核心問題是以「應得」及其標準展開的，其因特定歷史條件、社會條件、群體條件的不同，對「應得」標準的理解與側重的差異，產生了正義諸種觀念，形成不同的正義理論。基於不同的「應得」標準，構成特定的正義理論。比利時哲學家佩雷爾曼就根據對「應得」這一標準的全面考查，將紛繁複雜的正義觀念與思想概括成六種表達方式：一律平等對待每個人，依其勞動對待每個人，依其工作成就對待每個人，依其需要對待每個人，依其階級對待每個人，依法律所定對待每個人。① 總的來說，不同實質的正義觀都建立在應有權利的觀念之上。基本的原則是「給予每個人以其應得的東西」，只是「應得」標準「取決於共同體的性質，即取決於它的成員資格的條件，它的各種價值和制度，以及與這些相關的各種不同角色」。②

其二是正義的形式要件。正義的實質內容的多樣性使得正義在不同方面存在著不同的價值訴求與原則，如經濟自由主義的「按勞取酬」，在法治國家中的「按合法的權利取酬」，傳統社會的「論功行賞」，社會主義努力要實現「按需分配」……但這些差異並不意味著導向的是正義相對主義。不管人們的分歧有多大，透過這些基於勞動、貢獻、權利或需要的具體分配標準，這些不同的正義分配原則下隱含著一個共同的規則：**它要求按照同一觀點來對待每一個人，這是所有正義概念都同意的**。「在按同一規則給每人分配物品和責任的地方，也就是一視同仁地，從而公正地對待每個人。」③ 就像戴維·米勒所指出那樣，在同樣的社會背景下，「正義的最低限度要求在個人和群體的待遇上的前後一致性。不管所運用的公正對待的確切標準是什麼——是需要、應得、平等還是其他的什麼東西——任何兩個在正義前進方向上彼此相似的人必須以同樣的方式被對待，這是一個基本的要求。」④ 這一形式特徵表明，任何正義觀，都應該對基於同樣情況的人與事，給予同樣的原則和標準對待，這就是所謂的「一視同仁」。這一形式特徵「不因規範性內容的變動而變動」，並「為不同的社會歷史條件下的正義者所共有」。⑤ 即便不同的正義觀基於不同的價值訴求與正義原則，但在其相應正義價值與原則訴求下，都要求領域內的正義

---

① 拉倫茨. 法學方法論 [M]. 陳愛娥，譯. 北京：商務印書館，2005：51.
② A. J. M. 米爾恩. 人的權利與人的多樣性——人權哲學 [M]. 夏勇，張志明，譯. 北京：中國大百科全書出版社，1995：58.
③ 奧特弗利德·赫費. 政治的正義性 [M]. 龐學銓，李張林，譯. 上海：上海世紀出版集團，2005：25.
④ 戴維·米勒. 社會正義原則 [M]. 2版. 應奇，譯. 南京：江蘇人民出版社，2005：373.
⑤ 慈繼偉. 正義的兩面 [M]. 北京：生活·讀書·新知三聯書店，2001：3.

「一視同仁」，即正義在形式上具有此普遍特徵。因此，在前文中曾提及對正義歸納出六種「應得」標準的佩雷爾曼進一步提出了作為形式正義的定義：正義就是「一種活動原則，根據該原則，凡屬於同一基本範疇的人應受到同等的待遇」。①

實質要件與形式要件是正義的兩個不可或缺的維度，兩者共同確證正義的性質。正義的形式要件確證了正義的實質訴求如何在正義共享的普遍性條件下，在現實中得到最大可能的呈現，如果沒有某種與之相應的行為模式和制度來保證，正義的價值實質訴求是空洞無力的。只有當正義價值訴求能被合理、有效地表達為原則、制度與決策等技術形式，才能確保正義的實質內容在現實中不失真，以保證正義實現的普遍性。當然，正義的形式要件雖然保證了規則應用過程的公正，但這種公正還只是一種輔助的正義，而不是完整的正義。因為公正的規則應用，也可以服務於一個不正義的國家或組織，而完整的正義，則只有在規則本身也就是公正的時候才會存在。

但是在現實中，兩者又往往會出現對立與衝突。由於正義的形式要件在一定程度上表現為實質正義在現實中的制度固化，而正義的實質要件是一個隨著現實條件改變而不斷發展的維度，這必將導致其與現實的固化形成某種衝突。正如正義總是與自由、平等、安全、福利等價值緊密相連，所有的正義觀都是圍繞著如上價值訴求而展開的。但是，在現實中，如何統合諸多的價值訴求，從而在表現其現實「個人權利和社會福利之間創設適當的平衡，乃是有關正義主要考慮的問題」。② 換句話而言，即如何在實質性與形式性的二重性中把握現代正義實現的真諦，正是現代正義理論研究的重要主題，不管是羅爾斯的「無知之幕」，或是哈貝馬斯的商談，以及麥金太爾的傳統的約定成俗，都是理論家試圖通過各種路徑來化解這兩者的現實衝突。這使得對正義的探索必須放置在現實的實踐視野中。因為任何理論的解決方案都只有落實在具體的現實條件，將正義落實到實踐中，才能確證它的現實真諦——正義的實質主題與實現形式的統一。

綜上所述，本書對正義的定義做出如下解讀：**正義是人特有的對自身存在方式和存在意義所進行的哲學反思與對美好生活的價值訴求，以及這種價值訴求通過合目的性和合規律性的統一，通過歷史性與現實性的統一，在現實中的呈現，使所有社會成員處於一個好的生活可能的選擇的狀態。**

---

① 張文顯. 當代西方法哲學 [M]. 長春：吉林大學出版社，1987：186.
② 博登海默. 法理學、法哲學和法律方法 [M]. 鄧正來，譯. 北京：中國政法大學出版社，1999：251-298.

1.2　經濟正義為什麼要引進實踐考量

1.2.1　「正義」的實踐性

從實踐的角度來看，「正義」的實現，一方面需要通過生產力的發展來改善人的物質生存條件，緩解和克服人與自然的矛盾，從而解決正義實現的客觀障礙；另一方面，正義的實現還必須有賴於制度的變革與調整來解決現實生活中人與人之間的矛盾，以促進人與人之間，人與社會之間的和諧統一。這兩方面都是通過實踐活動去改造現實，「使現存世界革命化」①，使世界朝著符合人的價值理想方向發展，以創造一個現實的正義社會。

從實踐的角度去把握正義，可以歸結出正義具有如下主要特徵：

1. 正義的普世性與歷史性

馬克思主義認為，實踐是人本源性的生存方式，人一方面通過實踐改造外部世界，創造文明，同時又改造自身。人對正義的追求是與在實踐活動中人自身的發展與社會的發展同步而行的，是在歷史過程中不斷生成、變化和更新的，對正義的理解，離不開對人性以及人的發展的深刻把握。

人具有社會性，馬克思認為，「個人怎樣表現自己的生活，他們自己也就怎樣。因此，他們是什麼樣的，這同他們的生產是一致的——既和他們生產什麼一致，又和他們怎樣生產一致」。也就是說，人的本質在其現實性上，「是一切社會關係的總和」。② 而正義作為利益關係的調整原則，是對一定社會的經濟關係的觀念化的反應，當社會關係隨著社會發展而發展時，正義觀念也必然隨之不斷推進，正義的內容是歷史的和發展的。正如恩格斯所言：「每一時代的理論思維，從而我們時代的理論思維，都是一種歷史的產物，它在不同的時代具有完全不同的形式，同時具有完全不同的內容。」③ 在這個意義上，正義理念表達了人類發展與社會關係和諧完善的歷史性訴求，它是所對應共同體的社會理想與發展的時代主題與反思。特定時期的正義主流思想，往往包涵著

---

① 中共中央馬克思恩格斯列寧斯大林著作編譯局. 馬克思恩格斯選集：第一卷 [M]. 北京：人民出版社，1995：75.

② 中共中央馬克思恩格斯列寧斯大林著作編譯局. 馬克思恩格斯全集：第三卷 [M]. 北京：人民出版社，1995：24.

③ 中共中央馬克思恩格斯列寧斯大林著作編譯局. 馬克思恩格斯選集：第四卷 [M]. 北京：人民出版社，1995：284.

一個國家當時的基本治理理念，或者說是當時的社會精英提出的關於這個國家如何發展、應該做什麼的基本構想。

　　但是，正義具有的歷史性並不意味著否定正義的永恒普世性。從人性角度而言，人不僅具有社會性，人也是自然的產物。人的自然本性決定了人有生存、安全、自由、平等、幸福等多方面的需求，這些普遍的人性需求，使得「正義秉性的基本特徵不會因為這些變化而改變，相反，這些基本特徵不僅構成人們在不同的社會裡遵守不同正義規範的共同動機，而且在一定程度上限定了正義規範性內容的範圍」。① 除此之外，馬克思以生產力的發展推動人類社會進步為主線來剖析人類社會的發展史，得出「人的自由而全面的發展」是人類社會的偉大理想，是馬克思主義正義觀的終極普世價值。而正是此一正義的永恒普世性為現時的正義走向提供了超越性的價值維度和社會進步的評判標準。總之，這種正義的普世性不僅基於抽象人性的普遍原則，而且基於人類文明程度並通過人類實踐活動得以現實表現，它既包含著促進社會普遍成員幸福、自由和全面發展永恒普世價值的訴求，又具體表現為現實的社會理想，更因具體的社會歷史條件而呈現為不同的正義內容與實現形式。

　　可以說，「人類正義追求和正義目標的永恒性，必然要通過由實際的社會歷史條件決定的具體的正義關係和正義觀念體現出來；而人類正義關係和正義觀念的歷史發展又總體上代表著人類永恒的目標和正義觀念。」② 正義的普世性有利於引導文明發展總的方向，並對現實的正義諸觀念作出統一的權衡與比較；而正義的歷史性則要求我們必須根據現實的、特定的歷史條件來權衡正義諸價值的先後序列，並將正義實現條件的考量納入正義實踐的視野中。

　　總之，正義的發展是以人的發展為根據和旨歸的，正義的發展水平和發展程度標示著人的發展水平和發展程度，它不僅反應出當代人類社會的經濟基礎，更承載著當代人類社會對更美好生活的向往，正義的發展貫穿著時代的核心價值理念。因此，正義需要從具體的歷史規定性出發，在特定的歷史時空、歷史關聯、歷史條件、歷史進程中進行把握。正義的這種實踐特質，決定了在社會歷史進程中，正義的訴求既是對本時代既定秩序的維護，又包含著對本時代局限性的超越，它不僅以價值理想來對現實社會發展產生引領作用，還以價值規範著力於社會利益關係的調整，而實踐是檢驗正義的最終標準。

---

　　① 慈繼偉. 正義的兩面 [M]. 北京：生活·讀書·新知三聯書店，2001：3.
　　② 沈曉陽. 正義論經緯 [M]. 北京：人民出版社，2007：138.

2. 正義的應然性與實然性

正義首先是一種價值選擇，關乎人的行為、社會關係和社會制度善惡與否的評價，是人對自身存在、人的行為與人的關係是否合理的最終判斷，人性的完善與人的發展是正義追求的意義所在。正義的價值訴求，彰顯了人的超越性，人在實踐中，不斷超越現存，不斷產生新的價值理想，不斷追求價值創生活動，價值理性由此而可能並且不斷生成著它的可能。

正義價值又必須轉化為現實各個領域中的力量，「平等應當不僅是表面的，不僅在國家的領域中實行，它還應當是實際的，還應當在社會的、經濟領域中實行」。① 人類通過實踐活動使人懂得正義必須要轉化為規範才能具有現實的力量，處處把內在的尺度運用到對象上去，以創生人的價值和意義世界；它也使人「懂得按照任何一個種的尺度來進行生產」，遵循客體自身的規律性，來滿足自己的生存需求。正義的實踐活動必然既要面向事實世界又要面向人自身及其價值世界，表現為合規律性（事實）與合目的性（價值）的統一，是工具理性與價值理性的統一。

但是，正義的價值怎樣轉化為現實？就「應然」來說，由於它是一種一般性、普遍性的價值把握，具有超越性和理想性，在尚未作用於對象之前與「實然」狀態是分離的。如果完全脫離現實的社會生活基礎來「應然」，那麼它將成為空洞的、抽象的、無意義的道德「烏托邦」。因此，正義的實現必然是一個價值從現實中生成，價值又轉化為現實的過程。

在古代哲人的思想中，正義的實現主要表現為一種個體的德行，即個體為其行為承擔責任的品格和價值承諾。而隨著人類進入一個公共化日趨擴展的現代世界，人們處理人事不再像傳統社會那樣主要依靠在個人的德性修養基礎上建立起來的人情脈絡關係，而一切關乎公共生活世界的人事問題都得憑藉某些公共制定的規則和制度來加以解釋和解決。「所謂公正和正義，也就不再只是指個人的人格正直和人際公道，而道德最基本的是指一種公共安全論壇的制度安排和正義原則。也就是說，正義或公正不僅包含人格的正直公道和人際的公平對待，而且還（在現代社會條件下更重要和基本的是）指社會公共制度和規則的公正或正義。」② 正義的規範主題已經從個人行為的規範性轉為制度的正義性。制度成為社會正義的實現支點，是其呈現的主要載體。制度需要以一定的組織體制為載體來實現價值目標。正如美國法學家龐德所言：「在經濟和

---

① 中共中央馬克思恩格斯列寧斯大林著作編譯局. 馬克思恩格斯選集：第三卷 [M]. 北京：人民出版社，1995：448.

② 萬俊人. 正義二十講 [M]. 天津：天津人民出版社，2008：2.

政治上，我們可以把社會正義說成一種與社會理想相符合，足以保證人們的利益與願望的制度。」「在政治上有組織的社會中，通過這一社會的法來調整人與人之間關係及安排人們的行為。」① 社會正義是一個充滿了理想訴求與平衡現實社會各種需要、動機、衝突的領域，道德的追求和理性的選擇在這個領域努力尋求融合。只有借助制度和技術，現代正義價值訴求才可能是現實的。

　　制度的實現固然離不開作為后盾的強制力，但歸根究柢還是有賴於制度自身所體現的道義價值能獲得社會成員的普遍信任和認同，有賴於制度本身運行的科學性與有效性。正義的制度一定是「實然」與「應然」的有機統一。制度的正義性要求制度的設計和執行必須有正義理念的內化，否則制度就會因不義而得不到普遍遵守和執行；而制度的技術層面要求正義訴求必須外化為具體的、可行的制度要求與程序保障，否則正義就會因缺乏有力的制度支撐而得不到全社會的普遍認可和切實履行。因此，現代正義的視野不僅僅局限於哲學層面的價值理論探索，還涉及幾乎所有的人文社會科學領域。正如經濟作為價值與技術的統一體，如果不關註價值實現在技術層面的落實，終極價值關懷和現實社會關心就只能淪為鏡花水月——經濟制度、決策的可操作性問題的重要性正在於此，因而必須對經濟規制本身的規範結構、規範內涵、規範效力以及規範運作狀況等方面進行細緻入微的探究。事實上，如何在探索正義價值訴求時不脫離現實的制度、決策建設，如何在致力於技術層面的制度、政策可行性建設時不偏離社會的正義訴求，正是現代社會理論與實踐都會面對的重大課題。

3. 現代正義是有待實踐的價值系統

　　一般說來，所有的價值、權利和規範原則都是歷史性的。它們往往直到某個特定的年代才被知道或者受到重視，它們在有的文化中得到承認而在有的文化中則遭到忽視。作為理念、原則以及相應而生的權利、義務，在某些歷史條件下，它們並非都能被運用。它們只有在一定條件得以滿足的情況下，才能夠得以應用。特定價值的出現依賴於社會實踐活動。縱觀正義的各種理論形態，它們往往側重於說明正義要實現的某一價值。從社會發展的歷史經驗來看，往往在某一社會最缺失什麼，那麼理論家們就倡導什麼，以彌補社會價值的空缺狀態。古代社會的階級對抗十分嚴重，秩序就成為正義的首要價值；近代社會政治解放的目標是要擺脫傳統專制社會的束縛，因此自由就成為最大的價值訴求；隨著市場經濟的快速發展、財富的增長以及人們對利益的需求增加，圍繞財富的生產與分配，效率與平等原則就成為價值的訴求對象，從而形成近代以

---

① 龐德. 通過法律的社會控制 [M]. 沈宗靈，譯. 北京：商務印書館，1984：73.

來公平正義、自由正義、效率正義等互競的局面。① 社會發展至今，人們越來越認識到，單一價值的正義追求越來越不適合現代文明的走向，正義的綜合性和整體性考量進入正義的實踐視野。

從現實角度出發，正義是各種利益訴求的裁決。正是由於人類社會的利益衝突是多方面的，導致基於不同利益立場的正義訴求是多元的。因此正義是一種價值體系或價值系統，是「一個人所持的或一個團體所讚同的一組相關價值」。② 凱爾森指出：「如果這種最終目的的論斷的正義假設或規範的形式出現時，它們總是依靠純粹主觀的因而是相對的價值判斷，不言而喻，這種價值判斷是大量的、彼此不同的，而且互不相容。」③ 當然，這些價值判斷並非是完全個人化的、隨機的、偶然性的，「事實上，很多人的價值判斷是一致的，一個實在的價值體系並不是孤立的、個人的一種任意創造，而始終在一個特定的集團中，在家庭、部族、階段、等級、職業中，每個人相互影響的結果，每一價值體系，特別是道德體系及其核心的正義觀念，是一個社會現象，是社會的產物，因而按照其所產生的社會的性質而有所不同。」④ 由此可見，正義價值訴求的多元性主要取決於群體性質的差異。在傳統社會中，群體性質往往較單一，正義的主導價值比較單純。但在現代社會中，同一區域往往是不同性質、類型的社會群體所共生，各個群體因政治意識形態、宗教、文化以及經濟發展程度的差異必然導致正義訴求主題上存在著差異。分化后的社會各領域運行規則、追求目標不同，對社會運行合理性的評價標準也不相同。社會結構領域分化的直接結果就是「正義分化」，即在不同的領域產生了多樣化的存在空間，傳統強制性的、單一性的正義觀念被非強制的、領域性的、多元的正義觀所取代。⑤

在現代文明下，正義不是單一的自由，或者平等，或者福利，或者安全、秩序等，而是它們的全部。但是，這種對正義的現代解讀仍具有一定的片面性。正義並非僅僅是一個裝著各種價值訴求的「籮筐」，從深層次來看，正義是諸價值在現實實踐中的有效呈現，是諸價值權衡與整合的結果。它是處理現實利益關係的實踐智慧，其實質是人類運用認知理性、實踐理性和自由意志的

---

① 王文東. 當代中國發展語境中的正義共識研究 [M]. 北京：人民出版社，2010：67.
② 普拉諾. 政治學分析辭典 [M]. 胡杰，譯. 北京：中國社會科學出版社，1986：187.
③ 凱爾森. 法與國家的一般理論 [M]. 沈宗靈，譯. 北京：中國大百科全書出版社，1996：8.
④ 凱爾森. 法與國家的一般理論 [M]. 沈宗靈，譯. 北京：中國大百科全書出版社，1996：8.
⑤ 王文東. 當代中國發展語境中的正義共識研究 [M]. 北京：人民出版社，2010：7.

主體能力，以自由、福利、平等、安全、秩序等為價值目標，在現實的利益協調和分配關係中所把握的「度」。「正義」形式的背後是我們的社會生活和現實的利益關係，抽象的正義理念需要通過把握其在社會生活中的現實形態來予以揭示。當制度是公正時，它是正義的；當制度保障了人們的自由時，它是正義的；當制度是效率而促進了人們的福利時，它是正義的；當制度維護了人與人之間的平等、互助時，它是正義的……而單一的價值訴求在現實中實現時，雖然它表現了正義，但它不等同於完全實現正義，正義永遠以實踐為準繩保持著對現實價值訴求實現狀況與程度的批判與引導。中國改革開放初期由於物質基礎比較貧乏，生產力亟待發展，因此提出了「效率優先、兼顧公平」的口號，這在當時就是一種正義的表現。當改革發展到今天，國家奠定了比較豐厚的物質基礎，正義的價值形態就表現為「效率與公平兼顧」。等到將來物質資源更加豐富的時候，公平就會成為正義的主要表現形態。同時，正義也是特定社會時空下，對各種價值訴求的均衡與統合。即一個好的制度與決策，不僅要凸顯出某一正義價值的訴求，但也不因此而造成對另一正義價值的過度（這個「度」為何，正是政治倫理學、經濟倫理學、經濟學、政治學、社會學等需要具體化的）失衡。比如，當自由的訴求如果造成了過度的不平等，此自由就走向了正義的反面；如果在維護社會不同身分成員的平等地位的同時，而過度減損社會發展的效率反而影響到人們的總體福利時，此平等也失去了其正義的合理性，等等。總之，在一個社會不顧現實地片面追求單一價值訴求而影響到其他價值訴求時，自由、平等、公正等傳統正義觀中的善目就將會造成新的社會不義。可見，現代正義觀不僅僅是一種價值體系，不僅僅是各種價值的現實確證，更是多元價值統合的實現過程，是多種價值訴求在現實中呈現而給予的正面評價，是各種價值通過某種方式所博弈出來的均衡結果。這個結果是動態的，是相對均衡的，是隨著時空條件轉變而通過現實制度創設與決策調整而永恆變化的。可以說，現代正義不僅僅是價值，不僅僅是原則規範，更是人類實踐理性的智慧成果，更是人類文明在經歷了傳統社會發展中自發生成正義觀後，步入到現代文明階段自覺、自由進行理性選擇的結果。

總之，正義廣泛涉及一個社會的主要制度、社會規範、社會主要規則等，是一種價值體系化的集合，而自由、公平、平等則只是這種「體系化集合」中的個項屬性或某個層面，儘管這項屬性或層面是非常重要的。這種正義訴求的多樣化在現代文明的規約下，不能再採取非此即彼、非白即黑的相互排擠，正義的實踐要求我們把握社會中不同群體的主要性質、特徵及其適用的正義原則，從而有針對性地運用；同時在實踐中切實準確地瞭解當下社會發展的時代

主題與困境,從而權衡正義諸價值在現實場景中的偏重程度、先後差序,在多元之下尋求共識、共存之道。這是現實實踐對現代正義提出的時代命題。因此,正義雖然以抽象化、概念化的形式表現出人類對公平、自由、善良、秩序等美好生活願望的濃縮與簡化,但在正義這一概念下面,有著一整套人類社會的價值系統。更重要的是,在實踐層面,必須具有特定的社會制度與政策——政治的、經濟的等——將特定人類價值系統具體化和規範化的同時,有效地統合與化解多元價值的衝突,這也是正義的題中之義。為適應社會領域分化的趨勢,政治正義、經濟正義、法律正義、文化正義、生態正義等相繼出現,這些社會生活各個領域所形成的正義原則,既具有相對的獨立性,又相互滲透,彼此重疊。這就使各個領域的正義實踐在達成共識此一環節顯得尤為重要。

1.2.2 經濟正義是道德目的性與經濟規律性的統一

經濟正義作為社會正義的重要內容和主要論題,特指在社會經濟生活領域或社會經濟活動中的正義。它既具有正義的一般性質,又因作用於特定的人類實踐活動領域而具有特殊的、具體的規定。全面深刻地把握經濟正義的含義及其實踐特徵,將有助於我們進一步探究正義在經濟領域的實現規律。

經濟作為整個社會結構的基礎,其本身已是構成社會行為與社會關係中最基礎、最重要的組成部分,人們對美好生活的預期能否兌現很大程度取決於經濟運行狀況的好壞,正義作為實踐的價值導向必然是經濟運行中不可或缺的重要維度。要研究經濟正義,首先需要對經濟的性質、內容與形式等全面把握。

經濟作為一種普遍的社會現象和人類實踐活動,其本身也是歷史的產物,隨著文明的推進而不斷豐富、擴張其活動內容與形式。如何界定經濟?經濟學家們有多種答案:經濟是私有財產的運動;經濟是增加國民財富的活動;經濟是對資源優化配置,以最小的耗費取得最大的效果……雖然這些答案都從某一方面揭示了經濟活動的功能或特徵,但沒有從根本上揭示經濟的實質。馬克思歷史唯物主義從哲學的高度,對此作出了界定:經濟活動作為人類特有的實踐活動和存在方式,首先是一種物質生產活動,表現為社會生產力要素的總和。人們通過有目的的生產勞動與自然界進行物質和能量的交換,以謀取人類所必需的生活資料,從而實現自己的生存和發展。它是「不以一切社會形式為轉移的人類生存條件,是人和自然之間的物質變換即人類生活得以實現的永恒的

自然必然性」①。就此而言，經濟首先是人類得以生存和發展的前提和基礎，是社會發展的永恆動力。它是人們展望未來美好生活提出努力之價值目標的現實客觀基礎。另外，經濟還意味著人們在社會生產、分配、交換、消費的總過程中結成人與人之間的相互關係——社會生產關係。它包括生產資料歸誰所有；人與人之間在生產過程中的地位和關係如何；勞動產品如何分配。這種關係，是「人們在自己生活的社會生產中發生一定的、必然的、不以他們的意志為轉移的關係，即同他們的物質生產力的一定發展階段相適應的生產關係。這些生產關係的總和構成社會的經濟結構，即有法律的和政治的上層建築豎立其上並有一定的社會意識形態與之相適應的現實的基礎」②。經濟基礎決定上層建築，經濟關係是一切社會關係中最首要的、起著決定性作用的關係。「每一歷史時代主要的經濟生產方式和交換方式以及必然由此產生的社會結構，是該時代政治的和精神的歷史所賴以確立的基礎，並且只有從這一基礎出發，這一歷史才能得到說明。」③顯然，經濟對作為「一切社會關係總和」的人的現實本性起著主要的決定性作用，與人的存在本質、存在方式具有本質的關聯，是充滿意義向度和價值維度的「人」的行為。

由此，作為理論抽象的概括，經濟是對社會物質生產過程及其所包含的各種要素、關係、結構、機制的總和。它一方面作為一種人類實踐活動，其運行具有主體性、目的性，反應了人們對美好生活的價值訴求；同時，經濟活動雖然產生於人，但已形成了一個外在的、對應於「人的世界」的「物化世界」，具有客觀性，有自身運行的規律，以經濟必然性對人的思想與行為起著重要的支配作用，並產生影響。經濟的主體目的性規定了經濟活動的目的、價值和意義，保證了這種實踐活動的正確性和方向性；經濟的客觀規律性決定了經濟所必須遵循的規律及其實施效果，保證了這種實踐活動的科學性和有效性。規律是目的的客觀依據，人的目的能否實現，取決於這個目的在何種程度上符合客觀規律；目的是規律運行的主體歸宿，客觀規律如何發揮作用，在很大程度上也取決於主體的價值選擇。因此，能否促使經濟朝著人類既定目標邁進，取決於經濟活動主體的價值訴求與經濟運行的客體規律能否統一。

---

① 中共中央馬克思恩格斯列寧斯大林著作編譯局. 馬克思恩格斯全集：第二十三卷 [M]. 北京：人民出版社，1972：202.
② 中共中央馬克思恩格斯列寧斯大林著作編譯局. 馬克思恩格斯選集：第二卷 [M]. 北京：人民出版社，1972：82.
③ 中共中央馬克思恩格斯列寧斯大林著作編譯局. 馬克思恩格斯選集：第一卷 [M]. 北京：人民出版社，1995：257.

那麼，什麼樣的經濟是合宜的？或者說，什麼樣的經濟是正義的？這既取決於人們的經濟價值目標和經濟活動是否人道（道德），同時還取決於人們有目的的經濟活動是否符合具體條件下經濟運行的客觀規律，此為經濟正義的題中之義。因此，通過如上從實踐角度對「經濟」的哲學解讀，本書將「經濟正義」界定為**在特定社會條件下的經濟生活中，通過把握社會經濟規律，將促進人性自由而全面發展的系列價值理念在經濟世界滲透，並外化為現實的經濟原則和經濟制度規範、決策，從而引導和約束經濟行為及經濟活動，使之符合人性發展及社會完善的過程**。

在此基礎上，經濟正義主要表現出兩方面的功能：首先，經濟正義是一個**批判實踐的範疇**，通過對經濟生活的哲學反思和意義追問，不斷審察當下經濟生活世界的「不義」，並提出合宜的價值主張和要求，以不斷完善和超越現有的經濟方式和經濟理念；同時，經濟正義還是**經濟實踐的範疇**，其價值訴求需要通過系列經濟技術行為轉化為現實的經濟目標、經濟制度以及公共決策。總之，經濟正義的實現就是**經濟合道德目的性與合經濟規律性相統一的實現過程**，經濟正義不僅要關註經濟實踐的目標的道德正當性，還要關註經濟正義目標在實現過程中的現實合理性，即經濟行為、經濟制度與決策的技術合理性。

作為人類實踐方式的經濟活動，隨著人與社會的發展而處於不斷超越之中。「經濟活動源於人類的物質需要與某些精神需要，而人類的這些需要不是靜止的，而是處於不斷擴大、不斷升高的過程，初級需要實現后會出現高級需要，物質需要實現后會產生精神需要，生存需要實現后會形成發展的需要。」① 因此，人類的經濟活動總是在現實中不斷超越人類生存發展來自自然和社會的種種限制，而形成更加合理的經濟方式。這種超越「是把自然、社會、人自身的種種自在力量整合轉化為人類的經濟力量，即把自己的物質力量和精神力量（包括作為物質力量和精神力量凝結的技術力量）、社會制度力量、自然力量整合為經濟活動而創造出經濟產品的過程」。② 由此，基於實踐視野的經濟正義，需要不斷面對與準確把握在發展中的人性與社會演變的主題，把握住既有經濟現實對人性發展造成束縛的根本矛盾所在，不斷突破經濟活動能力的界限，不斷超越既有規律而進入經濟活動更高的自由境界。此即為經濟正義的實踐意義所在。

同時，經濟活動又是一個外在於「人的世界」的「物化世界」（商品世

---

① 劉敬魯. 經濟哲學導論 [M]. 北京：中國人民大學出版社，2003：154.
② 劉敬魯. 經濟哲學導論 [M]. 北京：中國人民大學出版社，2003：154.

界），有其自身運行的規律，並以經濟必然性的形式支配著人的思想與行為。經濟世界以價格、供求、貨幣、利潤等一系列為運行指標，遵循著自成一體的規律而運動。在經濟領域中所依循的客觀規律包括：一是經濟活動整個過程的規律，包括經濟活動手段的規律、經濟活動對象的規律、人以手段作用於對象活動過程的規律等；二是經濟活動組織方式的規律，主要就是經濟制度（體制）的規律。人的活動必須符合這些規律，才能有效地推動經濟發展。在現代經濟學中，正如馬克思也認同大衛・李嘉圖的觀點，認為「真正的財富在於用盡量少的價值創造出盡量多的使用價值，換句話說，就是在盡量少的勞動時間裡創造出盡量豐富的物質財富」[1]。這反應了人們在經濟規律的選擇與總結中，其實已經包含了既定的價值目標和運行原則，而這些規律，在人類實踐活動的特定時期（如現代性下），主要是以財富增長（通過資源優化配置、效率提高）此單一價值訴求為前提的，在經濟運行中進一步以註重資源的優化配置和運作效率來得以呈現，並且通過商品價格、貨幣、利潤等量化指標來得以考察。

1.2.3 經濟正義的實踐困境

隨著經濟的發展，不同的時代與社會背景之下，經濟正義所面對的歷史任務與實踐主題大相徑庭。在古代，人的物質慾望受到宗教以及生產力發展水平的制約，經濟活動主要是滿足於人們的基本生活需要，經濟在社會生活領域中的影響力受客觀條件的限制，還未表現出強烈自在自為的必然性，經濟的目的始終是向人的。正如馬克思指出的：「根據古代人的觀點，人，不管是處在怎樣狹隘的民族的、宗教的、政治的規定上，畢竟始終表現為生產的目的。」[2]

隨著科技的進步帶動生產力的發展，近代之後工業經濟取代小農經濟而居於主導地位，以分工為基礎的市場經濟取代了自給自足的自然經濟，生產的專業化、規模化，以及交換的普遍化，使得經濟活動在社會生活中的地位日益強勢，漸漸形成了獨立運行的體系。同時，在西方，隨著新教倫理的改革將人們的物質慾望從禁欲束縛中釋放出來，經濟滿足於人的需要逐漸被導向為片面地追求財富增長，經濟價值訴求越來越物化、單一化，追求財富的無限增長成為經濟的主要目的。由此進一步導致人們為經濟發展所支付的勞動本身和作為對

---

[1] 中共中央馬克思恩格斯列寧斯大林著作編譯局. 馬克思恩格斯全集：第二十六卷（下冊）[M]. 北京：人民出版社，1974：281.
[2] 中共中央馬克思恩格斯列寧斯大林著作編譯局. 馬克思恩格斯全集：第四十六卷（上冊）[M]. 北京：人民出版社，1984：486.

經濟發展成果的勞動產品的佔有都「異化」為與人分離和對立的異己力量，「人的類本質——無論是自然界還是人的精神的、類的能力——變成人的異己的本質，變成維持他的個人生存的手段。異化勞動使人自己的身體，以及在他之外的自然界，他的精神實質，他的人的本質同人相異化」。① 追求財富原本是為了造福人類，而最終卻將人自身淪為財富的手段與奴隸。正是這種異化，造成「經濟」與「倫理」的分離，造成了所謂「經濟人」與「道德人」的分裂，以及進一步在學科上形成工具理性與價值理性的對立。於是，經濟活動的意義被局限於生產財富的有限部分，經濟就是貨幣化運動，追逐資本利潤成為經濟活動的旨歸，相應的，人生的幸福與意義便片面地維繫於資本的數量。正如阿諾德•湯因比在《歷史研究》中所說的，現代西方的工業化經濟制度和「民主」政治體製造成了人的思想的「工業化」，人們發覺將自然資源開發和轉化成「製成品」本身是一種有價值的行為，「而這一過程所引起的任何后果對人類的價值反而無所謂了」。②

　　隨著商品、資本世界的強勢與一意孤行導致的人的物化、異化，人的片面發展與人性的全面自由目標背道而馳。財富的增長伴隨著的是貧富懸殊，以及對生態的過度開發，造成人與人之間關係的緊張、人與自然之間關係的緊張、社會發展的扭曲，人類社會進入了馬克思所言的「物的依附」的歷史階段，這就是現代經濟的基本特徵及其消極后果。但是，人是發展的，人的需求也是變化與多樣。它要求按照「人的本質的全部豐富性」去變革和改造外部世界，為人的全面發展創造有利於其實現的條件。當人的物質需求在得到一定程度的滿足後，人的精神活動造就了人更加豐富、更加全面的其他追求，促使人們為創造有利於人的全面而自由的發展的條件而奮鬥。因此，隨著文明的發展，社會條件的改變，人的多種需要必然促使人們對經濟生活能達到的層面有更豐富多樣的價值訴求：經濟的發展不僅應滿足人們基本的物質需要，還應滿足人的社會交往需要、享受環境需要和文化生活需要，尊重和維護人的自由、理性和尊嚴，改造經濟單一物質增長而造成一切使人與社會畸形發展、使人「異化」、使人喪失尊嚴的東西。概括而言，現代正義實踐所面對的現實背景為工業文明背景下經濟運行與倫理價值訴求的疏離或經濟一意孤行，任其作為工具、手段的資本、貨幣、利潤成了經濟合理性的片面指標，造成了對其他正義價值的忽略或損害，由此而出現了經濟的不義；或是社會執著於抽象道義層

---

① 中共中央馬克思恩格斯列寧斯大林著作編譯局. 馬克思恩格斯全集：第四十二卷［M］. 北京：人民出版社，1984：97.
② 阿諾德•湯因比. 歷史研究［M］. 劉北成，等，譯. 上海：上海人民出版社，2000.

面對經濟活動的指責與干預,由此導致經濟決策、制度上的技術非理性,經濟正義難以伸張。因此,如何通過人類的實踐理性盡可能消除資本時代經濟發展對人性發展的扭曲,如何面對經濟世界中多種價值目標的衝突與統一,如何均衡各種價值目標通過經濟技術轉化為現實有效的經濟制度、政策力量,這正是現代經濟正義所需要面對的時代挑戰和現實任務。

隨著現代性與全球化的推進,經濟世界的強勢發展不可抗拒,它越來越全面、深刻地影響著人類社會和人們的幸福,而現代經濟活動和經濟行為的豐富性、複雜性和多樣性使得其自發的力量愈加強大,這需要我們加強對經濟世界運行規律的探索與把握,進而通過對經濟的自覺把握而造福於人類,否則就會任由其帶往片面的物質世界深淵。另外,在經濟促進了社會財富整體增長的同時,人們對幸福的理解也開始超越簡單片面的幸福觀,由單一的物質訴求提升為有著更豐富內涵的「后物質幸福觀」,平等、自由、尊嚴等多元價值訴求也訴加於經濟領域。同時,經濟全球化的浪潮雖然使經濟方式趨同而使各個文明歸於扁平化,但也因愈發嚴重的貧富懸殊而導致利益相爭日益嚴重,加之宗教、種族、民族差異等問題,這些都使得人們嚴肅地思考正義的多元價值如何在經濟領域取得共識。這也是現代經濟正義必須面對的挑戰。

1.3 經濟正義的實踐:方法論與原則

正如前文所概括,現代經濟正義的實現面臨著諸多現實困境,如何走出困境也正是經濟正義的實踐過程。本書嘗試就此問題展開理論方面有限的探索。

1.3.1 作為方法論的經濟倫理學視角

經濟正義研究從學科歸屬上來說,主要屬於經濟倫理學的研究範疇,在方法論上,經濟正義的實踐研究也隨著經濟倫理學的發展而呈現相應的變化。現代性全球展開以來,隨著生產力的突飛猛進,經濟在社會生活中的強勢地位既已鑄成,經濟體系日趨龐雜,牽一發則動全身。如何給予經濟發展以合宜的引導,無論是經濟價值目標的確定,還是目標的實現過程及其效應評價,都需要多學科共同參與的專門化研究。其中,經濟學與倫理學相結合的綜合路線,也即經濟倫理學的視角是最重要的研究方式之一。正如科斯洛夫斯基所言:「當經濟學理論分析和設想建立在自身利益基礎上的社會公共機構及行為規則時,當倫理學理論闡述了能發揮人的最好的動力和使之實現的公共機構及行為規範

的時候，這兩種科學涉及同樣的對象，即行為人和進行合乎理性的協調的行為。」① 那麼，經濟倫理學的研究方法對於經濟正義的實現問題研究有什麼要求？我們首先需要瞭解什麼是經濟倫理學。關於經濟倫理學的界定有很多，②中國學界比較公認的定義為，它是「研究社會經濟領域、經濟行為主體的道德現象及其倫理問題，是倫理學與經濟學的交叉學科，屬應用倫理學的分支學科。以揭示經濟與倫理內在聯繫為立論前提」。③ 如果對此定義中的「內在聯繫」作出更明確的界定，則可進一步闡明，經濟倫理學是「研究社會經濟和人的全面發展的關係以及直接產生於人們經濟生活和經濟行為中的道德觀念的科學」。④ 顯然，作為探討社會經濟運行合理性的經濟正義研究，是經濟倫理學研究的重要內容之一。從學科研究來看，經濟正義問題是典型的經濟學和倫理學交叉的命題。

那麼，經濟倫理學的研究方法是什麼？作為一個在經濟學與倫理學相分離而後又走向融合的產物，⑤ 就目前而言，由於經濟倫理學在中國尚處於成長階段，經濟倫理學界還未形成統一的、權威的研究範式。甚至，有學者還就目前的經濟倫理學研究的方法論現狀作出了這樣的評價：「由於受經濟倫理學體系『權威性』的引導，使得在經濟倫理研究的方法上難以有所突破。一些研究著作和論文還停留在『圖解式』與『標籤式』階段，或是用倫理學原理圖解現實的經濟生活，或是用經濟生活現象驗證倫理學原理，這兩種研究方法都有將經濟和倫理相割裂的傾向。」⑥ 顯然，以經濟學與倫理學的交叉學科視角和方法來研究經濟倫理問題，首先是源於經濟—倫理二者的內在聯繫：在經濟發展目的和社會倫理目標之間存在著邏輯上的一致性，經濟倫理規則內生於經濟活動和經濟行為的交往之中。在這個基礎上，有機地運用兩個學科領域的方法去研究、解決經濟倫理問題。這種有機的結合，要求我們要有**從倫理到經濟的認**

---

① 彼得·科斯洛夫斯基. 倫理經濟學原理 [M]. 孫瑜，譯. 北京：中國社會科學出版社，1997：1.
② 目前關於經濟倫理學的學科性質與概念內涵有多種界定，主要有以下幾種：認為經濟倫理學是關於經濟制度倫理和經濟行為倫理的學說；認為經濟倫理學是從道德角度對經濟活動的根本看法；認為經濟倫理學是一門經濟實踐的道德科學，以研究經濟與倫理的關係、經濟活動中的倫理道德的形成、發展規律以及經濟行為的倫理正當性等問題為對象。
③ 朱貽庭. 倫理學大辭典 [M]. 上海：上海辭書出版社，2002：113.
④ 王澤應，鄭根成. 關於經濟倫理學研究的幾個問題 [J]. 上海社會科學院學術（季刊），2000（3）.
⑤ 在現實中，經濟與倫理經歷了一個從合到分再到合的過程，與之相對應經濟學與倫理學的關聯也經歷了與之相對應的分合過程，中國學者對此多有論述，本書在此就不贅述。
⑥ 孫春晨. 經濟倫理學：從構建體系走向問題意識 [J]. 哲學動態，2005（1）.

識視角。「涉及利潤、增長、技術進展的問題，都有倫理上的維度：這些包括污染和自然資源的減少對社會總體的影響，工作環境的質量和特徵，以及消費者的安全。」① 此一視角要求我們以哲學、倫理學的高度，對於經濟問題有形而上的把握；對於經濟現象，要有深入的學理上的分析、思辨論證；將經濟實踐，納入人類幸福的終極目標下予以考量。但又要避免這種思維路徑脫離社會現實而片面運用偏重於理論思辨的邏輯推理和演繹來論證經濟與道德的關係，以至於使其理論存在空泛、抽象、模糊等問題，因而缺乏應用性的傾向。因此，我們還要有**從經濟到倫理的視角**。即社會倫理目標要通過合理的經濟技術與方法，轉化為現實的規範、制度、決策。要避免經濟倫理學僅停留在道義的呼籲層面，而是要轉化為現實的力量。這需要我們結合經濟活動中的個體與組織、企業與消費者、企業與環境、利潤與社會責任所關聯的生產、交換、消費、分配、服務環節，從其與倫理發生的關聯入手，去把握經濟倫理問題與規律；同時，將經濟學的技術、工具與方法適當地運用到經濟倫理問題的解決中。借鑒經濟學實證分析，細緻入微，嚴密周延，為倫理問題的解決找到在實際生活中的可行途徑。但在這個過程中，又要避免經濟帝國主義傾向，避免將功利目標、效用原則拔高到至上的地位，作為衡量經濟行為的唯一標準，從而忽略其他價值取向，令經濟活動只是服務於暫時利益、物質利益、個體利益，而忽視長遠利益、精神價值以及整體利益。

綜上而言，經濟倫理學就是在經濟學和倫理學之間進行聯繫、溝通，使之有機融合起來。它在方法上應該是「演繹與歸納方法、分析和綜合方法、抽象與具體的方法論上的整合，是經濟學和倫理學的雙向交融。其研究內容既有『主義』，又有『問題』。『主義』是涉及倫理價值、經濟學理論體系的東西，『問題』是聯繫實際的經濟現象、倫理困惑」。② 目前，這種有機融合的路徑在原有的學術基礎上、在實踐中已取得了一定的成果。如福利經濟學曾通過「效用」「福利」等指標而將倫理學的結果主義納入經濟政策、經濟系統成果的評價體系之中；之后，非福利經濟主義又通過強調「權利」「機會」「責任」和「補償」、經濟機制的「程序公平性」等內容將倫理學的非結果主義納入經濟評價體系之中。近幾年來，隨著博弈論專家賓默爾的《公平博弈》和《正義博弈》分別於 1994 年和 1998 年問世，其將數理方法尤其是博弈論納入倫理

---

① O C FERRELL, JOHN FRAEDRICH. Business Ethics [M]. Boston: Houghton Mifflin Company, 1991.

② 孫君恒. 經濟倫理學研究的方法論問題 [J]. 上海師範大學學報：哲學社會科學版, 2002 (4).

研究視野中，提出「相信從博弈論的角度對倫理問題進行研究可以使人得到很多領悟」。由此引發如薩金、高德、海薩尼、阿克斯羅德、帕菲特、黃有光、赫伯特・金迪斯和薩繆・鮑爾斯等諸多學者的跟進，出現了大量以數理方法進行經濟倫理思想解釋的著作和論文，如《博弈論與社會契約》《協定道德》《權利合作與福利的經濟學》《基礎福利，個人主義的倫理，人際效用比較》（*Cardinal Welfare, Individualistic Ethics, an Interpersonal Comparisons of Utility*）《強互惠的演化：人類非親緣族群中的合作》等名篇，極大地推進了以博弈論為主要標誌的數理方法在經濟倫理學中的廣泛運用，形成了經濟倫理學界的「數理學派」。如此，都大大地拓寬了經濟倫理的研究方法與視野。

在此背景之下，從經濟倫理學的視角去研究經濟正義的實現問題，筆者認為，研究方法的選擇與運用應該是開放式的，視角的轉化、方法的選擇與運用取決於現實問題的取向。即以「問題意識」為先導，研究方法和路徑以研究現實問題、解決問題為旨歸。本書的主題是經濟正義的實踐問題研究，所關注的重心已經從價值批判轉入價值實踐領域，其涉及對基本經濟制度的評價與完善、經濟政策制定的倫理正當性與技術合理性的雙重論證，涉及經濟決策執行的效果評價以及調整機制和政策執行的程序正義等問題。因此，在方法的選擇上，應更多地把握經濟學等社會科學的工具手段，去解釋、闡發、實現正義價值訴求。

概括而言，從方法論角度去歸納經濟正義的實踐研究，需要探討和解決如下三個層面的主要內容：

1. 正義價值的經濟表達

即正義的倫理價值如何通過經濟的工具理性而對現實產生作用的問題，這是價值理性與工具理性的統一在經濟正義範疇的具體表現。人是有目的地展開實踐活動，在目的指示下，才會產生對相應工具的需求。價值理性解決主體「做什麼」的問題，工具理性則解決「如何做」的問題。在價值理性的領域，人們憑著想像力、直覺，直接進入那個形上的、無限的、絕對的超驗世界；工具理性則把握著一個形下的、有限的、相對的經驗世界，通過對具體實踐和環境的算計，使人能夠在自身能力範圍內達成徵服自然、改造自然的願望，實現人的本質力量的物化。在人類的實踐活動中，價值理性與工具理性互為根據，相互支持，在有機統一中促進「人—自然—社會」的協調發展。抽象的正義理念需要通過把握其在社會生活中的現實形態來予以揭示，工具理性與價值理性的有機結合，才能保證經濟正義在具體條件下的實現。由此而產生的一系列具體問題主要有：經濟正義在現實的社會背景條件下，對經濟生活給予了怎樣

的價值訴求？這些價值目標怎樣轉化為經濟目標？在經濟倫理學的雙重視野下，促成這種轉化的經濟制度、決策、機制是否有價值損失或扭曲？如何應對？其形式合理性與實質合理性怎樣得到保證？……這一系列問題的解決，都要求現代經濟學以更廣闊的價值視野，以更豐富的人性假設，來拓展經濟學研究的理論基礎，從而為社會經濟生活的適宜發展提供全面而有效的技術支持。

2. 多元經濟正義價值的經濟技術澄清

即在經濟領域的正義價值衝突如何通過經濟技術得以和解的問題。如前文所述，現代經濟正義是以多元價值訴求與多元利益協調為現實背景的。在經濟領域，不同層面的經濟活動、決策乃至制度，都會導向不同的價值結果。有時候，彼此之間並行不悖，但往往也會出現在經濟決策時諸價值目標的衝突，或者是現行經濟政策的執行結果出現了不可預見的對其他正義價值的消極影響，甚至出現與政策本身的價值目標相疏離、扭曲、減損的情況。比如，福利經濟長久以來所面臨的一個困境就是，為了避免在自由市場經濟的發展過程中導致的貧富懸殊，需要國家通過徵收個人收入累進稅，用於建立完備的社會保障體系，從而最大程度消除自由競爭造成的過度不平等引發的嚴重社會兩極分化。但是高福利會出現「養懶人」的情況，而且高福利需要高稅收作支撐，這就必然會導致國家功能對經濟自由的干預，「平等」與「安全」的價值訴求會對「自由」與「效率」的價值訴求形成衝擊。如何平衡其間的關係，這不是一個簡單的孰重孰輕、孰先孰后的問題，這需要結合社會現實的發展狀況和時代主題，通過經濟技術對累進稅的比率、福利經濟的社會保障限度等具體的經濟政策做出科學、合理的匡算，從而把握現實適宜的「度」。由此，正義在經濟領域，必然存在著一個價值互動與價值制衡的問題。那麼，經濟正義諸價值之間（如自由、平等、安全、福利、秩序等）存在著什麼樣的關係？其在經濟領域的實現具體以什麼樣的經濟指標為基準？其相互之間又存在什麼關係？如何以現實為基礎，對多元價值訴求進行先后序列的論證？如何評估並優化現實經濟規制（制度層面與公共決策層面）在實施過程中對諸價值實質的減損？這都是經濟正義實踐環節所應關註、研究的重要內容，而這一系列問題的解決必然涉及經濟制度建設、經濟決策的科學研究——經濟正義的實現歸根究柢需要借助一定的制度體系來對社會正義進行理性的價值整合。這種價值整合就是通過制度設計對正義目標、原則的主動吸收，以實現制度與倫理的雙向互動並促進社會良性的發展協同，從而使不同正義訴求的人在制度決策層面達成基本的共識。

3. 動態的調整機制

經濟生活是不斷變化的，人們對經濟規律的把握以及對良善生活的理解也是一個不斷邁進的過程，因此，任何承載著社會特定目標的經濟政策，在實施過程中都不可能一勞永逸地解決所應對的社會問題。「倫理規範制度化，使經濟倫理在獲得一定程度現實有效性的同時，具有合法化的性質和形式，然而，這種內含著現實效力的合法性，是否具有真實的合理性，至少是一個有待證明的問題，而在合理性被確證之前，制度化的倫理規範顯然暗含著合理性的文化風險和文化危機。」① 制度決策本身是一個在執行中不斷調整而切合現實、趨於合理的動態過程。那麼，在經濟制度的建設與公共決策中，應以什麼樣的原則與程序來應對經濟現實不斷湧現、層出不窮的正義問題？以在國內外經濟學界長期爭論不休的制定「最低工資法」是否合理的問題為例，該政策的目標原本是為了保障工人的基本權益，維護工人階層的勞動權、收入的公平權益，具有比較明確的道義目標。但在現實執行中，對工人的勞動收入等基本權益的保護必然會相應地限制企業的用工自由，並增加勞動成本，於是企業通過增加在職工人的工作量，或是提高機器作業（自動化操作）等方式來降低人工成本，為了避免聘用風險而人為提高就業門檻，造成了對應聘者知識背景、出身等因素的隱性歧視，結果一項保護工人基本權益的政策最終卻出現了將工人都「保護回家」（即失業）的結果。因此，在經濟正義轉化為現實的經濟制度、決策的過程中，為了盡量減少規制本身的非完全理性可能造成的負面效應，以及避免制度本身所具有的固化、慣性等特點，經濟正義的實踐性要求在制度建設與政策決策的程序設計中，應使制度本身具有靈活性、動態性、可調性等性質，能夠靈活地不斷接受理性把握的新成果，適時地調整、改變經濟生活所出現的不利於實現經濟正義的部分或方面，形成合理靈活的彈性機制，以動態地最大限度實現經濟正義。

1.3.2　多元正義與經濟正義的實踐原則

在社會生活中，人們對正義的追求總是以特定正義觀所確立的正義原則為準繩，通過評價人的關係、活動，得出正義與否的判斷，並以此來規導人們的行為。正義原則如何產生以及其內容的殊同，正是現代正義理論研究的重要問題與爭議的焦點。而圍繞相關問題所展開的各種正義理論之爭，以及由此而呈現出的從一元正義論向多元正義論轉化的理論趨勢，正反應出當今社會發展的

---

① 樊浩.「經濟倫理」：一個虛擬的命題？[J]. 中國人民大學學報，2005 (1).

基本特點與時代主題。而其各具創造性的理論智慧,為現代經濟正義原則的確定與實踐,奠定了廣闊而深刻的理論資源,也為中國在差異性社會群體背景下構建和諧社會提供了寶貴的理論借鑒。

※多元正義原則興起的現代多元社會背景

在傳統時代,社會是一個政治、經濟、宗教等交織在一起的有機整體(所謂「政教合一」「家天下」等)。正如邁克爾·沃爾澤所指出,在這種社會領域分化之前,「教會和國家,教會、國家和大學,公民社會和政治團體,王朝和政府,公職和財產,公共生活和私人生活,家庭和店鋪等,都見怪不怪地合而為一,不可分離」。[①] 在傳統社會中,單一的正義原則對社會生活的調節往往能行之有效。但隨著現代性的推進,社會分工愈加強化、細化,政治、經濟、宗教、科學和文化等領域各自區分,利益分化,群體分化,使各具運行規則的現代社會諸領域呈現出不同的價值判斷標準(如權力、金錢、信仰、客觀知識和才華等)。這種分化,已成為現代化社會的重要標志之一,它已不僅僅是探討現代正義原則理論的預設條件,而是其必須面對的社會現實,而傳統正義原則對此的調節乏力已構成當代社會正義衝突的主要原因。

從實踐角度來看,現實有效的正義原則必須在這種社會領域劃分、利益訴求相異、價值多元衝突的社會現實下,能夠提供出達及「共識」的評判標準與行為規範,這是現代正義理論探究的時代主題和核心內容;從學理上而言,現代社會的分化以及所呈現出的正義衝突,其實正是人類面對「善生活」「好社會」的豐富性、多維性、差異性各有訴求的現實投射。而正義作為處理現實價值衝突、利益關係的實踐智慧,其實質是人類運用認知理性、實踐理性和自由意志的主體能力,以自由、福利、平等、安全、秩序等為價值目標,在現實的利益協調和分配關係中所把握的「度」。而這個「度」通過什麼樣的方式來把握?其實踐的現實要求(原則)為何?這正是現代正義理論研究所面對的最困難、最重要的問題,學者們從不同的角度開出了「方子」,儘管其各自的理論路徑與方法大相徑庭,但殊途同歸的是,它們都從單一普遍正義原則導向了多元正義原則。

1. 羅爾斯正義原則的適用界限

作為新自由主義的代表者,約翰·羅爾斯為了調和「自由」與「平等」這兩個重要的人類生活價值訴求之間的衝突,從假定的「無知之幕」這一原

[①] 參見 MICHAEL WALZER, *liberalism and the art of separation*, Politicel Theory 12:3, 1984: 315-330.

初狀態出發，構建了其「作為公平的正義」的理論體系，創造性地推導出社會基本結構合理構建的基本原則，其理論論證了「自由」與「平等」在實現中各自的邊界與條件，對現代多元社會探求良序發展之路影響深遠。羅爾斯正義理論指出，一切社會基本的善，如自由和機會、收入和財富及自尊的基礎等，都應該平等地向社會成員分配，只有當不平等的分配是有利於最少受益者時方可例外。由此，羅爾斯得出其正義的兩大原則：第一個原則是，「每個人對與其他人所擁有的最廣泛的平等基本自由體系相容的類似自由體系都應有一種平等的權利」；[1] 第二個原則是，「社會和經濟的不平等應這樣安排：①適合於受惠者的最大期望利益；②依系於在機會公平、平等的條件下的職務和地位向所有人開放」。[2] 同時，第一條原則優先於第二條原則。正如羅爾斯自己所言，其正義二原則是複合的原則，是對邊沁等人的功利主義政治哲學堅持的以「最大多數人的最大利益」的單一原則所進行的超越，能夠用以合理地解決現代社會中的複雜的正義問題。

應該說，羅爾斯的正義理論是為了調和多元社會背景下最重要的價值訴求——「自由」與「平等」之間的對立衝突而做出的極具原創性和智慧的理論構建。他對當前建立在市場經濟基礎上的福利經濟之正義性做出了較有力的理論論證。但從正義原則的實踐角度來看，羅爾斯的正義論有其適用的界限。

羅爾斯的正義原則是理性人在祛蔽了身分特徵等條件下，在假設的「無知之幕」中所做出的選擇而得出的結論。這一假設是為了保證了人們在做出正義選擇時不因身分、能力等的差異而損傷正義的純粹性，其目的是獲得在政治層面社會群體達成共識的最基本的正義原則，其理論的合理性主要是構築在立憲與立法層面的。但也正因為這一因理論需要而定的假設條件，限制了相應而生的正義原則的適用條件。羅爾斯的正義原則主要是界定了在現代性背景下，國家與公民，以及公民之間的權利與義務的基本分配關係。但現實生活中除了這一最基本的分配關係外，還存在著因社會群體性質的差異，因被分配物品之社會意義的差異，而廣泛存在的不同分配關係，其合理分配有賴於不同標準的正義原則，羅爾斯正義原則顯然難以「包打天下」。同時，羅爾斯的正義原則即便獲得憲法的確定之后，在現實層面仍將面臨原則過於籠統而對實踐的指導力缺乏的問題。羅爾斯理論的差異原則要求不平等的分配有利於最少受益

---

[1] 羅爾斯. 正義論 [M]. 修訂版. 何懷宏，等，譯. 北京：中國社會科學出版社，2009：47.

[2] 羅爾斯. 正義論 [M]. 修訂版. 何懷宏，等，譯. 北京：中國社會科學出版社，2009：65.

者，這必須依靠國家通過再分配來實現對社會成員經濟地位差異的調節，即國家出面用權力去限制金錢或智力優勢造成的壟斷，以維護那些天賦差和社會出身不好的人在經濟領域的利益。那麼，國家的再分配功能必然與正義第一原則所要維護的個體自由平等權形成某種張力，難以解決現實分配中二者可能形成的衝突。比如，以什麼樣的標準來界定何為社會最少受惠者？以及什麼樣的再分配限度才能既滿足對社會最少受惠者的扶助，同時又不足以對第一原則造成重大侵犯而讓社會其他階層所接受？這二者平衡的「度」是羅爾斯的正義理論不能提供現成答案的。因此，當其理論原則運用於不同類型、不同層面的社會生活時，就會出現困境。正如中國學者龔群教授從「自我」角度對羅爾斯所作出的評價：「羅爾斯通過無知之幕遮蔽個人信息，以及在討論差別原則時對個人天資分配持公共資產觀點，使得作為主體自我的個人情境性經驗要素越來越稀薄，自我的境地如桑德爾等批評家所說的情形，是一種類似於康德式的先驗性自我。」① 所以在實踐層面，正義原則的探討還必須面對複雜、鮮活、多樣性的社會背景，作進一步的細化研究。

　　除此，羅爾斯的「無知之幕」所做出的選擇，已經假設了其自由主義先入為主的立場。社群主義正是抓住「無知之幕」的人性假設並不符合現實人性這一點來批評羅爾斯正義論的。但正如學者們所指出，「無知之幕」的假設本是一個理論的邏輯起點，並非真實的歷史起點，其假設是為了製造一個人人平等、完全公平的博弈環境，由此使得人們在祛蔽掉人性的特殊利益、身分、地位與偏好的條件下，只能被迫「僅憑理性」去做出真正合理的選擇，而達成普遍共識的正義基本原則。這個假設在方法論上是可靠的，社群主義對此的批判並不成立。不過，儘管羅爾斯自由主義先入為主的立場並非在此得以表現，但的確表現在了接下來的環節——正義第一原則的推導。羅爾斯認為，當人們在「無知之幕」的條件下，只能按照風險規避原則（博弈的首要原則）去設想一個任何人在任何情況下都不至於落入悲慘處境的社會制度，並因此而做出選擇。羅爾斯認為，雖然人們不知道各自的特殊偏好，但卻知道那些「對任何人生計劃」都必需的「基本必需品」（Primary Goods）。但哪些東西算得上是「基本必需品」？這是一個迄今為止未得到根本解決的問題。羅爾斯認為「基本必需品」包括個人權利、個人自由、機會和財富等——而這裡，顯然就是自由主義立場的「基本必需品」了。正如學者趙汀陽所指出的：「人是多種多樣的，在基本必需品上，恐怕有些人會首推『權力』（尼采會同意），

---

① 龔群. 羅爾斯政治哲學 [M]. 北京：商務印書館，2006：487.

很多人會首推『家庭利益』（孔子會同意），如此等等。」「即便局限於羅爾斯所羅列的那些『基本必需品』，人們在優先順序上恐怕也有不同意見，哪些權利應該優先？各種權利之間的衝突如何解決？都是未決問題。」① 很顯然，人們對「基本必需品」的選擇，其實是取決於現實社會歷史條件的，在不同的生產力與物質條件下，人們基於「生存」「安全」或「尊重」等不同需要的現實迫切性，其選擇的內容及其優先性是有差異的，這進一步導致人們對不同現實條件下的「好社會」的理解以及相應的正義原則適用的差異。羅爾斯先入為主地將「自由之平等」作為優先的考慮，其實是從西方自由主義社會的現實條件出發的，並不完全具有普世的內容要求，也不代表真實世界中人們的選擇。因此，雖然羅爾斯的正義論已經超越了傳統一元正義理論，但其正義二原則仍存在著某種程度上對歷史性、實踐性的考慮不周全的問題。（羅爾斯后來對此做出回應，指出其理論只是針對西方現代自由主義國家背景而論的，對其他類型的社會並不具有普世性）客觀而言，羅爾斯的正義理論肯定對當代各種文化傳統的國家的發展都有積極的啟示，針對其理論適用的局限性批判只是進一步說明，正義原則的確立與適用必須面對現代社會的複雜性特點，不能脫離現實的社會條件。而現代正義理論也正是在羅爾斯正義論所面臨的現實難題的基礎上，充分考量社會領域劃分、社會物品差異等實踐條件，進一步推進了多元正義原則的確立、充實與發展。

2. 沃爾澤訴諸「社會善物」的多元正義原則

社群主義學者邁克爾·沃爾澤在羅爾斯正義理論的啟示下，以社會領域劃分為基礎，圍繞社會物品的差異性而構建其多元正義分配原則。沃爾澤在其著作《正義諸領域：為多元主義與平等一辯》中指出，社會可劃分為不同性質的領域，而每個領域都有其可「分享、分割與交換」的物品。因此，分配的原則、方法，分配的主體與對象就取決於物品的性質以及它對相關分配者的意義。顯然，在不同領域有不同的「具有決定意義」的「社會善物」：在教育領域中是知識，在醫療領域中是健康，在宗教領域是信仰自由，在經濟領域是金錢與利潤……這些物品具有不同的意義，因而遵循著不同的分配正義原則。用沃爾澤的話來說，「正義原則本身在形式上就是多元的，社會不同的善應當基於不同的理由、依據不同的程序、通過不同的機構來分配；並且，所有這些不同都來自對社會諸善本身的不同理解——歷史和文化特殊主義的必然產物。」②

---

① 趙汀陽. 壞世界研究 [M]. 北京：中國人民大學出版社，2009: 301.

② 邁克爾·沃爾澤. 正義諸領域：為多元主義與平等一辯 [M]. 褚松燕，譯. 南京：譯林出版社，2009: 4.

這樣，社會由不同的領域構成，不同領域的分配物性質又存在差異，因此，同一個社會中必然奉行多元正義分配原則：在市場領域，資源按照自由交換原則進行分配；在行政領域，官職應該按照應得原則進行分配；在社會福利領域，基本的收入與福利待遇應該按照需要原則對社會成員進行分配……

在對分配物、分配對象按照分配領域進行劃分的基礎上，多元正義原則較之單一、抽象的普遍分配正義原則，在實踐中更有具體性、針對性和操作性。但隨之而來的問題就是，由於社會諸領域是交織在一起的，而每個社會成員都可能參與不同的社會領域中，那麼某一領域分配結果所產生的影響就有可能會延伸至其他領域，從而造成社會不公。因此，沃爾澤進一步提出了「複合平等」的理念。他指出：「任何一種社會的善 x 都不能這樣分配：擁有社會善 y 的人不能僅僅因為他擁有 y 而不顧 x 的社會意義，佔有 x。[①]」也就是說，要防止社會成員因在某一分配領域的強勢地位而延伸至對其他領域的分配優勢，就必須嚴格維護不同領域之間的界限和獨立。這樣，在一個社會中，每個社會成員都有可能在一些領域的分配處於弱勢地位，而在其他領域中處於優勢地位，從而形成一種在不同領域各有得失，但在整體上保持「複合平等」的結果。這樣，有別於羅爾斯的正義二原則有著先后順序，沃爾澤的多元正義標準則具有同等的地位，不存在一個超越所有分配領域的力量。

3. 戴維·米勒訴諸「人類關係樣式」的多元正義原則

社群主義的另一位重要學者戴維·米勒同意沃爾澤多元正義原則的理論取向，但他從不同的角度來確立其多元正義原則理論。沃爾澤是從構成正義問題的「社會善物」的差異劃分來確定正義原則及其適用範圍，但由於現實生活中的社會物品豐富龐雜、更替頻繁，所負載的社會意義因人而異，使得其多元正義原則容易導向相對主義，很難應對人們對正義要求社會物品如何進行分配而持有。因此，米勒將視角從紛繁複雜、變化多端的社會物品轉向相對穩定的社會群體劃分，他將社會群體劃分為三大人類關係樣式：「團結的社群」（Solidaristic Community）、「工具性聯合體」（Instrumental Association）和「公民身分」（Citizenship）。[②]「團結性社群」主要由家庭、福利、義務教育、俱樂部等構成，遵行「需要原則」，實現所謂的「按需分配」；「工具性聯合體」包括公司、職業、工資、獎金等內容，遵行「應得原則」，以能力與付出為導向，根據個體做出的貢獻獲得相應的報酬；而所謂的「公民身分」則主要指公民在

[①] 邁克爾·沃爾澤. 正義諸領域：為多元主義與平等一辯 [M]. 褚松燕，譯. 南京：譯林出版社，2009：22.

[②] 戴維·米勒. 社會正義原則 [M]. 應奇，譯. 南京：江蘇人民出版社，2001：35.

政治生活中的政治權利和民主權利,在此領域遵照「平等原則」。

米勒認為這三種關係樣式窮盡了所有社會領域,相應的三個正義原則能夠滿足社會生活領域的合理調節之所需。但是,正如沃爾澤理論所面臨的是物品多樣性帶來現實分配的困難,米勒理論所面對的則是由於人類社會關係的複雜性而導致社會群體性的相互交織、相互滲透、多重契合,多元正義原則的適用也困難重重。對此,米勒本人也指出:「現實世界中的工作群體都具有部分的團結性特質,同時,幾乎所有的團結性關係也都具有工具性的一面。儘管平等是公民身分的首要原則,但同時也會適用到需要與應得上去等。」① 那麼,當三種關係樣式彼此產生重疊時,應該適用何種「樣式」? 採用何種原則? 這些都成了新的正義難題。米勒對此進一步提出,對於正義問題,除經驗性的描述之外,更要註重社會情境的變化。分析特定的情境中各種「關係樣式」所占成分的大小,交叉採用相應的正義原則。由此,在不同社會情境具有不同角色的社會成員,或在同一情境中居於不同關係樣式的成員,必須遵循多元的正義原則。

4. 霍耐特訴諸「承認」的多元正義原則

法蘭克福學派第三代理論家的代表者阿克塞爾·霍耐特,從道德社會學出發,指出個體的自我認同是在社會交往生活中,通過逐漸發現自己的特殊能力而建立起來的,而這種個體社會個性的確立又取決於與之進行普遍化互動同伴的認同方式。因此,社會主體的生成依賴於基於相互承認的正義原則所調節下的社會互動境況,如果這類承認關係缺失或者扭曲,就會導致個體產生蔑視或羞辱體驗,進而對主體的道德社會化與社會的道德整合都造成破壞,成為社會不正義感滋生的根源。由此,霍耐特建立起其以「承認」為核心的正義理論,提出社會正義是「根據在個體的認同型構以及自我實現能夠充分進行的情況下,保證相互承認狀況出現的能力程度來衡量的」。② 霍耐特基於對歷史上所產生的認同形成條件的反思提出,現代社會主體認同的形成依賴於三種形式的社會承認:愛、法律面前的平等待遇、社會尊重——這三者都被視作承認的一般原則,是社會正義規範的核心。而這些正義原則的適用是根據主體之間維持社會關係的各自類別來衡量:「如果關係的形成通過愛來形成,那麼需要原則有優先權;如果在法律上形成關係,那麼平等原則優先;如果形成合作關係,

---

① 戴維·米勒. 社會正義原則 [M]. 應奇,譯. 南京:江蘇人民出版社,2001:37.
② 阿克塞爾·霍耐特. 承認與正義——多元正義理論綱要 [J]. 胡大平,陳良斌,譯. 學海,2009 (3).

價值原則占優。」①

　　與羅爾斯、沃爾澤、米勒等正義論學者有所不同的是，前者們的正義原則旨在通過再分配物品保證自由來建立社會平等，而霍耐特正義原則的核心是「尊嚴」和「尊重」，旨在通過承認個體的尊嚴來闡釋正義社會的條件，這是一種「從『再分配』觀到『承認』概念的轉向」。② 比如對比於戴維‧米勒，雖然也是以社會關係的類別而提出需要、平等、應得正義三原則，但其正義原則只是被視作以某種特殊的方式對「社會善物」進行調節分配，而霍耐特的正義原則皆以承認為形式，其中包含了個體的主觀態度與道德因素，其形成的社會道德尊重型構是先於特定的物品分配的。甚至可以說，作為米勒等特定物品的分配正義原則所面臨的衝突可以解釋為是「承認鬥爭」的特殊種類。

　　總的來說，霍耐特的多元正義原則力圖促進現代社會公民主體的個體化和社會化的整合，從而促進社會的穩定與進步：通過需要原則、平等原則和價值原則在三個承認領域的區分和應用，每個社會成員享有自我實現的同等機會，通過平等參與各種承認模式而受到他人及社會的認同，使個體在融入共同體的同時，又能保有其個性自由並獲得公平的發展空間。總之，承認構成了公民融入社會合作過程中的元素。這從根本上避免了因個體遭遇「蔑視」或「不尊重」而導致的社會衝突與矛盾。

　　當然，由於霍耐特的正義理論過多地依重於道德心理學，一定程度上弱化了其社會批判理論的力度。雖然霍耐特對規範的重建訴諸主體道德上遭受的傷害克服了先驗理論的缺陷，但畢竟個體的經歷與主觀體驗具有內在性、個體性的特點，當我們在重視良序社會發展中差異性、多樣性、特殊性這一面時，也不能忽略任何正義原則在落實為行為規範、現實制度與公共政策時，都離不開理性的同一性為支撐。顯然，如何在經驗性和規範性之間找到平衡，仍將是多元正義理論研究必須面對的挑戰。

1.3.3　小結

　　上述幾種重要的現代正義理論，雖然其理論的路徑和結論大相徑庭，但總的來說，都反應出了現代正義原則產生的現實基礎與客觀環境，即現代社會正義價值的多元性，現代社會領域和結構的多元性，以及可供分配物品本身的多

---

① 阿克塞爾‧霍耐特. 承認與正義——多元正義理論綱要 [J]. 胡大平，陳良斌，譯. 學海，2009（3）.

② 阿克塞爾‧霍耐特. 承認與正義——多元正義理論綱要 [J]. 胡大平，陳良斌，譯. 學海，2009（3）.

樣性。各理論都是在針對如上社會現實的前提下對正義原則的確立與適用做出了深具創造性與實踐意義的理論探討，但也都有各自的局限性。作為社會正義的實踐性研究，應充分吸取諸理論的合理性與現實有效性，綜合地融入相應的研究領域之中。

當今世界是一個經濟、文化、宗教廣泛相互滲透的世界，是一個各種利益群體並存、價值多元的世界。即便曾經相對封閉的中國，隨著改革開放、市場經濟的深入發展，也融入經濟全球化浪潮之中，而必須面對社會分層利益分化價值多元的現實。在此背景下，正義原則的適用不僅取決於其所面對的特定的社會背景，還取決於其所調節的社會群體的性質，取決於所調節資源（物品）的性質……如何統合諸多正義訴求，要因現實條件而定，不同的交往實踐、交往範圍和不同的社會領域要求多元社會正義原則予以調節。當然，「即便我們選擇了多元主義，這個選擇也仍然要求前後一致的辯護」，並非所有的意見都可以選為社會正義原則。多元正義在不同領域間的「好」之間不設置主次重輕的等級，但多元正義並不放棄「好」和「不好」之間的區別。「正義原則本身在形式上就是多元的，社會不同善應當基於不同的理由，依據不同的程序，通過不同的機構來分配；並且，所有這些不同都來自對社會諸善本身的不同理解——歷史和文化特殊主義的必然產物。」[1] 總之，作為現代社會生活的正義原則是複合、多元的原則，原則的具體內容及要求取決於所調節的社會生活領域的特定性質、社會活動及相關物品的性質。但其不變的宗旨是人們在特定歷史條件下基於對美好社會生活理解的價值訴求，以及約束價值實現形式的現實社會條件。

※經濟正義的實踐原則

經濟生活作為一個有著自身運行規律的特定的社會領域，其正義原則的確定是在現實的社會正義原則的探究、產生背景之下確立的。首先，經濟正義原則作為社會正義的普遍精神在特定經濟生活領域的具體表現，反應著人們在經濟領域對善（好）生活的理解，它包含著善的原則；同時，經濟領域有自身客觀運行的規律，經濟正義原則的實踐必須遵循經濟規律，它還包含著經濟運行原則；除此之外，由於在經濟領域內部同樣存在著分配群體的不同、分配物品的社會意義的不同，以及諸善的衝突，經濟正義原則也是多元的，是一種平衡多種正義訴求的複合正義原則。結合前文論述經濟正義的實踐性特徵，以及

---

[1] DAVID MILLER, MICHAEL WALZER, eds. Pluralism, Justice, and Equality [M]. Oxford: Oxford University Press, 1995: 35.

多元正義原則理論發展的啟示，本書將經濟正義的實踐原則歸結為三個原則：人道價值原則、經濟原則與和諧原則。

1. 人道價值原則

經濟活動最終是為了人類本身，人類正是在對經濟正義的價值追求和自覺反思中，不斷完善和超越現有的經濟方式和經濟理念，註重經濟發展和社會進步的平衡，最終促進人的自由本質和人性的豐富。因此，構成經濟體系的經濟目標和社會經濟政策並非確定不變或者隨機構成，而是一種以人道為基本價值依據的社會工程。即經濟活動本身創造出豐富的物質財富產品，是為了滿足人們的生存和發展，並優化人的生活方式、生存環境和社會空間，促進人性發展，為人的自由和全面發展奠定物質基礎。因此，人道價值原則要求我們以批判的眼光不斷審視現行經濟制度及其相應經濟活動中阻礙、違背人性發展的不義之處，推進經濟改革與制度進步；同時，任何經濟制度決策的確立、經濟活動的安排都必須以人為本，必須經受自由、平等、效率、秩序等倫理價值維度的考量。

人道價值原則不是單一價值的原則，而是以爭取自由為核心的一系列價值維度構成的綜合的人道原則。人的發展涉及諸多需求的滿足，構成人的良善生活的價值目標是多元的。因此，並非某單一價值訴求就構成經濟生活運行所應遵循的道德維度，而是一個價值群，是諸價值目標在相互交織、相互作為的方式下對經濟活動產生作用的，每個價值目標的實現都是以其他價值目標的實現為界限和條件的。同時，隨著人類文明的進步，經濟正義對現實經濟活動運行所產生的價值導引在不同的社會條件下呈現出不同的主題側重，而作為一個復數的經濟正義價值訴求是隨著人類對自身和社會的認識與進步而不斷增進的過程，單一價值目標的經濟正義原則則不能表現出經濟正義在實踐中的動態發展。但也並非所有的價值目標都對經濟活動發生作用，這取決於現實的經濟生活關乎人類幸福生活的主題。總之，價值原則是復數的，是開放的，是一個隨著人類文明進程的推進而不斷增加的幸福價值體系；這不是一個更替的過程，而一個不斷增加、補充、變換時代主題的歷史選擇過程。

2. 經濟原則

經濟正義的實現意味著對經濟活動合乎人的目的性的調節，但這種調節必須要在結合併遵循經濟運行規律的基礎上來展開。任何偉大而崇高的價值理想，如果脫離了現實的經濟條件，或在實現過程中違背了經濟規律，不僅不能有效實現其目標，還可能衍生出其他的負面經濟結果，從而走向正義的反面。因此，經濟正義實現中的經濟原則主要包括兩個方面的要求：一是維護正常的

經濟秩序運轉。這需要根據不同的社會條件與經濟制度，把握其特定經濟類型運行的基本規律，對制度、政策的制定與調整不能隨意地違背經濟規則。以市場經濟為背景，現代經濟活動是以資本、商品、勞動力為基本要素運行的過程，這個過程有著其特定的客觀運行規律，如商品價值規律、供求規律、競爭規律、邊際效用規律、交易費用規律等。在這些規律的作用下，經濟活動保持著運行的基本秩序。對經濟活動的調整如果違背了客觀經濟規律，就可能引致經濟秩序紊亂從而導致經濟不義產生。二是，經濟正義的價值主張，以及其對現實經濟運行的規範引導，必須要在以經濟運行規律為基本背景條件下來展開論證，價值目標必須要轉化為符合基本經濟規律的制度與決策才能具有改造現實的正確力量。在這個過程中，要運用經濟技術手段充分論證經濟正義目標實現的約束條件，為經濟正義價值目標的實現提供切實可行的經濟實踐之道。

3. 和諧原則

和諧原則是對經濟生活的一種動態綜合把握的原則，可進一步細分為平衡原則、彈性調節原則。就平衡原則而言，就是要在經濟領域做到自由、平等、效率、安全、秩序等價值的綜合統一和動態平衡，不因某一方壓制另一方，使社會經濟畸形發展。由於任何一個價值訴求的片面、過度強調都可能導致其他價值訴求的減損，從而形成新的不義。如過於平等的社會有可能會降低經濟活動的活力從而影響經濟效率進而減損社會福利；而過度追求效率，又會導致社會兩極分化，從而影響社會穩定。因此，必須在平等、自由、效率等社會價值之間保持一種動態的辯證張力，不能使任一種價值加之或凌駕於其他價值之上。在特定時期，為了校正社會的不公可以適當偏向於一種或幾種價值，但以其他價值的不過度受損為約束。同時，經濟生活是不斷變化的，人們的理性對變化中的經濟規律合乎人性的實踐把握是一個不斷接近理想的相對過程，因此經濟正義是一個漸進的動態的實現過程。經濟制度與決策，必須能夠靈活不斷地接受理性把握的新成果，適時地調整、改變自己所出現的某些不利於實現經濟正義的部分或方面，即經濟體系自身要具有合理靈活的彈性機制，以動態地最大限度實現經濟正義訴求；當經濟體系運行引發了新的社會道德問題時，需要有穩定的、規範的機制對經濟制度、政策作出相應的調節；當經濟政策的制定與實施，形成了經濟正義價值間的衝突時，需要有相應的平臺充分汲取各方的利益訴求，以及充分的技術論證，通過合理的決策機制最大限度地保證政策的合理性。正如學者笑蜀所指出：「任何公共政策，以及任何立法的背後，都有價值觀即正義觀的支配。但顯而易見，任何一種正義觀，如果不受別的正義觀的制約，不經過充分交流和充分辯論，都很容易走向簡化和極化。在這種簡

化和極化的正義觀指導下制定的公共政策和法律，當然容易遠離甚至背離複雜萬端的社會生活的原生態，給公眾帶來災難性后果。」[①] 而經濟正義的和諧原則，正是對經濟行為的多元主體參與、經濟制度決策的多方論證、經濟目標的綜合利益考量對現代經濟體系發展的必要性做出了要求。

---

① 笑蜀. 理性和平衡的「正義觀」才能保障立法公平公正 [N]. 南方週末，2011-02-17.

2　經濟正義的價值追求及其軌跡

對應於經濟學側重於研究經濟如何運行，經濟正義則關註特定經濟體系的優劣，以及如何做才能使經濟運行得更好。這需要通過建立一套切合社會現實的價值體系和科學有效的衡量方法，對經濟活動或經濟政策進行價值評估，以幫助政府完善管理，從而引導經濟事務。那麼，經濟正義的實踐首先需要面對三個問題：一是，經濟活動的終極目標是什麼？二是，對經濟活動提出怎樣的價值訴求？三是，怎樣估價它們？

2.1　經濟正義的終極目標：幸福

經濟正義對經濟生活的價值規導不是憑空而來的，經濟作為人類整體生活的一部分，其運行的結果決定著人們的物質生活狀況，進而影響人們的生活質量，是人們追求幸福的整體謀劃以及人生實踐的重要內容。幸福的生活根植於社會之中，個體的幸福不僅取決於自身的努力，還取決於他人的幸福，以及所處的社會提供的外部條件，而一個應該「能保證每個人獲得創造幸福生活所需的物質條件和社會條件」①的社會才能被稱作正義的社會。因此，正義的價值訴求不是由「上帝」來頒布，也不是由強者所規定，而是從生活中來，它源於人們對好生活的理解。「價值是由生活事實決定的，倫理學只能按照生活的價值去思考如何實現這些價值，而不可能去規定生活應該追求什麼價值。」②對經濟的正義訴求應該在對「幸福」的理解之中被說明，合乎道德的經濟生活應該為全體社會成員普遍獲取幸福創造必要的物質條件。因此，「幸福問題」是確立經濟正義價值體系首先應該明晰的問題。

人是自然的存在物，因此他活著（生存）；人又具有自主意志和創造性，

---

① 趙汀陽. 論可能生活 [M]. 2版. 北京：中國人民大學出版社，2010：159.
② 趙汀陽. 論可能生活 [M]. 2版. 北京：中國人民大學出版社，2010：263.

因此他還生活著。生命的意義不在於生存本身，而在於人在生存的有限條件下通過自由意志去選擇並創造「有可能性」的生活，並努力追求超越現實的更好的生活——幸福。人人都追求幸福，但「什麼是幸福」卻是個頗具爭議的問題。正如康德所說，「幸福的概念是如此模糊，以致雖然人人都在想要得到它，但是，卻誰也不能對自己所決意追求或選擇的東西，說得清楚明白、條理一貫」①。自由、快樂、成功、安全、健康，等等，似乎都代表了人們對好生活的某種認可，可一旦我們認真思考，便會發現所有這些又都是片面的：如果快樂意味著我們要付出健康的代價，誰還想要這種快樂？如果權力或成功使我們失去了親情與友誼，這種成功是否還值得期待？如果工人被老板解雇而獲得了全天的自由，這種自由的價值又何在？可見，這些單一的價值目標對於擁有美好的生活很重要，但好生活似乎又不是某一種價值可以規定的，它「似乎是某種比任何單一的目標更加一般的東西」②。

2.1.1 「幸福」是什麼

學者孫英在《幸福論》中對幸福作了較全面、深刻、科學的闡述。她對幸福的結構作了分析，可以幫助我們比較深入地瞭解「幸福」是什麼。她指出，幸福的構成包括主觀、客觀兩方面元素：快樂的心理體驗是主觀元素；人生重大需要、慾望、目的之實現和生存發展之完滿是客觀元素。③ 眾所周知，幸福因個體的主觀感受的差異，導致它是一個歧義叢生難以把握的概念。但是，「慾望是主觀的，但慾望的滿足和實現卻是客觀的，不依人的意志而轉移的」。「雖然一個人只要自己覺得快樂和幸福，他就是快樂和幸福的。但是，他究竟能否覺得快樂和幸福，並不依他自己的意志而轉移，而是取決於他的人生的重大需要、慾望、目的是否得到實現，取決於他的生存發展是否達到了某種完滿。」④ 也即，任何能夠給個體帶來幸福或不幸的主觀感受的，都是某種**客觀行為**的結果。人們在不斷追求自己的人生目標中實現一些重大的需求與願望，由此而獲得幸福感，進而推動他向著新的目標邁進，這些目標都構成了幸福的客觀標準。而推動個體不斷實現生活的根本動力和原因，在於「人的生

---

① 周輔成. 西方倫理學名著選輯（下）[M]. 北京：商務印書館，1987：366.
② 羅伯特·所羅門. 大問題——簡明哲學導論 [M]. 張卜天，譯. 桂林：廣西師範大學出版社，2004：272.
③ 孫英. 幸福論 [M]. 北京：人民出版社，2004：24.
④ 孫英. 幸福論 [M]. 北京：人民出版社，2004：25.

存和發展之完滿」,這是「幸福客觀內容中最深刻的東西,是幸福的客觀性質」①。因此,對於「幸福是什麼」這個問題有意義的回答,不能受困於主觀感受的模糊性所造成的困惑,畢竟人們對於幸福的感覺沒有疑問——因為每個人都會很清楚地感受到自己是幸福或是不幸福。而就社會總體角度出發,正如阿馬蒂亞·森所揭示的那樣,一個人是否「幸福」,在一個特定的社會生活環境或「社會傳統」中是能夠作出清楚無誤的判斷的,它是一種社會客觀事實。弗洛姆在心理分析研究基礎上指出:一個人由於諸多原因,諸如各種形式的嚴重壓抑,有可能處於對幸福的全然無知狀態,這同時也意味著處於對不幸福的全然無知狀態。當一個人處於這種無意識狀態之中時,他可能相信自己是幸福的,但事實上他並不幸福。當一個人實際上並無幸福時,他那幸福的主觀感受只是一種有關情感的思想幻覺,而與真正的幸福則全然無關。「如果奴隸對他們的悲慘命運毫無意識,那麼,怎能以人的幸福之名義來反對奴隸制呢?如果現代人真像他所偽裝的那樣幸福,那不就證明了我們已經建立了一個最好的世界嗎?」② 真正的幸福應當是現實存在的,是以人的尊嚴而現實存在的客觀條件。

因而,從探討個體幸福之社會條件的正義視角去把握幸福,應側重於從客觀層面去把握幸福是什麼。按照學者孫英從客觀角度對幸福作出的界定:幸福是「**人生重大需要、慾望、目的之實現和生存發展之完滿**」。這個界定明確了幸福的客觀標準和實質,但是,如果我們並不清楚人類普遍的重大需要是什麼,生存發展之完滿的規律及其必要條件是什麼,我們仍然很難對促成幸福的普遍的價值內容是什麼有完整的把握,我們僅僅是找到了探索幸福的方向而已。因此接下來,《幸福論》在綜合馬斯洛、詹姆斯、馬克思等人的需求理論的基礎上,進一步明晰了人的「重大需要」,將各類需要劃分為物質性需要、人際性需要和精神性需要,幸福也因此而擴展出其外延,分類為物質幸福、人際幸福和精神幸福。③ 在此基礎上,構成幸福的各種價值訴求,諸如健康、自由、平等、愛、美等則相應呈現出來,而關於幸福的價值構成似乎由此迎刃而解。這種從客觀的角度去認識幸福的觀點與古希臘亞里士多德的幸福觀有相通之處。亞里士多德考查並否定了種種關於「好的生活」的片面觀念,指出幸福就是「好的生活」,它本身不是單獨的某個活動,而是諸多活動的結果。它

---

① 孫英. 幸福論 [M]. 北京:人民出版社,2004:27.
② 弗洛姆. 為自己的人 [M]. 孫依依,譯. 北京:生活·讀書·新知三聯書店,1988:163-171.
③ 孫英. 幸福論 [M]. 北京:人民出版社,2004:29-39.

包含了許多優點和美德,如富有、權力和社會地位,還包括作戰的勇敢,讓人羨慕的酒量、正義感、親和力和幽默感。總之,幸福意味著一種整體的生活,結合了所有的美德、好的運氣以及欣賞它的哲學智慧,**是各個部分保持平衡的整體上好的生活**。顯然,亞里士多德時期對幸福的理解,也著重考慮了幸福的客觀方面,並不是從內在的滿足或過得好的感覺來理解幸福(即幸福感),而是認為好的生活是**一種公共的、社會的、成就斐然的、好運連連的客觀生活**。這種對幸福理解的視角更有助於我們從整體的角度去把握何為理想的經濟生活。因為在現代社會中,經濟已經廣泛地融入個體的生活世界,甚至成了個體生活得以展開的社會背景條件。幸福有賴於個體的努力與主觀感受,但社會環境卻是人類能否普遍獲得的幸福的現實源泉。在惡劣的經濟條件下,人們普遍追求幸福生活的努力,並不會帶來普遍幸福的實現。只有在物質、精神、各種條件都是有利於實現普遍幸福的社會環境中(正義的社會中),人們追求幸福的普遍努力,才會帶來普遍幸福的實現。所以,正義的社會,需要一整套符合幸福實現條件的價值體系的框正,這些價值是由幸福的必要條件所構成的。

這種從需要層面去把握幸福的內容,雖然有助於確保社會制度、公共政策以及實施機制的建設始終圍繞社會「基本善」以促進社會成員整體幸福水平,但是,從需要層面去把握幸福仍存在著片面性,不能解決在社會發展中出現價值衝突時如何提供根本準繩的問題。任何需要的滿足都是以一定的行為方式去實現的(不管這種行為是來自幸福主體自身的行為,或是出自行為主體之外的他人或者社會的行為而促成了主體的幸福),滿足需要(即便是同一種需要)的行為方式是多樣的。而行為方式就是「生活」本身,行為的性質本身就決定著「生活」的性質,「美好的生活」不僅取決於需要得以滿足的行為結果,更取決於行為本身「好」的性質。也即,人們通過一定的行為方式,達成了自己的願望,需要得以滿足后會帶來相應的滿足感,① 這是幸福的一部分,但是,決定幸福的最根本要素還要取決於在達及這種「需要得以滿足」的結果時的行為方式(即生活本身)。也就是說,如果我們只從人的需要滿足層面去把握幸福,儘管我們可以得出一系列對人有用的「價值物」,但這些「價值物」是一種從人性論基礎上以抽象的、靜止的方式歸納出的價值集合,所謂的「幸福」就只是一個裝著若干「價值物」的籮筐。這種幸福概念只具有理念意義,而不具有實踐意義。因為,這些抽象的「價值物」一定要放置

---

① 所以表面上看,從需要出發去研究幸福是從客觀層面出發,需要的滿足與否最終要落腳為行為的結果(滿足與否,快樂與否),作為檢驗幸福與否的標準最終仍是落在了行為的結果帶來的主觀感受上。

在特定的「生活」之中，才會顯現出它的意義來。一個為了掙錢而繪畫的人賣出了一張價值1,000元的作品，跟一個因為喜歡而繪畫的人賣出一張價值1,000元的作品，兩人所獲得的幸福是有著根本區別的，因為他們此處表現的「生活方式」在本質上是不同的。那麼，什麼樣的行為方式才能符合「美好生活」（幸福）的要求呢？這個問題同樣對於正義社會的建立有著重要意義。

因為社會對於個體幸福生活的意義不僅僅在於力圖確保社會成員之「重要需要」的實現，更為重要的是，還應當倡導並且保障某種理想的生活方式，引導人們通過這種生活去實現「幸福」。要完整地確立經濟正義的價值體系，或者如何去確定這個價值體系，還需要考慮關於「幸福問題」的另一個視角——「怎麼獲得幸福」的問題。

2.1.2 怎麼獲得幸福

關於如何獲得幸福的問題，孫英在《幸福論》中也從方法論的角度，探究了實現幸福的規律性問題。她認為與實現幸福相關的有慾望、天資、努力、命運和品德五大基本要素，這五個要素在幸福的實現過程中發揮的作用不同，但任何單一要素都不能促成幸福的實現，必須共同配合起來才能實現幸福。在此基礎上，孫英提出了一個關於幸福實現規律的公式：

$$幸福的實現程度 = \frac{人才命德}{欲}$$

即幸福的實現程度與天資、努力、命運以及德性呈正相關，而與人的慾望大小呈負相關。[①]

孫英關於幸福如何實現的研究主要是從方法論來界說達成幸福的個體行為方式，這對個體實現幸福具有實踐性的指導意義。但是，這種對幸福實現行為規律性的把握只是探討了行為的方法問題，沒有從根本上去探討行為的性質問題。因而，對於從價值層面去引導與維護一種「好」的生活方式，仍有欠缺。在這個問題上，學者趙汀陽關於幸福的思考，則是從目的論的高度，對幸福的性質、如何實現幸福等問題作出了深入精闢的分析。

關於「幸福問題」，趙汀陽並非按照慣例從「幸福是什麼」入手，相反，他認為「幸福是什麼」是個自明的問題，每個人即便不知道幸福的概念，卻很清楚自己什麼時候幸福，什麼時候不幸福。但是，「人們不知道的是什麼事情能夠必然地產生幸福。那麼，價值真理就只是關於獲得幸福感的方式或者途

---

① 孫英. 幸福論 [M]. 北京：人民出版社，2004：239-262.

径的真理,也就是幸福生活的行为条件。」① 生活是人做出来的,幸福就是好生活,而好生活就是生活的一种方式。「幸福始終是存在於行動中,幸福必須身體力行,是在『做』事情中**做出來**的生活效果。」② 只有使一行動本身成為幸福,才會有真正值得追求的幸福;否則,僅僅作為結果而存在的幸福實際上總會被行動的不幸福過程所削弱,甚至是抵消。因此,幸福的一個關鍵點就在於幸福不能僅僅通過好的結果來定義,而且還必須由美好的行動過程來定義。意識到幸福之所有,這需要有雙重關註,「即不僅意識到結果的價值,而且尤其意識到通向結果的行動的價值;不僅把結果看作幸福的生活,而且尤其把行動本身看作幸福的生活。也就是說,幸福只能在這樣一種非常苛刻的情況中產生:行動 A 所通達的結果 C 是一種美好的可能生活 L1,並且,行動 A 本身恰好也是一種美好的可能生活 L2。」③ 而這個對行動本身的關註意味著從行動本身看出合目的性,即不論行動結果成敗,行動本身就已經足夠使人幸福,換言之,這一行動必須使其本身「內在地」成為一個有價值的事情,同時使該行動所指向一個美好的結果。在此基礎上,趙汀陽將幸福公理表述為:「**假如一個人的某個行動本身是自成目的的,並且這一行動所試圖達到的結果也是一個具有自足價值的事情,那麼,這一行動必定使他獲得幸福。**」④很顯然,這個公理對達及幸福的行為或者生活方式的性質作出了明確的界定。這種指向幸福的行為,就是一種「自成目的性」的行為。古希臘時期,亞里士多德在其《尼各馬科倫理學》中也指出了幸福的這種「自足性」——僅僅因自身而不為他物而被選擇的事情才是幸福。亞里士多德將個人的發展或自我實現當作幸福的目標,將幸福定義為「為其自身」而期求,而不是「為了其他東西」而期求。應該說,這種「自成目的性」的行為指出了幸福行為的內在性質。從需要角度去界定的幸福,會出現一種誤導,讓人認為只有需要的滿足才能獲得幸福,於是人們為了滿足感、快樂感而去掙錢,去干事業,去應付親情,經營友誼,而這種為他物而投入的行為,最終即便會得到一時滿足的快樂,但卻是對親情、友誼、事業的偏離,沒有真情投入的行為最終都不能收穫到真正的幸福。唯有那些為美好行為自身目的而為的行為,不計代價投入自己喜愛的事業,真情投入到友誼與愛情、親情中的人,才會在這種「美好生活」本身中得到深層而持久的幸福。

---

① 趙汀陽. 論可能生活 [M]. 2 版. 北京: 中國人民大學出版社, 2010: 74.
② 趙汀陽. 論可能生活 [M]. 2 版. 北京: 中國人民大學出版社, 2010: 138.
③ 趙汀陽. 論可能生活 [M]. 2 版. 北京: 中國人民大學出版社, 2010: 145.
④ 趙汀陽. 論可能生活 [M]. 2 版. 北京: 中國人民大學出版社, 2010: 152.

而這種促成幸福的「自成目的性」的行動是以人的自主意志、真情投入、創造性活動為前提的。「生活」本身就是超越「活著」的生存方式，它只能通過人的自主意志的選擇才成其為生活，而社會允許選擇的條件越大，個體選擇的能力越強，越能促成生活的「美好」；「自成目的性」的行動一定是真情投入的生活，那是一個人為了它本身的好而充滿激情甚至不計代價的投入，是感性之為，而不是算計之為，是忘我之為，而不是唯利之為；這種「自成目的性」的行動還是不斷超越庸常、超越自身的作為，它的「自成目的性」促使其不斷挑戰當下，追求「卓越」，在勇敢的事情中鑄就勇敢的美德，在人性的超越中不斷創造更好的生活。總之，在追求真正幸福的行動中彰顯了一切值得社會維護與倡導的價值。

2.1.3 幸福之於「美好社會」

一個正義的社會需要在價值層面樹立社會發展的「最高理想」（「幸福」的終極標準），更為重要的是，還需要立足於現實又超越現實，確立現實的「社會理想」（價值體系），為社會成員提供並保證「基本的好」，從而為個體幸福的實現提供「社會平臺」，為好生活的實現創造「可能性」。[①] 通過上一節對「好生活」（幸福）的全面把握，我們可以在「幸福」目標的訴求下，進一步探究「好的社會」以及「好的經濟生活」需要滿足什麼樣的價值要求。在前文分析的基礎上，我們可以得出，這個「好社會」至少應該滿足以下條件：

其一，幸福的生活是構建在個體的生存與發展基礎之上的，正義的社會應該為每個人的生存與發展提供盡可能充足的外在條件，包括平等的機會。

其二，實現幸福的真諦是每個人「自成目的性」的生活，幸福是通過自主選擇、真情投入、創造性的行動實現的，正義的社會應該倡導與維護構成這種生活方式的價值要求和文化氛圍，並以相應的制度條件為保障。

其三，生活是變化的，幸福存在著無限的可能性，蘊含在美好生活中的價值主題處於變化之中，構成正義社會的價值體系應該是開放的體系、變化中的體系，沒有一勞永逸、一成不變的價值模式，只有反應時代主題的當下的價值體系。但主題變換中不變的是，人們對「幸福」的完整的理解，這也是價值主題成為「問題」的根由。

[①] 參見何懷宏，《好生活何以可能?》，2011 年 4 月 3 日，http://blog.sina.com.cn/s/blog_4776bf650100r7qp.html

那麼，由此看來，幸福目標下的「美好社會」應該具備哪些普遍要素呢？美國學者德尼·古萊在其《發展倫理學》中將構成「美好社會」的普遍要素歸結為三個：**最大限度的生存、自由和尊重**。①筆者認為，這三個要素充分保證了作為幸福客觀要素之「**人的生存和發展之完滿**」的實現條件，比較全面地涵蓋了所有文化實體和所有時代都有表述的基本人類需要，以及對「美好社會」的基本價值訴求。

1. 維持生存

生命是人們獲取「幸福」的自然基礎。人首先要活著，才談得上自由自主地去創造更好的生活。因此，任何向著「美好」的社會——不管它根植於什麼類型的文化背景與社會條件之中——它都需要維護其社會成員的基本生存。並且，能滿足人們對食物、居所、醫療等生存基本要求的一切事物，都是維持生存的必要條件。正如美國著名學者劉易斯·芒福德所言，「真正的價值並不來自稀缺性或艱苦的人力。空氣維持生命的威力並非由於它的稀缺性，牛奶或香蕉的營養也不是來自所花的人力。同化學作用和陽光的效能相比，人力貢獻只是微乎其微。真正的價值來自維持或豐富生命的力量，價值直接在於生命的機能，而不在於它的來源、稀缺性或所花的人力。」②

2. 自由

幸福的生活內在地需要個體通過自主創造性的活動去創造出來，任何社會都需要重視構成美好生活的自由維度。雖然自由有無數的含義，但它對生活的意義在於各個社會及其成員擁有更多的選擇，並且追求美好事物時受到較少的限制。

3. 尊重

它指人們對於自身受到尊重、他人不能違背自身意願而用以達到其目的的感受。儘管尊重本身具有強烈的個人主觀感受性，但引發尊重問題的卻具有客觀明確的外部原因。尊重問題可能與物質匱乏有關，與等級社會有關，與貧富懸殊有關，與物質對人的異化有關……可以說，幾乎在所有的現實社會中，不管是發達國家或是不發達國家，尊重都會因不同的原因引發我們對現實社會中「不人道」表現的警覺。但是從尊重作為一種人與人之間相互對待的態度來看，它主要表達了人類超越自然界，而希求將人當作人對待，人與人之間平等對待的訴求。

---

① 德尼·古萊. 發展倫理學 [M]. 高銛，等，譯. 北京：社會科學文獻出版社，2003：49.
② 德尼·古萊. 發展倫理學 [M]. 高銛，等，譯. 北京：社會科學文獻出版社，2003：50.

进入经济视野之中，好的经济体系服务于「好的生活」，植根於「美好社会」之中，我们衡量一个经济体系好坏的标准，是基于它能在多大程度上较好地组织经济活动，来为社会成员提供过上幸福生活的机会。在德尼·古莱对「美好社会」满足三个普遍要素归纳的基础上，我们可以进一步得出作为「美好社会」构成的符合正义诉求的经济体系，应努力实现如下目标：

（1）以某种生产方式改善物质生活条件，为全社会成员提供更多、更好的生存物品。（经济效率）

（2）以合宜的经济制度与政策，保证社会全体成员能平等地分享到经济生活发展所创造的财富成果。（经济平等）

（3）使社会成员普遍摆脱压制性奴役（自然、愚昧无知、受制於他人、体制、信仰）的束缚，提升人们所设想的自我实现的机会与能力。（经济自由）

这样，在幸福的终极目标诉求下，**经济自由**（保证个体对幸福的自主追求）、经济平等（保证每个人对幸福的追求）、**经济效率**（保证每个人获取幸福的基本物质条件）这三个主要的价值维度得以浮现。对於这三个主要价值目标笔者会在接下来的2.2中作深入的阐述。

2.2 经济正义的「价值体系」

影响个体幸福的社会因素有很多，随着现代社会经济生活的强势发展，经济已成为影响个体幸福最具基础性、重要性的社会条件，因而对经济活动的价值规导无疑显得尤为重要。现代经济学已经逐渐认识到，「经济学不仅关注事实（是什么），而且关注价值体系（应该是什么）。经济学可以用来阐明价值体系及其在特定经济分析中的作用。」[1]

前文已述，经济正义的终极目标，从人的生活状态角度出发，就是「幸福」，是每个人通过「自成目的性」的行动去获取「人生重大需要、慾望、目的之实现和生存发展之完满」；从社会的角度出发，则是一个能保证每个人都能获取追求个人幸福的基本条件的「美好社会」。由此，经济自由、经济效率、经济平等则构成了促进经济体系与经济生活实现上述目标的最主要的价值

---

[1] 塞缪尔·鲍尔斯，理查德·爱德华兹，弗兰克·罗斯福.理解资本主义：竞争、统制与变革 [M].3版.孟捷，等，译.北京：中国人民大学出版社，2010：12.

維度。所有正義的價值維度都是在正義終極目標的觀照下而得以證明的，也就是說，正義的價值維度都是「讓所有人有條件獲得好生活的好社會」的必要條件。

2.2.1 經濟正義的核心——「經濟自由」

自由是經濟正義最核心的價值目標。如果說，「幸福」是從生活狀態角度出發對美好生活的一種理想性描述，「自由而全面發展」則是從人的狀態出發，對能夠獲得幸福的人的一種理想狀態描述。在現實中，只有當人們有了選擇的自由和種種相應的權利，個體才能按照自己的天性選擇人生，實現其幸福。因此，經濟自由作為經濟正義的核心價值意味著兩層意思：一是，作為價值目標。經濟的發展應該有助於人類朝著自由而全面的方向發展，為人的自我發展與自我實現創造物質條件。（經濟應該為了自由）二是，作為價值維度。經濟本身是人類生活的一部分，而生活是以人的自主選擇為前提，幸福生活更是以自由而全面發展的人的「自成目的性」行動為前提，因此，正義的經濟生活應內在地包含著自由維度。（經濟應該是自由的）

經濟正義這兩方面的意義在現實中的實現，都脫離不了對「自由」本身的理解。自由觀念在正義理念與現實社會中的落實之間架起了一座聯繫的橋樑。「只要你不精確地理解自由是什麼，就不會清楚地理解正義是什麼。」[①] 關於自由的理論博大精深，不一而足，側重於從經濟角度去理解自由，則主要有兩種觀點：一種是將自由理解為**純粹的個人選擇**，一種則將自由理解為**最大限度地促進人們實現自己的潛能**。其實這兩種對自由的理解並無根本性衝突，因為人的潛能只能在「自成目的性」的行動中才能實現，而這種行動是建立在個體的自我選擇基礎上的。因此，在經濟活動中，自由作為一種標尺要求經濟體系中應具備個體在市場中進行選擇的自由；同時，還表現為個體能夠參與幫助其實現潛能的公共生活中。

從「經濟應該為了自由」看。經濟正義給予經濟發展最重要的訴求是希望經濟的發展能夠提升人的自由。人性的完善不是一種抽象概念，人性是在生活中形成，因此，所謂以自由來看待經濟，其實質意義是，經濟發展要以提升每個人能自由地追求幸福生活的能力為根本標準。根據馬克思歷史唯物主義，自由是社會發展的根本目標，也是經濟正義的核心價值。但由於自由是一種歷

---

① 阿克塞爾·霍耐特. 為承認而鬥爭 [M]. 胡繼華，譯. 上海：上海人民出版社，2005：384.

史的存在，受社會生產方式的約束，「人們每次都不是在他們關於人的理想所決定和容許的範圍之內，而是在生產力所決定和所容許的範圍內取得自由的。」① 正義的自由王國是以物質生產為基礎的，是隨著生產力的發展而不斷推進的歷史過程。在這個歷史過程中，人類正是通過經濟活動來確證自己的本質力量，並逐步擴展自己的自由力量。正如馬克思在批判資本主義的同時也對其推進人的自由進步給予了充分肯定：資本主義市場經濟的確立，以自由的勞動契約以及遷移制度，取代了封建生產方式具有人身依附性、強制性的勞工制度，為人類的自由邁進奠定了物質條件與制度空間。但這種自由又伴隨著新的不自由——資本主義的經濟生產方式給工人無產者帶來的剝削，以及商品資本對勞動、人性的異化。按照馬克思指出的進一步的「自由訴求」，只有當無產者消滅了自身現存的佔有方式，消滅了全部現存的佔有方式，才能佔有、取得社會生產力，獲得生命的自由，並以一種全面的方式，佔有自己的全面本質。② 當今世界，全球文明正普遍處於這種擺脫「物的依附」所造成的不自由狀態的歷史條件下，人們在物質極度豐裕的市場經濟中提升了自由力量的同時，又因物的束縛與奴役對人造成了新的「不自由」，並進一步延伸為諸如「全球危機」「價值虛無」等生存性難題。在此背景下，基於「自由訴求」的經濟正義要求，我們不斷反思當下的經濟生活，始終將經濟發展理念、模式納入哲學的意義世界中給予審視和判明，規導經濟向著自由發展的基本方向。經濟學家阿馬蒂亞·森就從自由的角度提出了新的發展理念，指出經濟的發展應該是為了「擴展我們有理由珍視的那些自由，不僅能使我們的生活更加豐富和不受局限，而且能使我們成為更加社會化的人、實施我們的生活選擇、與我們生活在其中的世界交往並影響它」③。可以說，隨著社會經濟的發展，人們的自由觀也在發生深刻的變化，給予自由訴求的對象物也日趨完善，人們不僅要求在經濟生活中享有自主經營、自主決策和自主負責的消極自由，也包括了對獲取資源、工作、保健等事物的積極自由與實質的自由。「以自由看待發展」理念的普遍確立，會引發對整個社會經濟發展的評價目標、體系與方法的變革，從而對社會經濟發展的走向產生巨大的影響。

---

① 中共中央馬克思恩格斯列寧斯大林著作編譯局. 馬克思恩格斯全集：第三卷 [M]. 北京：人民出版社，1960：507.

② 中共中央馬克思恩格斯列寧斯大林著作編譯局. 馬克思恩格斯全集：第一卷 [M]. 北京：人民出版社，1956：262.

③ 阿馬蒂亞·森. 以自由看待發展 [M]. 任賾，於真，譯. 北京：中國人民大學出版社，2002：10.

從「經濟應該是自由的」看。作為一種價值維度滲透在經濟生活中的經濟自由，在現實中表現在哪些方面？它與經濟發展之間存在著什麼關聯？經濟為什麼應該是自由的？這種自由是否存在著條件與限度？按照《帕爾格雷夫經濟學辭典》的解釋，「經濟自由」（Economic Freedom）是指在產品價格由市場競爭所決定，個人能自由做各種選擇，用自己的產業和資本參與競爭的條件下，個體可在商品價格、可支配收入和可用於消費的公共財貨的組合中達到消費滿足的最大化。① 根據詹姆斯·布坎南的概括，這種「經濟自由」包含了兩層意思：一是個人為自己選擇生活計劃，自由選擇進入或退出經濟活動。只有當個人的經濟自由危害到他人時，這種自由才受到限制。二是通過經濟自由能夠增進個人和社會的經濟福利。經濟自由不僅被視為唯一能同人的尊嚴相容的物質條件，而且是經濟增長、對市場的力量作出反應來使經濟按人的偏好結構變化作出調整的必要條件。這個定義一方面界定了經濟學所認定的「經濟自由」是一種特定的經濟條件，這是所有參與這種「自由經濟」中的經濟主體都必然所處的背景；同時這個定義也隱含了自由經濟的必要性——它是高效率的經濟形式。定義雖然省略了對自由經濟高效論證的過程，但自西方經濟學家亞當·斯密在《國富論》中發現了自由經濟受「無形之手」調整而高效運行的「秘密」後，整個現代經濟學的發展基本是以此前提來展開的。早在1776年，亞當·斯密就洞悉了自由與市場之間的關聯：人們只有享有參與市場經濟進程的自由，才會增加財富。只有在這樣的背景下，人們才能尋找到他的比較優勢，才能激活每個人身上的企業家稟賦，從而推動市場的演進。

　　經濟自由能夠促進經濟發展、財富增加的理念，目前在經驗層面也得到了某種程度的印證。20世紀80年代末，由美國傳統基金會提出，應編製一種能夠系統地度量和比較世界各個國家或地區經濟自由狀況的**經驗指標**，「經濟自由度指數」由此而生。此目標用於測量一定經濟區域的「經濟自由度」，即為個體有權利支配和控制自己的勞力和產權的程度。它基於這樣一個前提，在一個經濟自由的社會，個體可以自由地選擇工作，自由生產、消費和投資，政府對這種自由非但不予以限制，還加以保護。「經濟自由度指數」的編製，總共涉及10類、50個經濟變量：貿易政策（包括關稅、非關稅壁壘和海關腐敗三個變量），政府財政負擔（包括稅率和政府支出占GDP比例等三個變量），政府經濟干預（包括政府消費占GDP比例、國有企業比重等四個變量），貨幣政策（通貨膨脹率），資本流動和外國投資（涉及同外國直接投資有關的九個變

---

① 參見《帕爾格雷夫經濟學辭典》，E卷，第34-36頁。

量)、銀行與金融(包括政府對信貸額度的影響等五個變量)、工資與價格(包括最低工資法和價格管制等五個變量)、產權(包括司法獨立性等七個變量)、管制(涉及企業開業、官僚腐敗等六個變量)和黑市(包括走私、黑市上的各類產品供給等七個變量)。這個指數囊括了財政自由、金融自由、貿易自由、投資自由、勞動力自由等直接與自由度相關的因素,以及對私有產權的保護程度、政府支出、腐敗等間接相關因素,經過不斷地調整,這個指數日趨完善,受到經濟學界的普遍認同。從 1995 年,第一份經濟自由指數報告面世,迄今已連續發布了 11 年,並產生了一定的社會影響,成為某些政府、企業瞭解各國經濟政策的參考指標之一。隨著「經濟自由度指數」的廣泛運用,經濟發展與經濟自由之間的關聯也被逐漸形成的國家經濟史所驗證。在對 1999 年全球所有國家的經濟自由度和經濟增長率之間的計量分析表明,經濟自由度最高的一組國家人均 GDP 為 18,108 美元,平均增長率為 2.27%;而經濟自由度下降的國家人均 GDP 和平均增長率也在下降;經濟自由度最低的一組國家人均 GDP 為 1,669 美元,平均增長率為 -1.32%(Michael Walker,2000)。[①]研究表明,從較長時期來看,凡是最高經濟自由度的國家,也擁有最高的人均 GDP。同時這樣的國家私人企業發達,企業家輩出,教育平等,技術創新能力強,經濟有活力,環境保護做得很好,個人因此也更加幸福。反之,經濟自由度過低的國家,政府的行政能力成為經濟發展的最大動力,盲目追求高額外匯儲備和貿易順差,和所有真正的市場經濟國家產生較多的貿易糾紛。國家內部腐敗叢生,內需市場疲軟,人們以權力或者巴結權力為榮,思想停滯,創新稀缺,資源分配不均,地區發展不均,整個國家靠形象工程來展現實力,但凡涉及人均指數,無論是人均 GDP,還是人均收入,都不容樂觀。

總之,賦予經濟以自由,最終目的是讓人更自由。在現實中,經濟自由主要表現為資本自由、市場自由、經濟規律自由,這些屬於經濟自身的自由,與在經濟生活中人的自由,大部分時候是一致的,是個體自由生活的現實場景,但兩者往往也會形成衝突,尤其是前者自由的片面追求會壓抑後者人之自由,造成了人的異化。這種衝突在現實中會以自由與平等的衝突、自由與秩序的衝突、效率與公平的衝突等矛盾凸顯出來,這些正是經濟正義所要考量的重要問題,也是經濟理論的發展一直都在面對的理論與實踐問題。

2.2.2 作為價值之維的「經濟效率」

在經濟學上,評判一個經濟體系運行狀況好壞的重要標準就是衡量它是否

[①] 王小衛. 憲政經濟學 [M]. 上海:立信會計出版社,2006:123.

有「效率」,因此,「效率」往往是以一個經濟指標的面目出現,以至於當經濟的高效率發展帶來一系列負效應時,人們不由地將「效率」歸結為與「正義」「道德」無關甚至是相對立的純技術指標,從而將討論的重點放在如何解決所謂「效率」與「正義」以及其他價值目標的衝突上,而忽略了「效率」本身作為經濟正義的一個重要價值維度的倫理意義;也就放棄了如何從「效率」本身的完整理解中去探討人們行為的道德價值問題,而不能以一種客觀的立場去把握「效率」與其他價值維度之間的互為條件性,從而陷入誰先誰後、孰重孰輕的空泛的道義之爭中。正如任何倫理價值目標在實踐中如果片面孤立地發展,都可能出現「不正義」的結果,「效率」如此,自由、平等概莫如此。任何美好目標的實現必在合目的性與合規律性的雙重維度關照下,在多種社會目標的協同發展之下,方得「正義之呈現」。「效率」目標下的經濟負面結果主要源於現實經濟政策對如何促進效率的片面理解和單一追求,但也不能因之而否定它本身的正義性質。為了更好地推進經濟有效率地發展,為社會創造更多更好的財富,我們首先應該完整地把握「經濟效率」的倫理真義。

※「經濟效率」的倫理性

對美好事實的追求,不論是個人還是社會,都有「投入—獲得」的問題。雖然就個體層面來說,真正的幸福是那些不計成本、不計代價的忘我之為的結果,但這是一個關乎個體行為自由選擇的問題,僅局限於具有個體支配權的範圍(諸如自己的生命、屬於自己的時間與財富等),而一旦代價涉及他人(甚至於自己的伴侶、兒女、父母等親人),從正義視角來看,這種個體的幸福追求,就有可能喪失應有的道德性。因為正義所著眼的不僅僅是個體的幸福,而是所有人的幸福,而社會存在的一個基本事實就是,資源(自然的、社會的)和每個人的生命,都是有限的,那種既不計成本代價又要保證所有人幸福的美好社會不可能存在。從社會的角度來看,個體的幸福都是通過一系列客觀的利益來保證的,而任何利益的獲得,都必然要付出代價,因此就有一個投入與獲得相比值不值的問題。當然,從個人的角度來說並不必然要做出這種算計,但作為保證所有人幸福的社會制度設計,則必須考量這個投入產出比的效率問題:在有限條件事實下,最大限度地保證社會成員的福利。可以說,正是社會計較得失地、有效率地為社會成員謀求社會福利條件(創造自由的可能),才會讓個體更有可能不計代價(自由)地去追求自己的幸福。因此,「效率」不一定是關乎「個體幸福」的價值維度,但卻是關乎「每個人幸福」的價值維度。

對於這個問題,哲學層面側重於從個體生命的有限性去論證「效率」的

道德合理性，而經濟學層面則側重於資源的有限性。(嚴格地說，經濟學的資源也包括人的生命)

首先，在哲學層面，唯物史觀主要從「效率」的時效性來論證它本身就具有倫理善的規定性。馬克思認為，人可以自由支配時間的程度是「人的積極存在」的基礎。「時間實際上是人的積極存在，它不僅是人的生命的尺度，而且是人的發展的空間。」①「從整個社會來說，創造可以自由支配的時間，也就是創造產生科學、藝術等的時間。」② 到了共產主義社會，「那時，財富的尺度決不再是勞動時間，而是可以自由支配的時間。」「自由時間或個體自由發展的時間成了對富有的一種測量」。③ 由此可見，「效率」的時效性具有創造價值和縮短創造價值「所用的時間」的善的倫理屬性。人類發展必然要通過創造價值和不斷縮短創造價值「所用的時間」來實現，最終擺脫物化現象。資源利用效率的本質是節約空間物化的時間，實現由空間上的自由向時間上的自由發展轉換。「真正的經濟——節約——是勞動時間的節約（生產費用的最低限度和降到最低限度）……節約勞動時間等於增加自由時間，即增加使個人得到充分發展的時間。」④ 效率價值的終極倫理意義就在於創造了更多供個體自由發展的時間與空間。

唯物史觀中的「效率」關註於「時間的節約」，經濟學上的「效率」則著眼於「資源的節約」（當然廣義的資源也包括時間）。「效率」在經濟學上的基本含義就是，如何在資源和技術既定的條件下盡可能滿足人類需要，它要求努力、時間、智力、創造性、信息、原材料、自然環境和生產中應用的機器設備都能夠提高人們的福利，為人們提供過上富裕生活所需的商品和空閒時間。效率這個含義表達了這樣一個實質意義：經濟發展應該是以**資源的節約與福利的增長**為條件的，即在充分節約資源的條件下去追求福祉的增長。顯然，這種狀態的經濟活動既是有助於促進個體提升幸福的物質條件，也著眼於每個人的幸福提升（因為現實中資源是有限的）。那麼，以效率為目標的經濟發展面臨的首要問題就是要解決如何有效利用稀缺的資源，優化資源的配置，盡可能多地

---

① 中共中央馬克思恩格斯列寧斯大林著作編譯局. 馬克思恩格斯全集：第四十七卷 [M]. 北京：人民出版社，1979：532.
② 中共中央馬克思恩格斯列寧斯大林著作編譯局. 馬克思恩格斯全集：第四十六卷（上冊）[M]. 北京：人民出版社，1979：381.
③ 中共中央馬克思恩格斯列寧斯大林著作編譯局. 馬克思恩格斯全集：第四十六卷（下冊）[M]. 北京：人民出版社，1980：222.
④ 中共中央馬克思恩格斯列寧斯大林著作編譯局. 馬克思恩格斯全集：第四十六卷（下冊）[M]. 北京：人民出版社，1980：225.

生產出滿足整個社會成員需求的物品。即在資源有限的情況下，通過經濟發展，不僅要增進一個人的福祉，還要增進整個社會成員的福祉。由此看來，「效率」這個經濟要求是非常有「正義氣質」的。

※「經濟效率」的各種定義及其不足

關於「經濟效率」的定義，經濟學家們不斷推陳出新，提出了多種版本的效率定義。比如熊彼特在其著作《經濟發展理論》中將效率視作促進資本累積、技術進步的因素（熊彼特，1934）。卡爾多在《經濟學的福利命題和個人間效用的比較》中提出「卡爾多效率標準」：一種經濟變化使受益者獲得的利益在補償受損者失去的利益之後的剩餘（盧爾多，1939）。英國經濟學家希克斯在《消費者剩餘的復興》中認為，效率表示經濟變化的受損者不能促使受益者反對這種變化，也意味著社會福利的改進（希克斯，1941）。美國經濟學家哈維·萊賓斯坦1966年在《配置效率與「X效率」》論文中提出「X效率」定義，指通過促進組織改進、激發工人和管理者的動機、全面改進經營決策（包括招工和雇傭、升遷、工資和紅利、工作場所的安排、設備、停車場等），降低成本和提高任何現有技術的生產率……在經濟學的諸多效率定義中，使用最為普遍的是「帕累托效率」。它由義大利經濟學家帕累托提出並以其名字命名。「帕累托效率」是指：「對於某種經濟資源的配置，如果不存在其他生產上可行的配置，使得該經濟中所有個人至少和他們在初始時情況一樣良好，而且至少有一個人的情況比初始時應該更好，那麼這個資源配置就是最優的。」[①] 也就是說，在以不使其他人的情況受損或惡化（由其他人自己判斷）為前提條件，如果找不到任何方式能使一些人的處境得到改善（由他自己判斷），此時經濟狀況是最有效率的。按照新古典主義的分析，所有經濟學中關於效率的定義，通過新古典模型的重新陳述，最終都可以歸結為「帕累托效率」這個定義。「帕累托效率」已經成了現代經濟學經濟效率概念的核心與基礎。

其實，諸多的「效率」定義並非是要顛覆「效率」的基本含義，而是隨著經濟實踐的推進與經濟學理論的發展，經濟學家逐步認識到，經濟活動通過提供商品和勞務要高效地滿足人們的需要，不僅受到資源稀缺性的條件制約，還受到技術有限性、信息不對稱性、交易成本等一系列約束條件的限制。因此，衡量「效率」的標準也就處於一個不斷完善的再定義之中。迄今為止，

---

① 約翰·伊特韋爾，等. 新帕爾格雷夫經濟學大辭典：第三卷 [M]. 陳岱孫，等，譯. 北京：經濟科學出版社，1996：868.

經濟學上仍未找到一個完美的效率標準，每一種新的「效率觀」都在增強自己的解釋力的同時又產生新的局限性。如下是對兩種於現實實踐有著重大影響的效率觀的評述。

※「成本—收益分析」效率觀的問題

在對「效率」的計量上，影響最大的就是以「成本—收益比較」來作為效率的標準，20世紀90年代以來興起的主流經濟學都是在這個意義上使用效率。如何衡量效率？主流經濟學認為：在既定目的下，通過運用給定的資源，以實現其目的。如果這個資源的利用最大化地達到了既定目的，則稱之為有效率；反之，則沒有效率。簡而言之，給定了成本，收益最大；或即，收益既定條件下，成本最小化，這就實現了效率。表面上看起來，這樣的一個定義應該說是比較自洽的。但質疑接踵而來：成本和收益究竟是什麼？怎麼判斷最大、最小？怎麼知道是否最有效地實現了目的？因為理論落實到現實中就會面臨這樣一個困難：當我們在討論是否有效實現了目的時，我們探討的其實是「自己或者別人覺得比較好地達到了這個目的」，而即便在同樣的現實中，不同的人也可能做出完全不同的決定，這是一個主觀判斷。[①] 那麼，既然我們又不可避免地要對一個主觀性的判斷進行客觀的分析，在現實中，往往就採納了所謂的客觀主義的方法論。即，評價者即便是局外人，也可以通過一個客觀標準來判定某個東西對你是不是好。經濟學家們將這個客觀標準等同於「利潤」——交易條件既定下，「利潤」越高就越有效率。假設張三賣一本舊書，如果賣給李四能掙5塊錢，賣給王五只能掙3塊錢，如果張三賣給李四，就是高效率的買賣。但是，這樣一個標準表面上客觀，其實卻是把效率的標準單一化了。如果王五是個貧困生，而張三自願把這本書賣給了王五，因為他覺得幫助一個困難的人帶給他的快樂遠遠勝於多賺2塊錢的快樂，那對於張三來說，這才是符合真實的效率原則的（真正增進了張三想要的福祉）。但按照我們現在的所謂客觀的利潤標準，你只能賣給李四，交易才是有效率的。這樣的「效率觀」，在個人的層面就叫作金錢至上；在制定政策的層面，就成了「增長主義」（或者「GDP主義」）。社會整體的發展理念就表現為：只要實現了利潤最大化，福祉（幸福）就最大化了；GDP不斷增長，治國就是高效的。社會必然走向片面發展，「正義問題」立當呈現。在這種「效率觀」下還會延伸出更嚴重的問題，因為政策的制定者通過將經濟增長指標規定為「客觀」

---

① 不管是討論成本、討論收益，還是討論最大化、最小化，最后都要回到個體的主觀判斷上去。在奧地利學派中，把此叫作主觀主義方法論。

的「效率」標準,那麼掌握著這種客觀標準的組織或個人,就擁有了經濟主導的權力。在缺乏私權保障的社會條件下,就會因「效率」主導引發一系列「公平」問題出來。譬如中國近年來的土地徵收制度,一些主流經濟學者和政府決策者一向認為,通過強制徵收(或者土地置換),可以把土地運用到生產效率更高、產生更多財富的領域,從而實現土地價值的最大化、高效率的利用。比如一個農民種地每年只收入1,000元,現在把地徵下來賣給開發商修商品房、開商城、修高爾夫球場,每年的產值可能高達數百萬元,返還給農民2,000元。表面上,農民增收了,社會財富增加了,土地使用價值提高了,學者甚至可以得出專制比民主更高效的結果。但無數起糾紛事件則說明了,這樣的成本—收益分析法,帶來的是大規模的掠奪和剝奪,此處的財富是被扭曲地創造出來的。它造成了社會嚴重的不公平,並沒有全面提升社會成員的福祉,是真正「效率」的反面。因此,如果將「效率」標準直接等同於利潤、財富的增長,那麼國家以GDP而不是以每個人自己覺得的幸福為追求目標,其制定的政策必然有問題,必然在執行政策時濫用暴力,剝奪每個人追求幸福的天然願望。把政府認為最重要的價值強加給每一個人,「效率」就變成了不好的東西。

造成這樣一種「效率不好」的現實感覺,一個很重要的知識或者觀念的根源就在於對基礎性的「效率」概念存在認識偏差:我們假設一個局外人可以知道當事人的主觀判斷,就是說,掌握權力者可以根據其對資源的利用是否有效率的判斷來代替個體的決定,從而為公共權力對私人權利的侵犯提供了托詞。這樣的做法,不僅在經濟學上不具有合理性,從道德的角度或者從政治的角度,也是不能接受的。

※「自由交易」效率觀的問題

諾貝爾經濟學獎獲得者布坎南在其《經濟學家應當做什麼》這篇文章裡面提出了關於效率的另一種命題:**在給定的制度框架下,只要交易是自願進行的,那麼它就是有效率的**。這個定義和傳統的效率定義重大的區別就在於,傳統的定義認為效率就是要把資源用到最大可能滿足的程度,但事實上從主觀主義立場上看,是沒法找到一個客觀的標準判斷它是否最大化。所以,我們只能讓每一個處在交易過程中的人自己去判斷:這個交易對我值不值?可以想象,還是上面的例子,張三到底把書賣給誰才會讓自己最滿足?儘管旁人只能以賣多賣少來評價這場交易,但只有交易者自己最清楚什麼才表示我「滿意」:我只願意賣給我願意賣的人,我只願意買我願意買的東西,交易能夠自由達成,就表明買賣雙方都「滿足」了。所以,最終把效率歸結到個體的自由決定。

2 經濟正義的價值追求及其軌跡 | 69

只要每個人可以自由地進行交易，這個交易就是有效率的。因此，表面上我們所探討的是個體的交易，實際上我們判斷一個交易是否有效率，離不開對制度的探討。制度讓人們可以更多地自願交易，那麼這個制度更有效率；制度限制人們，使交易不能自由進行，那麼這個制度就是低效的。而什麼樣的制度能夠保證這種自由交易的達成呢？經濟學家們得出的答案就是亞當‧斯密幾百年前的結論：市場。完全競爭的市場是「效率最高」的。是否如此？這個問題本書將在第三部分再作進一步探討。

基於布坎南對效率的理解，仍有后續的問題，因為這種效率得以達成是有條件的，它必須是在完全競爭狀態，即交易雙方地位平等、信息充分對稱、知識能力情況基本一致的條件下，效率才能等同於自願交易。否則，就會出現毒品自願交易、出賣自己器官的另一種「不正義」的情況。因此，「自願」的條件、理性的局限等一系列問題的解決仍需經濟學家探索出更可靠的效率標準。

※「經濟效率」的價值之維展望

通過對如上「效率觀」的評述得以窺見，有些經濟發展所引發的消極效應往往被指為片面強調「效率」的結果，但準確地說，這一類問題實際上是片面理解「效率」的標準所致，即因為沒有將應歸屬於「效率」考量視野的因素納入進來所致。按照效率原則，所有生產有用的產品和服務所需的投入，不管是否得到支付，都必須計入效率的範疇。但現實中自然環境、勞動強度等因素往往並沒有得到充分考量，這導致效率原則原本應該對經濟予以的相應引導功能並沒有充分地發揮出來。譬如，在很多環境經濟法不健全的地區，在計量效率的投入產出比時，通常並沒有考慮自然環境也是一種投入。而一旦考慮此一因素時，一些原本「盈利」的排放污水的企業很可能是無效率的，因為除了它所付費的常規投入外，它也消費（或破壞了）部分自然環境。再比如，在勞動保護方面，效率本也應具有道德規導的功能。在計量勞動投入時，目前主要是依據勞動力人數以及勞動時間所決定的勞動量，而單個勞動者的勞動強度大小並沒有納入勞動投入計量之中。因此，提高生產裝配線的運作速度可能會提高一個企業的利潤，但是，如果這種投入的增加沒有完全考慮工人的勞動投入，使他們在一天的工作之后感到疲憊不堪，甚至於以影響其身心健康為代價，那麼它所得到的效率結果是不可靠的。一個全面的效率考量，應該把人們及其健康不僅當作生產過程的投入，而且也當作生產過程的產出。「涉及利潤、增長、技術進展的問題，都有倫理上的維度：這些包括污染和自然資源的

減少對社會總體的影響，工作環境的質量和特徵，以及消費者的安全。」① 效率不僅僅體現為單純 GDP 的增長，也將經濟的健康運行、勞動者的合法權益保護納入了相應的衡量範圍之中，這樣的經濟效率更符合經濟正義對其的訴求。而這一更全面的效率考量，顯然是不能通過「經濟人」的自利行為可以保證的。也就是說，在前面我們剛剛從「自由交易效率觀」所得來的道理——被效率價值維度以「最高肯定」的自由市場——卻並不能解決此時的效率問題，而解決的辦法又回到了前面才給予否定的政府，似乎只有通過政府的參與，作為第三方強制，才能保證市場交易者對此「效率」原則的遵循。不是政府？又是政府？對於這個問題，筆者將在第四部分作深入的探討。

除此之外，作為經濟正義的效率維度仍需要澄清它的價值意義，從而對現實經濟生活中的效率原則給予合理的規導。經濟效率價值向著的終極目標是人們的幸福，但在經濟活動中，經濟效率原則通常是以經濟增長、財富增加來體現「幸福」。於是幸福問題就被等同於財富問題，經濟的終極目標就轉化為了財富目標。在經濟效率的調節下，經濟活動生產什麼商品是按照價格槓桿與供求關係來自動調節的，自由經濟的高效率就表現在它通過市場可以迅速地根據人們的需求與資源的稀缺達到資源的優化配置，滿足人們多方面的需要。但是經濟效率在此調節的人的需求，卻並不能自動地反應出價值的序列。因為，**通過價格槓桿來反應的人類需求效用，與根據人的生命發展重要程度來反應的需求效用之間並不完全呈現出對等關係**。一些對生命價值的存在與發展有重大意義的東西可能沒有價格，如水和空氣；而對人的生命存在與發展有破壞意義僅對個體特殊需求有滿足的東西可能價格卻非常高，如香菸和毒品。即作為基礎性的生命價值在經濟體系中並不能自動通過價格來呈現出其重要性，生命價值往往被有用價值所壓抑，從而出現價值顛倒。除此之外，儘管人們獲取幸福必須有賴於基本的生存需要得以滿足，但超越這個限度之後，財富帶給人的正面意義就僅僅是「它增加了人類選擇的範圍」。在肯定物質財富之於幸福的奠基性作用的同時，我們還要意識到，基於經濟正義訴求的經濟，其最終目的是要讓每個人都能自由地從事**超越經濟**的創造性活動——那些關乎人們心靈的活動。即經濟最終的目的是要讓人們超越經濟（物的束縛），此為自由與幸福訴求的真諦。而困頓在「財富增長」為中心的意識形態和文化背景中的人，則將被誤導入對財富不懈追求的陷阱之中，為了金錢不惜耗費青春，透支健康，

---

① W MICHAEL HOFFMAN, JENNIFER MILLS MOORE. Business Ethics [M]. New York: McGraw-Hill, Inc., 1990: 1.

辜負愛情，淡漠親情，背叛理想，在追求幸福的道路上背道而馳。即便是針對不夠富足的社會群體而言，也對財富多寡因文化傳統差異而使其對幸福的意義有不同的認識。雖然物質財富使富有者比窮人對自身環境有更多的控制，可以選擇更多的空間，得到更多的物品和服務。但是，儘管在現代社會中廣泛認為人們越富有就越自由，這種現代觀點也並非天經地義，有很多傳統的文明都認為人們的智慧在於清心寡欲，財富反而是自由的枷鎖。例如，撒哈拉的貝多因人就看不起那些佔有一大堆礙手礙腳東西的人，他們相信一個人的自由同他佔有的東西數量成反比。西班牙南部的吉普賽人也有類似的判斷，認為有些人不能「自由地」任意遨遊是因為他們受財物所困而最后被拴死。① 顯然，實踐中的效率原則隨著人類生活的發展以及面對文化多樣性的背景，總會造成原則與價值的疏離，凸顯其片面性。因此，基於「福祉」增長的效率目標，即便它著眼於提升每個社會成員追求幸福的物質條件，作為幸福的一個必要但非充分的維度，它也必須放置在「正義」總的視野下，與其他價值維度配合著共同致力於構建一個走向幸福的好社會。

2.2.3 有平等，也有不平等的「經濟平等」

馬克思認為，「平等是人在實踐領域中對自身的意識，也就是人意識到別人是和自己平等的人，人把別人當作和自己平等的人來對待。平等是法國的用語，它表明人的本質的統一、人類的類意識和類行為、人和人的實際的同一，也就是說它表明人對人的社會的關係或人的關係。」② 可以說，平等最基本的意思就是將他人與自己同樣看待，是人與人的對等對待關係。這是最基本的倫理規則，它既表現為「正義」的形式要件，也是正義重要的實質價值維度之一。正義著眼於全體社會成員的幸福，意味著每個人都應當在社會條件下受到同等對待，讓每個人「都有認真考慮自己的能力，去從事具有內在價值的活動，去發展令人讚美的技能和特質」，平等包含在正義之中。但是，「平等是個有爭議的概念：讚揚或貶低它的人對於讚揚或貶低的究竟是什麼，意見並不一致。」③絕對的平等，讓社會整齊劃一，猶如削足適履，又會造成另一種對自由追求幸福的損害，成為「不義」。正如尼古拉斯·雷雪爾就曾對平等的適用

---

① 德尼·古萊. 發展倫理學 [M]. 高銛，等，譯. 北京：社會科學文獻出版社，2003：56.
② 中共中央馬克思恩格斯列寧斯大林著作編譯局. 馬克思恩格斯選集：第二卷 [M]. 北京：人民出版社，1957：48.
③ 羅納德·德沃金. 至上的美德：平等的理論與實踐 [M]. 馮克利，譯. 南京：江蘇人民出版社，2003：2.

及其與正義的關係提供了很好的說明，「嚴格的平等規則損害了正義概念本身的大多數基本要求：正義不僅如平等規範所假定的，要求對相等的人作相等的對待，還要求在各種不同的情況下對不相等的人作不同的對待，而平等規範卻公然侵犯此后一要求。在對人們作分配時，若人們對此分配的合理要求存在分歧，那麼對人們作為平等者對待而不考慮他們的不同要求，就損害了而不是貫徹了正義的意義。」① 平等既是抽象的價值理念，也是對某種現實狀態的描述，在不同的歷史條件下和具體場景中，「平等的狀態」呈現出不同價值意義，這正是平等的複雜與矛盾所在。現實社會有諸多「不義」是因「不平等」而生，但完全平等的社會又絕對不是個「好社會」。如何把握「平等」的「度」（既包括範圍、標準，也指程度與方式），這正是經濟正義賦予「經濟平等」的使命。

※「經濟平等」何以必要？

經濟平等在社會生活中的重要性不言而喻，羅斯福曾精闢地指出：「由於經濟上的不平等，一度贏得的政治上的平等已經失去意義。少數人的手裡已經幾乎全面掌握著別人的財產，別人的金錢，別人的勞動——別人的生命。對我們許多人來說，生活已不再是自由的；自由已不再是現實的；人們已不再能夠追求幸福。」② 事實如此，當今世界的不平等主要以經濟的不平等為主導。而財富的不平等又往往與其他方面的不平等相關，「那些富有的人往往有較高的收入，有較高收入的人往往較健康，受到良好的教育，有較高的地位，個子較高，有較大的政治影響」③。但是，儘管經濟平等對社會生活意義重大，但它對經濟生活的規導卻並非隨時隨地、無孔不入地發揮作用。它在現實經濟生活中到底應體現在哪些方面？以何種方式得以體現？似乎很難有定論。

經濟生活中的差別無所不在，這是一種常態。有時候我們把一些差別稱為「不平等」，感到不能接受，並極力倡導一些政策來消除它們；而當我們遇到另外一些差別時，又認為它促進了「多樣性」，不僅無害（保持了個性化），甚至有益（譬如促進了效率）。那麼，在什麼情況下，「經濟平等」才是必要的？而必須對某種經濟事實所呈現的「平等問題」予以規導呢？對於「平等問題」，人們一般憑直覺會認為，是「不平等的差距」決定了「平等問題」的道德重要性。差距小，不成問題；差距大，就不道德了。這種判斷與經驗事實

---

① 盛慶琜. 統合效用主義引論 [M]. 廣州：廣東人民出版社，2000：290.
② 富蘭克林·德·羅斯福. 羅斯福選集 [M]. 關在漢，譯. 北京：商務印書館，1982：126.
③ 丹尼爾·豪斯曼. 經濟分析、道德哲學和公共政策 [M]. 紀如曼，等，譯. 上海：上海譯文出版社，2008：209.

的確有相吻合的地方。但深究起來，卻不盡然。2000年，有學者曾經做過一個國際人均壽命的比較，發現日本和安哥拉兩國的人平均壽命竟然相差43年，這足以令人感到震驚。但震驚之余，真正讓人為這個世界感到不正義的事實是，安哥拉人的平均壽命只有38歲！而並不真正在於差距的那43年。因為可以想象，如果有哪個國家的平均壽命是124歲，同樣也比日本的81歲高出43年，人們在震驚之余卻並不會因這同樣的差距生出什麼「不義」之感來。可見，這裡造成嚴重「不正義感」的緣由並非不平等的43年，真正原因是在「38歲」平均壽命背后安哥拉人面對的悲慘人生：貧困、營養不良、疾病叢生、缺乏教育和基本安全——而這些從根基上動搖了人們獲取幸福的基本條件。如約瑟夫‧拉茲所言：「讓我們關註的各種不平等是……挨餓人之饑餓，貧困者之需要，病人之苦難等。在有關方面他們比鄰居糟糕的事實是相關聯的，但是其聯繫不能作為不平等的獨立的不幸。其相關性顯示，他們的饑餓是嚴重的，他們的需要更緊迫，他們的苦楚更有傷害性，因此我們關註的是饑餓、貧困、苦楚，而不是讓我們去關註平等給予他們優先權。」① 顯然，指出這個事例中的不平等只是帶出了貧困本身的不道德問題，即便此處不存在平等問題（如果日本人的壽命也是38歲），貧困本身仍足以證明其自身是不道德的，它並不因「不平等」而被增加其「不正義」的分量；同樣，它也不因此而能夠為「不平等」的「不正義」提供充分的論證。現實的確如此，有些「貧困」（暫且將之作為社會「不利地位」情況的代稱）與平等問題無關，有些「貧困」與平等問題直接或間接有關，但可以明確的是，正是后者與「貧困」相關的「不平等」構成了「平等問題」，而需要「經濟平等」視角的關註與解決。這個例子提供給我們考量經濟平等問題的一個思路：現實經濟生活中，什麼樣的「平等問題」是值得關註的？或者說，什麼樣的「平等問題」應納入「正義視野」中予以掂量？顯然，是那些**因為「不平等」而損傷了社會成員中的某些個體或群體在同等社會條件下自由選擇生活機會、能力的經濟事實**。在這個思路上，我們可以將「經濟平等」十分必要的情況進一步具體化：

在現實的經濟生活中，人們在所有權、經濟行為能力、收入和財富分配等方面存在不同程度的差異，但這種差異應**不足以產生任何個體或群體對經濟生活方面、任何過程進行不合理的強制或支配**；**不足以**產生一部分人由於經濟勢

---

① 丹尼爾‧豪斯曼. 經濟分析、道德哲學和公共政策 [M]. 紀如曼，等，譯. 上海：上海譯文出版社，2008：215.

力而形成對其他人的生存發展和社會生活的支配；**不足以產生一部分人對另一部分人的人性支配**；**不足以**造成對其他社會成員的精神人格與社會成員資格的損害；**不足以**造成社會貧富兩極分化和鬥爭，不足以讓各個階層都喪失對共同生活的信心，不足以破壞了社會團結，進而徹底破壞社會的「正義」基礎……

因此，當經濟的差異超出某種「限度」而造成如上的局面時，就足以判斷「經濟不平等」事實的成立，因而必須有相應的「平等調節措施」來實施「正義的調節」，或者應該有相應的「平等保護」制度予以事前的規避。

顯然，平等不僅僅是抽象的價值訴求，它結合現實來調整其在經濟領域中的姿態，也在與正義的終極目標，以及其他的價值目標的關聯中凸顯出其意義來。

※什麼樣的「經濟平等」？

「經濟平等」有必要對經濟生活給予適當的調節，然而如何調節卻是個大難題。面對如何確定「經濟平等」的適用範圍、標準、程度，以及如何面對和處理「經濟平等」與其他價值目標之間的衝突，理論與實踐都是各執一端，眾說紛紜。

基於如上平等的道德性質的分析，我們可以看到合乎正義的平等不是絕對的、靜止的平等，經濟平等必須放置在具體的問題與場景中，**以統合的「正義」視野**給予分析：一種經濟現象並不以絕對的「平等與否」判定其「正義與否」，而是以「正義與否」來判定其**應當**「平等與否」。「經濟平等」落實到現實中，調節的領域主要有三個方面：經濟規則、經濟主體競爭實力、收入與財富分配。對每個領域適用的「平等調節」不一樣，有的領域在常規情況下遵循「平等原則」，但在特殊情況下須以「不平等原則」予以調整，有的領域則正好相反，還有的領域則兩種情況都存在。

在經濟規則領域，通常情況下，遵奉的是「平等原則」：為了盡可能地保證每個人都能夠自由自主地參與到經濟活動中，「所有的經濟行為主體都遵守公平統一的規則，不存在對某些經濟行為主體的特殊照顧優惠或特殊抑制歧視。即使是政府制定的任何產業政策，也是對所有經濟行為主體統一開放的。」[①] 但是，當經濟體系中的某些產業或者群體因不定因素而受到重創並對未來整個社會生活造成影響時，則需要出抬特別扶持政策（如受國際競爭、金融危機影響重大的相關行業，或因受天災而前景慘淡的農業）予以調節，

[①] 劉敬魯. 經濟哲學導論 [M]. 2 版. 北京：中國人民大學出版社，2008 年：184.

此時遵行的是「不平等調節原則」。

在經濟主體的競爭方面，競爭是市場經濟體系保持活力與繁榮的基本條件，差異是競爭必然的結果，因此，經濟主體競爭實力的「不平等」事實在正常情況下是不受人為干預的常態。但是，競爭實力差異的兩極分化擴大可能形成市場強制與壟斷，從而導致某經濟行為主體對其他經濟行為主體造成支配，則任何經濟體系都會有相應的（事前或事后的）反壟斷法規進行調節，此時遵行的是「平等調節原則」。

如上兩個領域，表面上其平等調節措施遵行的原則似乎正好相反，但本質上是一致的，即都是要保證經濟體系**拒絕壟斷與特權，以及其他對經濟自立造成社會壁壘的排斥**。總的來說，具體經濟關係的「平等」與否及其調節措施有效與否取決於是否有利於所有經濟主體都能自由、平等、高效地參與經濟活動的受益中來。

在分配領域，這是「經濟平等」調節的核心領域，也是最引人註目、爭議最多的環節。一方面，這是由於分配的承擔者涉及全社會成員，因此環節所產生的「平等問題」影響全社會；另一方面，由於分配本身的複雜性（一次分配與再分配，分配產品的性質與依據，分配對象、群體等）與歷史性（不同時期平等調節的主題處於嬗變中），前述兩種平等調整原則都存在，甚至對同一問題，也會因道德立場、經濟立場的差異而導致政策主張的完全對立，這個領域涉及將經濟平等價值維度進一步轉化為經濟標準的問題，涉及平等的領域、標準、程度和方法的經濟技術論證，是經濟學家、哲學家們糾結已久的難題。

關於分配平等的哲學討論，早在古希臘時期，亞里士多德就作出了精闢的分析，按照分配的性質，他將平等區分為數量平等（Numerical Equality）和比例平等（Proportional Equality）。前者是指所有人平均分配，后者是指根據一個人的優點和價值進行分配。在此基礎上，現代觀念基本上達成了這樣一種共識，由於人的需要主要表現為兩類：一類是人們在任何情況下都感到必不可少的絕對需要；另一類是相對的需要，它追求無限的欲求以滿足人的優越感，因而是無止境的。① 那麼，分配平等的具體運用應根據人們的「需要」種類劃分而定：在基本需要層次，適用於絕對平等（對應於數量平等），即社會的每個人的基本生存需要必須得到保障；在超過基本需求的層面適用比例平等，即在

---

① 丹尼爾·貝爾. 資本主義文化矛盾 [M]. 趙一丹, 蒲隆, 任曉, 譯. 北京：生活·讀書·新知三聯書店, 1989: 22.

同樣條件下，一個人的分配額應和所認可的標準（如地位、優點、社會貢獻或資源）成比例。① 這樣，基於正義要求的「經濟平等」調節似乎做到了：一方面保障社會生活中的每個人都平等地擁有追求個體幸福生活的基本條件；另一方面，也為人們能夠按照自己的意願與能力差異自由多樣地選擇想要的生活提供了條件。這一平等分配宗旨幾乎貫穿了所有分配正義理論的研究主題，它們都力圖通過各種理論設計來保證在考量「平等」的同時，將平等與自由、平等與效率間的關聯以及矛盾衝突的平衡與化解，融入一個可以最大程度兼容的制度和政策中去。

但是，如上對收入與財富分配的平等調節原則在走向實踐操作時，的確在經濟學層面遇到了諸多困難。上述觀點只在「需要」劃分基礎上提出了一個目標性的分配原則，可在現實經濟領域，如何將對「需要」的調節轉化成有效可行的分配物，卻是個不小的難題。沃爾澤（Walzer）曾指出：「在一個具有特定文化的世界裡，有關商品、稀缺資源、難以名狀且名目繁多的需求的概念林立，根本不存在一個普遍適用的單一用法，不存在一條公認的單一路徑，可以幫我們把諸如『平等份額』之類的觀念轉化為該觀念所適用的系統的物品單。」② 儘管如此，經濟學界仍圍繞此難題力圖尋找到最佳的分配物以及標準、方法，由此而形成了不同的「經濟平等觀」，本書接下來就對目前學術界頗有影響的三種「經濟平等觀」——福利平等觀、資源平等觀和能力平等觀——作一個概述。

1. 福利平等觀

福利平等觀是福利經濟學的重要理論，主張國民收入平等化，由福利經濟學奠基人庇古所提出。福利經濟學認為經濟研究的主要目的是社會改良，福利經濟學的目的就是研究如何使全社會的經濟福利達到最大化。舊福利經濟學以邊沁的功利主義和基數效用論為基礎，將福利定義為對享受或滿足的心理反應，由此進一步將「經濟福利」界定為人們對物品偏好效用的滿足。而效用的滿足可以直接通過貨幣來測量（人們對某商品慾望的強烈程度是以其是否願意為該商品支付貨幣、願意支付多少貨幣為表現的），由此「經濟福利」可以進行量化的比較：一國經濟福利的大小可以用國民收入來表示，國民收入越大，經濟福利越大。同時，庇古把邊際效用遞減規律推廣到貨幣收入上來，根據貨幣對不同收入的人有不同的效用，認定高收入者的貨幣邊際效用小於低收

---

① 黃晨熹. 社會福利 [M]. 上海：格致出版社，上海人民出版社，2009：89.
② WALZER, M Welfare, membership and need. Oxford：Basil Blackweoo, 1984.

入者的貨幣邊際效用。因此通過國家干預國民收入分配(**通過累進所得稅政策把向富人徵得的稅款用來進行社會福利設施建設**)，以實現「把富人的一部分錢轉移給窮人」的「收入平等」，從而增加總體效用，實現社會福利最大化。但庇古以功利主義為基礎的福利經濟學受到 20 世紀 30 年代實證經濟學的研究質疑，之後新福利經濟學又通過序數效用、帕累托最優、社會福利函數理論等對此進行改進，但仍未從根本上解決福利經濟學的困境（阿羅不可能定理）。①

　　對於福利平等觀的批判主要是基於兩個方面，一是從經濟技術角度上來看，效用是不可測量與比較的。效用作為人的主觀感受，具有很強的心理模糊性，它不可能做到對不平等程度進行精確的測量。可以想象，一個生活窮困潦倒的人，完全可能因得到小小的恩惠而感到快樂，因此產生較大的效用；或者一個長期處於貧困中的人，會盡力壓抑內在的慾望以適應惡劣的環境，這樣很小的外在改善都足以令其產生較大的效用。這樣，表面的效用平等下可能仍然存在著客觀上巨大的不平等現實——這不僅是技術上，甚至是道德上都不能認可的。儘管之後有新福利經濟學的帕累托最優、序數效用論、社會福利函數等理論上的改進，但最後都難以克服「阿羅不可能定理」提出的問題，人際效用之間是否可比至今仍是個頗具爭議的技術問題。正如德沃金所指出那樣，福利平等理論無論採取哪種形式，都面臨一個核心難題：福利平等理論無法提供一個對個體間的個人福利進行比較的公平的客觀標準。這導致它在實踐中不能真正落實平等分配的目標，不適宜用來捍衛分配正義理想。二是從倫理學立場來看，福利平等理論的一個重要特點就是將平等的調節關註在結果上的平等分配，而對於為何如此分配的原因並不關註。這就導致福利平等觀存在一個重大問題，對一條重要的原則——「個人責任」原則的忽略。也就是說，造成不平等後果的原因多樣，而那些因個體自身不進取、不努力、懶惰、酗酒、賭博、好逸惡勞等消極主觀因素而造成的貧窮，儘管從結果來看是不平等的，但此類不平等造成的生活困境也由國家和社會來解決，就會對其他社會成員尤其是那些認真工作、健康生活的人，形成新的不公平。顯然，每個有著自由意志的人都應該對其做出的行為選擇承擔相應的后果，而福利平等觀一味強調結果的平等，會造成對部分勤勞致富者的不公平，甚至會造成對整個經濟效率的損害。

---

①　相關內容的詳述見本書 2.3。

2. 資源平等觀

面對「福利平等觀」的諸多詬病，羅納德·德沃金提出了「資源平等」理論。德沃金將其「資源平等」理論限定於除權力分配的政治平等之外的其他關於個人私有資源方面的平等。德沃金認為「資源平等」是指「一種分配方案在人們中間分配或轉移資源，直到再也無法使他們在總體資源份額上更加平等，此時這個分配方案就做到了平等待人」。① 在「資源平等」理論的運用中，需要滿足兩個倫理原則要求，一是「重要性平等的原則」，即資源的分配應該體現社會對個人的平等關心和尊重，體現其個人平等權利的存在。二是「具體責任原則」，即每個人的資源所得應當是每個人自由選擇的函數。基於此原則，「它能夠將不平等追溯至人們對於所選工作、所冒風險和所過的生活的選擇」。在這兩條原則要求下，德沃金力圖建立起一種以「資源平等」為核心的分配正義，這種分配正義**既註重自然天賦和社會文化條件的影響，也註重個人的選擇和努力的影響，要求個人為自己的選擇負責**，並力圖通過其資源平等理論來調和權利與再分配、自由與平等之間的矛盾。

德沃金認為造成不平等現象有主、客兩方面原因。客觀原因包括具有偶然性的自然因素（所謂「命」）和具有任意性的社會因素（所謂「運」）。自然因素包括天賦、智力、資質等先天稟賦；社會因素則包括同樣無法選擇的出身，如家庭、階級、民族、種族等歷史文化因素。主觀原因主要是指因人們的勤勞程度的差異以及其他主觀因素而造成的經濟不平等結果。與羅爾斯的觀點一樣，德沃金認為對這些因不同原因所致的不平等應區別對待：由客觀原因造成的不平等，社會應納入調節範圍，按照平等原則通過給予受助者以物質資源分配，來消除人們因自然因素差別而產生的不平等；而在前者的基礎上，如果出現因主觀原因形成的不平等，則按照責任原則由個人來承擔這種不平等結果。德沃金的這種平等分配思路總的來說與羅爾斯的平等思想是一致的，但德沃金並不讚成羅爾斯的差別原則與福利分配主張，進而提出了一套不同於契約論的解釋和論證。

第一，如何實現初次分配的「資源平等」。德沃金認為僅僅是將資源進行量上的平均分配是不夠的，這沒有真正考慮到個體的偏好與自由選擇，而且也不符合其責任原則。因此，德沃金專門為平等分配設置了「妒忌檢驗」（Envy Test）這道環節，即「一旦分配完成，如果有任何居民寧願選擇別人分配的那

---

① 羅納德·德沃金. 至上的美德：平等的理論與實踐 [M]. 馮克利, 譯. 南京：江蘇人民出版社, 2003：4.

份資源而不要自己那份,則資源的分配就是不平等的」。① 為了讓平等分配通過這道「妒忌檢驗」,以及克服分配過程中的任意性和可能的不公,德沃金設計了一種假設的分配手段:某種形式的市場——「拍賣」——來完成這個過程。人們在持有等額虛擬貨幣的條件下,通過對資源進行競價拍賣,最後人人滿意,資源各得其主。這個過程,既使得資源平等得以實現(「妒忌檢驗」得以通過),同時又保證了每個人對資源的自由選擇,因而須為之承擔責任。這一環節使得資源的平等分配並不意味著整齊劃一對多樣生活的抹殺,由於人們不同的資源選擇意味著人們對不同生活方式的偏好,這種平等中就包含著自由,而自由的選擇更意味著為自己的選擇負責。可見,「資源平等觀」的初始分配強調保證每個人具有平等的起點,而平等的標準並非是物品數量上的平均分配,而是以個體的興趣愛好為核心,通過外部條件來保障每個人都能根據自己的愛好而自由行事,在此基礎上,遵循個人責任原則,每個人為自己的選擇承擔責任。

　　第二,如何實現再分配的「平等調節」。德沃金認為,在資源初始分配平等的基礎上,因人們后天努力程度的差異而形成的不平等結果應該由其自己負責,不應通過人為的再分配調節來達到一致。但起點平等之後造成的不平等還包括自然的、社會的「無情的運氣」,以及個體天賦差異、身體健康狀況差異等原因,而這些客觀因素不應由個體行為負責,應給予再分配補償。在這個問題上,羅爾斯以其正義論的「差別原則」來予以解決,其結果是不可避免地受到諾齊克權利理論的攻擊。對此,德沃金提出了另一種解決思路,他通過引入「保險」和「虛擬保險」的方式,力圖將體現權利的個人責任原則融入再分配調節中,實現自由與平等的某種平衡。德沃金將「無情的運氣」「殘障」「差的自然天賦」作為一種大家都不想擁有的「風險」,人們為了減少這些具有任意性、偶然性的「風險」可能造成的消極影響,可以通過購買保險來規避,而「保費」則從最初拍賣資源中扣除。這些「保費」既可以直接表現為現實中的「失業保險」,也可以是人們願意支付的「保費」金額轉化為現實的再分配的徵稅規模。由此,德沃金以「保險模式」來化解權利和再分配、自由與平等、平等與責任之間的矛盾。當然,德沃金的「資源平等」理論意義並非為再分配提供了可靠的實踐方案,而主要是為再分配的合理性提供了公平程序的解釋。

---

① 羅納德・德沃金. 至上的美德:平等的理論與實踐[M]. 馮克利, 譯. 南京:江蘇人民出版社, 2003:69.

但資源平等論也受到了不少學者的挑剔。其中最大的一個問題就是，對能力與偏好的劃分，資源平等論對能力造成的不平等差異予以補償，但對偏好形成的不平等則不調節。但正如理查德·阿內森所指出，因偏好而形成的差異經常是受到超過人們控制範圍之外的因素影響而形成的。比如「以什麼更好的理由來處理由於殘障而致的非自願的昂貴偏好有別於由於興趣愛好而造成的不自覺的昂貴偏好呢？」① 舉例來說，如果一個盲人因為需要買昂貴的導盲儀而需要得到補償，那麼一個因天生愛好繪畫的人需要購買昂貴顏料也同樣應受到補償。因為后者完全可能因為不能滿足昂貴的興趣而前景暗淡。其次，個人可能由於超出他們控制之外的種種原因，從相同份額的資源中獲得不同的利益。比如，一個胖子消耗的食物量肯定會多於一個瘦子。阿馬蒂亞·森在批評「資源平等論」時就認為德沃金沒有考慮到這種「實用性的劣勢」。他指出：「不同個體的『資源』的擁有量或『基本善』的均等化未必就意味著個體可享有相等的自由，因為不同的個體在將『資源』和『基本善』轉化為自由時，其『轉化率』會有重大差異。這個轉化問題涉及一些極複雜的社會問題，尤其是這些成就受錯綜複雜的群體關係和群體互動的影響……這種轉化差異還可能僅僅是因為個體在體質上存在著差異……如果一個窮人要擺脫營養不良的不利處境，則不僅取決於其所持有的『資源』或擁有的『基本善』（比如，收入可影響她購買食物的能力），而且也取決於新陳代謝的速度、性別、是否懷孕、氣候環境、是否患有寄生蟲病等。即使兩個人擁有相同的收入和其他的『基本善』及『資源』（如羅爾斯和德沃金的分析模型中所表述的），下面這種情況仍有可能發生：其中一個人可以完全避免營養不良，而另一個人則未必能做到這一點。」②

3. 能力平等觀

阿馬蒂亞·森在提出能力平等觀之前，首先指出了當今的經濟平等研究存在一個問題：混淆了**收入平等與經濟平等**的概念，由此導致在經濟學的平等問題中，將研究的重點僅僅局限於收入貧困這個非常窄的領域。這局限了從其他角度看待平等（公平）問題，而這些方面對經濟政策的制定有深遠的影響。因為收入的貧困與不平等並不包括如失業、疾病、教育困乏、社會排斥等帶有剝奪性的重要變量。僅考慮收入平等，就會扭曲了關於「平等問題」的政策爭論。例如，追求收入平等的理念會反對給予有更多需要的人（例如殘疾者）

---

① ARNESON, RICHARD. What Is the Point of Equality? [J]. ETHICS 109, 1999: 287-337.
② 阿瑪蒂亞·森. 論經濟不平等·不平等之再考察 [M]. 王利文, 於占杰, 譯. 北京：社會科學文獻出版社，2006: 252.

更大份額的收入，而按照經濟平等的規則就不會反對這樣做，因為有疾病而需要經濟資源更多的份額，在判斷經濟平等的條件中必須得到考慮。在「經濟平等」觀下，只有當經濟政策的調節是以為所有社會成員追求幸福而創造對等的能力條件此一經濟正義視野時，才具有了倫理價值性。

為此，森提出了「可行能力平等觀」，用「功能性活動」（Functions）和「能力」（Capabilities）來衡量平等問題。**所謂「功能性活動」**，是指「個人狀態的各個部分——特別是他或她在過一種生活時成功地做或成為的各種事物」[①] 也就是說，一個人「能夠做什麼」以及「能夠怎樣生活」，是取決於他所具備的諸如營養狀況、身體素質、避免疾病等基本性功能，以及諸如快樂、自尊、受人尊重、正常交往等一系列更為複雜的社會性功能。由於不同的「功能性活動」體現了生活各方面的狀況，因此功能的狀況直接決定著人們生活水平。而「能力」則「反應了這個人能夠獲得的功能性活動的可選擇性的組合」[②]。它是一個人具有選擇並實現各種功能組合的潛力，以及擁有從不同生活方式中做出選擇的實質自由。能力狀況反應了人們可供選擇的機會與自由度的大小，從這個角度而言，能力比效用、收入、資源等更能反應出一個人真實的福利狀況，因為後者的實現都有賴於個人能力的大小。比如說，有下崗工人、大學畢業生和自願賦閒休息的企業家三個人同時處於「待業」狀態，但由於彼此存在明顯的能力差異，其各自對應的工作選擇餘地是完全不同的。下崗工人很難找到工作，大學畢業生是等待更好的就業機會，企業家則是主動不工作。因此，儘管表面上三個人的收入現狀都為零，但他們的福利狀況則完全不一樣。森認為，生活是各種行為（Doings）和狀態（Beings）的組合，「功能性活動」測量的是已經實現的生活狀態，而「能力」評價的是潛在的或可行的福利水平，生活的質量就是根據獲得有價值的「功能性活動」的能力來評估的。因此，以「可行能力」角度而觀平等問題，我們可以看到，反應人們平等狀況的機會、福利、收入等信息都可以統合到「可行能力」視野中。人們是否具有平等的可行能力，會直接造成人際機會、收入、財富、福利等的不平等。由於生理的、物質的以及精神的諸多條件制約，人們把握和利用機會的「可行能力」不同，由此造成機會的不平等。不平等的機會進而導致收入和財富分配的不平等；而收入與財富的結果不平等又會進一步轉化為「可行

---

① 阿瑪蒂亞·森．能力與福祉 [M]//阿瑪蒂亞·森，瑪莎·努斯鮑姆．生活質量．龔群，等，譯．北京：社會科學文獻出版社，2008：36-37．

② 阿瑪蒂亞·森．能力與福祉 [M]//阿瑪蒂亞·森，瑪莎·努斯鮑姆．生活質量．龔群，等，譯．北京：社會科學文獻出版社，2008：37．

能力」的差異，進而繼續擴大社會不平等的發展。可見，將收入、財富或者資源作為平等狀況的衡量指標不僅不能反應這一過程，也抹殺了因人的能力差異而導致人們對收入、財富需求的差異性。因此，通過將「可行能力」作為衡量人們福利狀況的指標，可以將收入、財富、自由、健康、教育狀況等與生活質量相關的信息按照一定權數納入「可行能力」中，政府則可以依據此，將提高人的「可行能力」為目標，通過提供並調整教育、醫療、衛生等有助於彌補「可行能力」差異的公共政策，為實現社會成員平等的發展以及更廣泛的平等分享經濟成果創造條件。

總的來看，這些關於經濟分配平等的理論，無非是在從各種變量（收入、財富、效用、基本善、資源、福利、自由、權利等）中選擇人際比較的基礎，據以衡量全社會成員**均衡**發展的程度，是從幸福是否落實到**每一個人**的角度去衡量社會發展的正義性。當然這些指標的選擇不僅僅是具有效度等方面的技術意義的區別，而是在這些不同的平等觀發展中，深層次地折射出了社會發展中正義嬗變的主題。平等觀也是特定歷史、社會條件下的產物，反應了隨著人類社會經濟生活的發展，人們的平等意識隨著自身的全面發展而不斷邁進的過程。從早期資本主義私有製造成的貧富分化而樹立起對收入財富的平等訴求，到隨著工業文明的發展，人因個性發展而對擁有充分的機會以及充裕的資源為自身發展提供更廣闊空間的期望；進入知識經濟後，則進一步超越收入平等、資源共享而向發揮個人潛力的方向發展，參與經濟生活的權利和精神財富分享成為新的重點。這些平等意識與理念的發展又進而推動了整個社會文明的進程，促使各國政府從早期通過稅收、轉移支付、提高工資等措施將富人的收入轉移給窮人，改變社會底層人民的發展條件，到當前各國政府將再分配政策由單一的收入再分配轉向同時重視人們的權利、教育、就業機會平等以及高效完善的社會保障體系建設等多元化目標，讓人們在越來越多的方面獲得自由發展的選擇空間與客觀條件。

2.2.4 小結

經濟正義是在文明的進程中隨著人自身發展以及對美好社會的認識不斷拓展，而逐漸豐富其價值維度的。每一價值訴求的伸張都積澱著歷史事實的使然，更凝聚著人類理性的提升。人們對每個價值目標自身的理解在加深，對整個文明的正義訴求也在拓展，只要人們對自身的發展存有不滿，對美好社會的向往仍有期望，正義的價值體系就永遠處於開放發展的狀態中。從歷史上來看，自由、效率與平等三個核心價值對在社會經濟生活的重要作用一直是交相

出現，各有側重，攜手並進。某些經濟體系可能很好地貫徹其中一兩項標準，而另外的可能則在別的幾項表現較好；一種經濟體系服從某些價值標準的能力可能隨著時間的推移而發生改變，而價值理想也在推動經濟體系本身發生變化，變化中的經濟體系又會呈現出新的價值主題與價值問題。因此，經濟體系與價值體系兩者都處於一個開放、動態的發展過程之中，並在發展中不斷形成現實與理想的衝突，以及價值目標之間的衝突。衝突是呈現在現實的經濟問題之中的，衝突的解決離不開經濟學對價值目標的理解、解釋以及對衡量標準的選擇，但解決的「度」只能在實踐中去把握，需要有相應的經濟制度與決策機制來予以保證。

2.3　經濟學負載價值實現的福利經濟學歷程

在經濟正義的視野下，經濟自由、經濟效率、經濟平等構成了現代經濟生活的三大基本價值支柱。在前文中，本書分別闡述了這些價值訴求對經濟生活的特別意義，並對表現它們的相關經濟技術指標作了簡略的介紹。但是，正如所有的價值訴求只有在「幸福」終極目標的觀照下才能在現實中確定其正義分量，與此相對應，在經濟學領域，也應存在一個與「幸福」統合的經濟目標，通過制定有效的度量標準，將各價值訴求納入一個技術的評價體系之中，為整個經濟體系設定規範評定標準。這裡涉及的經濟學研究問題包括：社會中每個成員對各種各樣事物狀態所賦價值（用數值表示），能否以一定方式匯總成為全社會的價值評價？[①] 或者能否「提供一種量化的目標函數」以對現實經濟發展進行評價與指導。本部分內容，側重於歸納規範經濟學的幾種主要的價值估量標準的生成路徑，並評述相應的優點及其局限，以及當前的發展走向。

經濟學對幸福的關注可以追溯到亞里士多德時期，整個西方古典經濟學都保持了以亞里士多德所開創的這支倫理學傳統。古典經濟學家大都以怎樣提升個體或整個社會的福祉（幸福）作為對經濟行為及其理論研究的最初動機和根本目標。儘管隨著時代的發展，經濟學在19世紀70年代至20世紀初期，因邊際主義革命而放棄了倫理學傳統，並興起了工程學傳統，但在20世紀20年代隨著舊福利經濟學的復興，對幸福的關注又重回經濟學視野。這之後，儘

---

① 阿馬蒂亞·森. 以自由看待發展 [M]. 任賾, 於真, 譯. 北京：中國人民大學出版社, 2002：2.

管福利經濟學自身的發展起起伏伏，但其理論成果對現實經濟生活的引導是不言而喻的，它的理論發展見證了人們對經濟生活的合宜性探索不斷深入的認識歷程。

概括而言，福利經濟學的目的就是研究如何使社會的經濟福利達到最大化。「福利」（Well-Being）一詞，在經濟學的位置幾乎等同於「幸福」（很多經濟學家就直接將兩者對等），雖然它在不同的經濟學理論中具體的界定有差異。有時它是「本質的」，譬如直接將「福利」等同於幸福或快樂；有時它是「形式的」，把福利界定為怎樣發現什麼東西對人本質上是善的，但是並不界定那些東西是什麼。譬如將福利視作偏好的滿足，然后通過觀察人們的偏好來確定福利，但並不說明什麼是對個人善的。① 當然，「形式的」福利觀也可能同「本質的」福利觀相容，如當偏好的終極目標被理解為是幸福時，那麼作為偏好滿足的福利就等同於幸福了。但不管怎樣界定「福利」，在規範經濟學中，「福利」總是作為經濟統合的目標出現的，因此，相應的理論始終是圍繞怎樣界定「福利」以及以何來測量、比較「福利」這些問題而展開的，這是福利經濟學的核心所在。

2.3.1 基於「人際效用比較」的舊福利經濟學

1920年，英國經濟學家庇古（Arthur Cecil Pigou）出版了《福利經濟學》一書，開啟了舊福利經濟學的開端。庇古吸收了邊沁的功利主義思想，認為一個人的經濟福利就是由效用構成的，而效用意味著滿足。它可以是佔有財物而產生的滿足，也可以是由於獲得知識或情感、慾望得以實現的滿足。而一個人的全部福利則應包括各種效用滿足的加總。可見，在舊福利經濟學那裡，對「福利」的界定中，已經包含了對「福利」大小的度量——「效用」。而「效用」的測量在庇古理論中被進一步界定為：「一個人為避免失去某種滿足或快樂而願意支付的貨幣量來計量。」② 由於「福利」所包含的內容極其豐富，這造成了福利研究與計量上的困難，庇古將福利劃分為社會福利和經濟福利，而福利經濟學研究的對象只是針對那部分能夠用貨幣進行衡量的福利，即經濟福利。這樣，具有主觀性的效用或者滿足就被轉化為可以量化的單位商品價格，從而將個人消費商品所產生的邊際效用和願意支付的商品價格對等起來，從中推導出需求曲線。在此基礎上，庇古採取邊際效用基數論，提出了兩個基本的

---

① 丹尼爾·豪斯曼. 經濟分析、道德哲學和公共政策 [M]. 紀如曼，等，譯. 上海：上海譯文出版社，2008：144.

② 庇古. 福利經濟學的幾個方面 [J]. 美國經濟評論，1951（6）：288-289.

福利命題：社會經濟福利與國民收入總量成正比；國民收入分配越平等，社會經濟福利也相應越大。也就是說，經濟福利在很大程度上取決於國民收入的總量以及它在社會成員之間的分配情況。

就國民收入來說，庇古繼承了其老師馬歇爾的理論，將國民收入界定為「可供分配的各種享受之新來源的總和」①，認為影響國家經濟福利的原因是經濟福利的客觀對應物——國民收入的形成和使用。因此，要提升經濟福利，就需要增加國民收入，增加收入又取決於社會產量增加，而後者又有賴於社會生產資源的最優配置。庇古分析指出：每增加一個單位生產要素所獲得的純產品，就社會角度和個人角度分別衡量卻並非總是相等，那麼，當邊際社會純產品高於邊際私人純產品時，國家應通過補貼來促成企業擴大生產；反之，則國家應當通過提高稅收來迫使企業縮小生產；當兩者相等時，即達到社會生產資源的最優配置。眾所周知，這種使邊際社會純產品與邊際私人純產品相等的資源最優配置狀態，只能通過自由競爭才能實現。可見，庇古福利經濟學是以自由競爭為前提的，自由是實現社會經濟福利最大化的一個預設條件。

就國民收入分配而言，庇古充分利用馬歇爾的邊際效用遞減規律，得出高收入者的貨幣邊際效用小於低收入者的貨幣邊際效用。比如說，同樣一百塊錢，帶給窮人的滿足感遠勝於富人，也就是說同樣的一百塊錢窮人從中得到的效用大於富人。同理，如果把富人收入的一部分轉移給窮人，帶給窮人的效用增加大於富人效用的減損，因此，在財富並未實際增長的同時，通過分配調整增加了社會總的效用，即增加了社會福利總值。進一步推論還可得出，當社會每個成員的收入趨於均等時，社會的經濟福利達到最大化。由此，庇古得出提高社會福利的途徑除了發展生產以增加國民收入之外，還需要將國民收入相對均等化。在此基礎上，庇古提出了他的政策主張：由政府通過徵收累進稅和遺產稅，實現財富從富人向窮人的轉移；同時，政府通過再分配方式加強社會福利建設，從而促使窮人在增加間接收入的基礎上，也提升了獲取直接收入的能力。

庇古福利經濟所主張的國民收入再分配以及調節外部經濟性的政府干預，直至今日，仍被各國廣泛運用。但庇古福利經濟學也存在很大的局限性。其一，將福利的研究局限於可貨幣計量的「經濟福利」，雖然有助於福利問題的量化研究，卻忽略了「消費者剩餘」問題（即個人消費商品所獲得的超出商品價格部分的效用滿足），不利於社會福利問題的全面研究。其二，由於社會

---

① 馬歇爾. 經濟學原理（下冊）[M]. 朱志泰, 譯. 北京：商務印書館, 1981：196-197.

經濟福利並不等同於社會總福利，那麼國民收入也就不能替代社會總福利，而單純以國民收入增長來促進社會福利增長的論斷與舉措就失之偏頗，尤其是當人均國民收入達到一定水平時，經濟增長對社會福利增進的負面作用就愈發凸顯，這種福利經濟觀的內在弊端就尤為突出了。[1] 其三，對庇古的舊福利經濟學以致命打擊的是其整個理論的核心——對「基數效用」的否定。之后的西方經濟學家們普遍認為，效用作為人的主觀感受，不存在一個能夠適用於所有人的基數效用的度量單位，根本難以進行人際的效用比較。這些問題在 20 世紀 30 年代引發了較大的爭議，其爭論的結果是新福利經濟學取代了舊福利經濟學。

2.3.2 引進「帕累托標準」「序數效用」的新福利經濟學

隨著實證經濟學的興起，經濟學家力圖革新傳統經濟學研究「心理化」的範式。實證主義的奠基人孔德認為，科學認識只能局限於經驗的範圍內，超出經驗之外的只能歸為「形而上學」，是非科學。[2] 任何理論都必須以可觀察的事實為基礎，並能為可重複的經驗所驗證，超出事實基礎和經驗範圍的理論只是一種非科學和準科學的思辨和假說。基於實證主義科學觀，關註國民幸福的經濟學就面臨著如下的理論難題：雖然人類行為在其本質上，均顯示為精神快樂的需要和對快樂、幸福的追求，但是，幸福和快樂的主觀性是否具有科學的客觀實在性基礎，幸福和快樂是否具有人際可比性，這不是一個單純的測量方法問題，而是一個測量和評價的依據問題。經濟學家萊昂內爾·羅賓斯（1935）在《論自然以及經濟科學的重要性》一書就針對這個問題對以庇古為代表的舊福利經濟學理論的科學性提出了質疑。羅賓斯認為，用邊際效用遞減規律確定個人的偏好順序是一回事，而「用某人的這些安排與別人的這些安排作比較」則是另一回事。后一種策略做出了一個「用不能被檢驗或自省的假設。我們檢驗的主張要求形而上學般的具有科學可比性的不同的個人經驗」。[3] 羅賓斯指出，個人之間效用比較是建立在人們的滿足感都一樣的基礎上的，但這是個約定俗成、不科學的想法。每個人對快樂與痛苦的感受力不同，而在直覺或經驗不可能進行客觀驗證的條件下進行效用的人際比較，以此

---

[1] 許崴. 試論福利經濟學的發展軌跡與演變［J］. 國際經貿探索，2009（12）.
[2] 奧古斯特·孔德. 論實證精神［M］. 黃建華，譯. 北京：商務印書館，2001：71.
[3] 轉引自：納哈德·埃斯蘭貝格. 庇古的《福利經濟學》及其學術影響［J］. 何玉長，汪晨，譯. 上海財經大學學報，2008（10）.

為基礎的主張不能作為一門「科學的」學科。①

總之，自羅賓斯之后，經濟學應與倫理價值判斷不相涉的觀念日趨強化。由於經濟學中具有規範性質的結論都是以使用「基數效用」為前提的，為了表明自己的「科學立場」，經濟學者們的研究都極力與「基數效用」撇開關係。直到經濟學家約翰·希克斯基於帕累托理論的原初含義，發現了可以使福利經濟學避免「基數效用」的思想，這個思想經其重新表述后，就是現在為人熟知的「帕累托最優」標準，后來被稱之為「希克斯—艾倫革命」（Hicks-Allen Revolution）的帕累托經濟學，即所謂「新福利經濟學」。

新福利經濟學根據「帕累托最優」標準和「序數效用論」建立起理論體系，試圖在不作任何價值判斷或不涉及收入分配，或不依賴人與人之間的效用比較的情況下來討論消費者的最大福利。

相對於「基數效用論」，新福利經濟學認為，效用作為一種心理現象是無法計量的，現實中不可能找到計量不同效用的統一單位，因而也無法對效用進行加總求和。但是，消費者在市場上並不是基於權衡商品效用的具體大小來做出選擇的，而僅僅是根據對不同商品之間的偏好順序而做出選擇。也就是說，效用的大小雖然不能以具體的數值表示出來，但效用作為滿足程度的高低與順序，卻可以用序數（第一、第二、第三……）來表達。這就是所謂的「序數效用論」。希克斯借用英國經濟學家埃奇沃斯的「無差異曲線」②，建立起了以序數效用理論為基礎的一般均衡理論，為新福利經濟學體系奠定了基礎。

「帕累托最優」是指一種社會狀態，「當且僅當不減少其他人的效用就無法增加任何一個人的效用時，這種社會狀態就稱為帕累托最優」。③ 它在現實中的運用情況是：只有交易雙方（各方）的情況都得到了改善，或者說，至少沒有人為此而受損失時，社會才達到了最優狀態。新福利經濟學以此為標準，繞開了人際效用的基數比較來探討社會經濟福利最大化的問題。

福利經濟學家進一步揭示出，完全市場競爭均衡和「帕累托最優」之間

---

① 當然，羅賓斯關於人的幸福能力是不同的觀念后來受到現代人本心理學的反對，后文再詳述。

② 無差異曲線是表示兩種商品的各種不同組合的點的軌跡，這些不同的商品組合使消費者始終獲得相同的滿足水平。無差異曲線是一條由右向下方傾斜的曲線，其斜率一般為負值，其經濟學意義是表明在收入與價格既定的條件下，消費者為了獲得同樣的滿足程度，增加一種商品的消費就必須減少另一種商品，兩種商品在消費者偏好不變的條件下，不能同時減少或增多。如果聽任消費者對曲線上的點作選擇，那麼，所有的點對他都是同樣可取的，因為任一點所代表的組合給他所帶來的滿足程度都是無差異的。

③ 阿馬蒂亞·森. 倫理學與經濟學 [M]. 任賾, 於真, 譯. 北京：商務印書館, 2000: 35.

存在一種對應關係：在完全競爭市場的經濟體系裡，當存在著競爭性均衡時，此即帕累托最優。這就是**福利經濟學的第一定理**。福利經濟學第一定理表明市場經濟的合意性，即，「如果消費者和生產者行為完全滿足競爭的市場條件，即是價格的接受者，存在著門類齊全的市場，存在著完備的信息，那麼由『無形的手』帶來的競爭性市場均衡就是帕累托有效率的」。① 它的重要性在於，闡釋了通過運用市場，人們可以保證經濟高效率地運行，達到資源的優化配置，增進社會福利優化。

但是，帕累托最優的條件很苛刻，具有高度限制性。其前提條件是完全競爭，這幾乎是一種只具有理論意義上的理想狀態，現實的市場難免存在壟斷、外部性、政府干預和稅收等條件，全面符合帕累托最優條件是不現實的。為了擴大帕累托最優條件的適用性，新福利經濟學採取了兩種辦法：一種是補償原則，另一種是提出社會福利函數。

1. 補償原則

「帕累托法則」要求在避免人際效用比較的情況下來探討社會經濟福利最大化的問題，它要求在現實中只有交易雙方（各方）的情況都得到了改善，或者說，至少沒人為此而受損失時，「帕累托法則」才適用。然而，大多數經濟活動不可避免會傷及一些人的利益，譬如制定環保政策、提高或降低進口關稅、城市規劃等公共政策，任何涉及收入分配的問題，總會有人必然成為受損者。再比如，消除壟斷雖然能使許多人獲益，但一定使壟斷者本人受損，如果用帕累托法則衡量，就無法說消除壟斷是有益的。從這個意義來說，帕累托法則是個限制性很強的、非常狹隘的標準。對此，英國經濟學家尼古拉斯·卡爾多提出了「補償原則」：如果從政策變動中獲益的人群能夠完全補償損失方，除此以外還有些剩餘，那麼它應該被視為一項增加經濟福利的好的政策行為。② 這一原則提出後，雖然在實踐上存在些問題，但在理論上進一步得到了西托夫斯基、李特爾等人的完善，並最後總結出這樣的思想：消費者的等效益曲線和廠商生產集合是凸狀的，如果存在著各種類型的市場，存在著完備的信息，一次總付轉移支付和稅收可以無成本地進行，那麼，在適當的一次總付轉移支付和稅收的情況下，任何帕累托有效率的資源配置都能作為一種競爭性均衡而實現。③ 經概括，此為**福利經濟學的第二定理**：「如果存在完全競爭市場

---

① 史小鳳. 經濟學的零度 [M]. 北京：華夏出版社，2007：137.
② 馬克·A. 盧茲. 經濟學的人本化：溯源與發展 [M]. 孟憲昌，等，譯. 成都：西南財經大學出版社，2003：136.
③ 史小鳳. 經濟學的零度 [M]. 北京：華夏出版社，2007：139.

並且滿足有關個人效用函數（凸的無差異曲線）和生產函數（凸的生產函數）的某些條件，那麼通過資源（初始資源禀賦）在個人之間的合理再分配，競爭性均衡的結果可以實現每一種帕累托最優狀態。」這個定理被廣泛解釋為，人們可以使效率問題與分配問題相分離。如果社會不能進行收入分配，那麼政府相關部門則可通過干預總量再分配來改變資源的初始禀賦——這就為政府干預提供了有力的理論依據。

2. 社會福利函數

社會福利函數（Social Welfare Function）是新福利經濟學的重要概念。在明確社會應該有什麼樣的目標這個問題上，不同於哲學家糾纏於形而上的思辨論證，經濟學家更關註這個目標的具體內容及其關聯要素，力圖在社會福利與影響其變化的諸多要素間建立一種模型，從而將社會福利問題納入量化分析中，社會福利函數由此而生。其理論的基本思想是，社會福利是關於社會全體成員所購買的商品、所提供的要素、家庭或個人的全部商品消費量、全體成員的勞動量、全部資本投入量這些相關變量的函數。由於帕累托最優只考慮了效率問題，而忽略了收入分配（公平）問題，經濟學家帕格森、薩繆爾森以效用序數論為基礎提出了「一般社會福利函數」。其理論欲改進帕累托標準，將效率與公平兩個因素都納入社會福利分析框架中，把經濟效率比較和道德價值判斷一併置於其分析結構裡。按照新福利經濟學的邏輯，帕累托最優狀態並非一個，而有許多個，但帕累托並未指出哪種狀態為社會福利最大化。在不同的收入分配政策條件下可能存在多種最大化的福利，因此帕累托的生產和交換最優條件只是福利最大化的必要條件，要達到最大化福利還必須滿足收入「合理分配」這個充分條件。當然「合理分配」並不意味著收入分配的平均化，因為，對於具有不同偏好的自由個體而言，均等的收入並不一定保證其福利得以增進。所謂「合理分配」歸根到底是個道德領域的問題，是由某種道德信念來決定的。因此，經濟學家根據假定的社會福利函數做出一組表示社會偏好的社會無差異曲線，再根據契約曲線[①]做出一條效用可能性曲線，這兩條曲線的切點，代表受到規則限制下的社會福利最大值。但由於社會福利函數以序數論為前提，而序數論認為效用雖然可排序、可比較、可傳遞，卻不可計量。那麼如何從多個個體偏好的排序推導出集體偏好，如何從單個福利函數導出集體福利函數仍然令經濟學家們苦惱不已。

---

① 契約曲線是表示交易雙方的無差異曲線的切點的軌跡，這些切點表示雙方的邊際代替率完全相等，也是表示生產者等產量線的切點的軌跡，這些切點代表既定數量的生產資源在最有效地利用時所能生產的最大產量的組合。

肯尼思·阿羅在 1951 年運用數理邏輯的分析工具對社會決策和社會民主程序設計之間的關係進行形式化考察時，原意是打算對社會福利函數作進一步完善，結果卻客觀上證明了從個人偏好次序不可能推出社會偏好次序，即不可能得出一個能夠包含社會經濟所有方面的福利函數。阿羅的考察證明了，社會福利函數必須以已明確所有社會成員的偏好次序為前提，且把各種個人偏好次序歸納成單一的社會偏好次序，才能從社會偏好次序中確定最優社會位置。阿羅列出了五項由個人偏好導出集體偏好所需的必備條件①：

（1）**個人自由選擇**。在所有可選擇的備選方案中，至少有三個方案，其中允許包括邏輯上可能的任何個人選擇順序。這一要求實際上是對社會福利函數形式的一種限制，意味著無論個人偏好如何，都應成為社會選擇的基礎。

（2）**社會價值觀與個人價值觀呈正向聯繫**。阿羅指出：「我們必須要求社會福利函數能使社會排序對個人價值觀的改變作出正向的反應，至少反應不能是逆向的。因此，如果某一備選社會狀態在每一個體排序中的地位都有所增加或保持不動，而其他備選狀態在排序中不變，那麼我們要求在社會排序中該備選社會狀態的序位也要有所升高，至少不應下降。」這意味著個人效用與社會福利正相關，若所有人都認為 A 好於 B，那麼社會偏好也應是 A 好於 B。

（3）**不相關的選擇方案具有獨立性條件**（Independence of Irrelevant Alternatives, IIA）。阿羅解釋說：「我們要求社會福利函數能保證社會從一給定的環境中做出的選擇，僅與在該環境下各個體對備選對象的排序有關。換句話說，若考慮兩組個體排序，每一個體對給定的環境中的那些特定的備選對象的排序每次都是一樣的，那麼社會在該給定環境下由第一組個體排序所做的社會選擇應與由第二組個體排序所做出的相同。」其含義是：對三個備選方案 A、B、C 進行的選擇和排序，不取決於是否存在另一些不相關的事件 D 或 E，也不取決於人們對 D 或 E 的態度。

（4）**公民主權條件**。「社會福利函數不應該是強加的。」「換言之，若一社會福利函數是強加的，則存在某一組備選方案 X 與 Y，使得無論每個人的趣味怎樣，甚至即使所有人都選擇 Y 優於 X，社會也永遠不能表達出 Y 優於 X 這種偏好。」這一條件要求每一備選方案上的社會選擇順序必須以某種方式基於個人的選擇順序，而不能與之無關。

（5）「**社會福利函數應不是獨裁性的（非獨裁）**」。「獨裁」意味著社會選

---

① 肯尼斯·J. 阿羅. 社會選擇與個人價值 [M]. 2 版. 丁建峰，譯. 上海：世紀出版集團，2010：24-34.

择僅僅依賴於一個人的偏好，只要這一獨裁者認為 X 優於 Y，則社會就必須也這樣認為。而只有在獨裁者認為 X 與 Y 無差異時，大概他才會讓某些或所有社會成員來做選擇。」

然而，阿羅運用了大量複雜的數學模型與數學推導所得出的結果卻是：任何社會選擇規則都不可能同時滿足上述五個條件。這就是福利經濟學著名的「阿羅不可能性定理」①（Arrow's Impossibility Theory）。

阿羅不可能性定理表明：在許多情況下，除非違背某些為大家所接受的、起碼的道德準則，否則人們根本不可能從不同的主體（企業、個人、所有者、集團等）的諸多利益偏好中推導或構造出一個得到所有人讚同的共同利益偏好，即所謂的共同利益。這意味著人們並不能找到一個令人滿意的合乎理性要求的規則來從個人的偏好順序出發推導出簡單的社會選擇順序或社會福利函數。但是，社會福利函數概念在福利經濟學中非常關鍵，無法構造社會福利函數意味著所謂的建立在序數效用基礎上的福利經濟學無從談起，這就使人們面臨著一個兩難處境。

造成這種兩難處境的根本原因在於「帕累托標準」與「阿羅不可能性定理」都避免求助於個人效用的可比性，也就是說，如果我們要構建完整的社會選擇順序，除非是放棄「帕累托標準」本身所依據的前提條件——個人效用的序數測量性和個人效用的不可比性。20 世紀 70 年代，阿瑪蒂亞·森等學者的研究指出了「阿羅不可能性定理」只適用於「投票式」的集體選擇規則，其原因就在於此種規則的性質決定了它不能揭示出能夠進行人際效用比較的信息。就像「阿羅不可能性定理」所揭示的那樣：在缺乏其他信息的情況下，由於「序數效用」不能提供相對充分的人際效用比較方面的信息，僅依靠序數效用是不可能完成社會排序的；而「基數效用」卻能夠獲取人際比較的充分信息，進而得出對應的社會排序。一旦利用個人效用之間的比較方法，我們就必須界定出能評價所有可能的、可供選擇的社會狀態的規則，尤其是在選擇一種或另一種狀態意味著使某個人的境況改善而使其他人的境況惡化時更是如此，很顯然，這一規則是一種分配公平標準。換句話說，為了克服「阿羅不

---

① 「阿羅不可能性定理」是對早在 18 世紀法國思想家孔多塞就提出的「投票悖論」的形式化，阿羅通過數學工具把孔多塞觀念嚴格化和一般化了。所謂「投票悖論」，假設甲、乙、丙三人，面對 A、B、C 三個備選方案，有如此偏好排序：甲 (a>b>c)，乙 (b>c>a)，丙 (c>a>b)。由於甲、乙都認為 b 好於 c，根據少數服從多數原則，社會也應認為 b 好於 c；同樣乙、丙都認為 c 好於 a，社會也應認為 c 好於 a，所以社會認為 b 好於 a。但是，甲、丙都認為 a 好於 b，所以出現矛盾。「投票悖論」反應了直觀上良好的民主機制潛在的不協調。

可能性定理」，假定個人效用的可比較性，我們仍必須定義個人偏好的加總規則。這種加總規則並不只是一種純數學運算，還反應了對個人之間關係的價值判斷，即要選擇一種數學運算來把個人偏好轉換成單一社會偏好，通過某種形式的社會福利函數表現出來。

2.3.3 「能力」對福利經濟學的超越

福利經濟學把幸福建立在人的慾望和主觀感受上，以效用來定義生活水平，但這一衡量人的福利的尺度不僅遇到人際效用無法度量和比較這一技術上的難題，更主要的在於它無法真正揭示不同人的真實處境。

總的來說，以「效用」為基礎的福利經濟學在研究社會福利問題上除了前文所探討的種種技術問題外，還存在著以下的規範性問題：

一是單一的物質標準。新舊福利經濟學都以效用為基礎，最終都將社會福利的增進等同於單一的收入或財富增長目標。在現實中，社會發展往往將人均GDP或收入水平作為衡量幸福程度的重要指標，而忽視了財富的公平分配、生態環境等因素對人以及社會發展的重要性，也沒有考慮等同的物質財富對具有不同能力的人的不同意義，更是忽視了權利、自由等在個人生活中獨立的價值。人的需要是多元的，物質財富與個人福利之間並不必然存在因果關係。經濟學上有個「伊斯特林悖論」，即：收入增長並不一定導致幸福增長。巴西前農業部長何塞·盧林貝格是「不幸福經濟學」的創立者，為了說明其學說，他有個著名的例子：兩位母親，原本是「全職太太」，在家親自撫養子女，自然傾心盡力，子女也盡享母愛，此時兩位母親並不因自己的勞動付出增加其收入，國民經濟也不因為兩位母親的家務勞動而發生任何變化。但是，如果這兩位母親通過勞務市場，以保姆的身分分別到對方家庭從事負責照看對方子女的工作，此時她們的勞動就產生了經濟效益，不僅自己獲得了收入，也增加了當地的國民生產總值，不過，在此一似乎「雙贏」的交易中，顯然有人受到了損失——雙方的子女得到的是保姆而非母親的撫養——而這種損失是不會反應到國民收入之中的。「伊斯特林悖論」意味著經濟增長不等同於社會福利的提高，收入或經濟增長以外的因素——心理滿足、家庭質量、健康水平、人權狀況、失業與通貨膨脹等，都會顯著地影響個人的幸福水平，也同時影響個人對經濟政策的反應。阿馬蒂亞·森也通過其調查進一步印證了這樣一個結果，有些地區，如巴西、南非，他們的平均收入水平比另一些地區如中國、斯里蘭卡和印度喀拉拉邦人高出五倍，但是后面幾個更窮地區的國民卻要比前者健康得多。這種差別就在於巴西和南非的收入分配非常不平等，這些國家的窮人嚴重

缺乏營養和其他生活必需品；其次，印度、斯里蘭卡等國家則實行了公共醫療政策，解決了它們人口中最為弱勢成員的基本需要。因此，以平均收入這類單一指標來衡量國家經濟發展，然後又在此基礎上制定出提高收入水平的政策，是存在問題的，應當是幸福而不是收入作為政策制定者的主要關注目標。總之，基於方法論的困難，主觀的心理直接測度和客觀的物質財富間接測度都不適於作為衡量幸福的標準和方法。

　　二是適應性行為和心理調節問題。現實處境的人往往會根據他們所面臨的現實條件來調整自己的期望和偏好，大部分時候都是下調，這是一種個體心理適應性調整。關於這一點，阿馬蒂亞·森指出：「曾經有過不幸經歷的人往往會有非常少的機會、非常小的希望，與那些曾經生活在幸運和順利環境中的人相比他們更容易滿足於清貧的生活。可是，幸福程度的衡量尺度（或慾望滿足程度的度量）也許會以某種特定的方式來扭曲清貧的程度。沒有希望的乞丐、無依靠且無土地的勞動者、受壓迫的家庭婦女、長期失業者和過度疲憊的苦力會因得到一點小小的恩惠而感到快樂，並設法為生存需要去承受更大的痛苦和壓力，但是，因為他們的生存策略而在倫理上輕視他們福利損失的做法是非常錯誤的。」① 對生活最為不滿的人未必就是生活最悲慘的人，因為艱苦的生活有時會消磨人的信心和意志，使人安於天命。慾望不是人生最好的向導，正如納斯鮑姆所說：「慾望既能適應好的環境也能適應壞的環境，它容易束縛人的想象。結果是，完全著眼於現實偏好的政治安排會不可避免地導向對現實的鞏固。」② 研究發現，許多社會的人們都存在「正面的認知偏見」（Positive Cognitive Biases）現象，即人們的自陳生活滿意度相當高，而且即便由於受到危機或創傷而暫時下挫，但隨著時間的流逝，很快會恢復到原來的水平。這極大地破壞了主觀性福祉作為福利測量指標的比較意義。③ 因此，**主觀的偏好和客觀的福利**畢竟是兩回事。主觀性福利並不是一個引導各種客觀性福利的理想目標，對於人來說，什麼是善的不取決於人們是否相信它對他們是好的。我們需要有客觀福利的概念及其量度，以彌補主觀福利（效用）觀念的不足。

　　在概括了當代福利經濟學存在的缺點與局限後，經濟學家們力圖從其他路徑繼續尋找合宜的「福利」標準與衡量方法。各種學派的視角不約而同地從以前關注於個體擁有既有基礎資源時其偏好的最有效滿足，轉為聚焦於大眾客

---

① 參見 AMARTYA KUMAR SEN, on ethics & economics, Blackwell Publishers Ltd, 1999：45-46.
② 汪行福. 分配正義與社會保障［M］. 上海：上海財經大學出版社，2003：144.
③ 黃晨熹. 社會福利［M］. 上海：格致出版社，上海人民出版社，2009：5.

觀的福利上——而這顯然既是包含於社會成員的實際偏好之中,又不完全等同於個體的所有偏好。也就是說,作為社會的、大眾的經濟學,所關註的作為人類幸福所包含的福利目標應具有普遍性、客觀性,所關註的不應該是「人們碰巧喜歡什麼,而是在理性思考後他們會喜歡什麼」。正如經濟學家西德尼·亞歷山大在《人道主義準則》一書中曾提出的:當面臨選擇時,一個理智且消息靈通的人——沒有個人和文化上的偏異——會傾向於一個選擇,一個從社會觀點來看無偏好的選擇。①

從哲學對「幸福」的理解來看,個體自成目的的行為追求和感受固然重要,但是,立足於社會正義視野的經濟學,在尋找經濟生活合理發展的普遍目標與標準時,則不僅應考慮人的主觀感受,更應當站在作為「類」的人性角度,為人的普遍發展確立客觀的目標與標準。社會正義雖然與利益在人際的相對價值有關。如雇員的報酬取決於他的貢獻,獎金額度取決於獲獎的等級等。「雖然通過自願的交換或餽贈,會產生每個人比在公正分配條件下過得更好的結果」,高工資的雇員可能是禁慾主義而不想錢多,獲一等獎的更偏好二等獎的獎品,但是,「仲裁者預先這樣做卻是錯誤的,即使他們能夠完全肯定每一方的偏好」,「就利益的價值是由它們對作為整體的相關人群的價值來確定的這一點而言,正義是與對這種利益的分配有關的,但正義必須不對個人的偏好抱有先見」。這就是說,儘管在私人評價上存在歧義,但仍然只有當我們假定存在著對於一定範圍的物品、服務、機會的社會價值的廣泛共識時,社會正義的觀念才是有意義的。②

當然,對價值研究本身就要求從主、客觀兩方面來進行考量。人們的主觀意願、追求以及偏好都可以通過科學研究而對其作出客觀評價;而那些因為人的基本需要而具有價值,為所有人不管擁有何種慾望、追求和偏好都需要的東西,這一類基本的價值或基本的善顯然是「客觀的」。有學者提出,「儘管個體在物質豐裕且有所選擇的情況下對福利的主觀定義不盡相同,但當一些相同的基本需求無法滿足時,個體都會承受痛苦……即使是最傾向主觀主義的經濟學家也能很快得出結論,貧窮的鄉村居民需要清潔的水源和教育。滿足『基本需求』或提供『重要商品』可以作為一種社會福利的客觀標準。」③ 現代已

---

① 馬克·A. 盧茲. 經濟學的人本化溯源與發展 [M]. 孟憲昌, 譯. 成都: 西南財經大學出版社, 2003: 149.
② 戴維·米勒. 社會正義原則 [M]. 應奇, 譯. 南京: 江蘇人民出版社, 2005: 10.
③ 亞當·普沃斯基. 國家與市場——政治經濟學入門 [M]. 酈菁, 等, 譯. 上海: 上海人民出版社, 2009: 178.

經有不少學者開始致力於從客觀的角度去研究福利構成及其測量標準與方式，如羅爾斯提出的「基本的善」。以其觀點而言，所謂「基本的善」既包括健康、活力、智慧、想象力等基本的「自然的善」，也包括權利與自由、權力與機會、收入與財富、自尊等基本的「社會的善」，而這些「基本的善」「是被假定為每個有理性的人都需要的東西」①。

相較於主觀價值派的哲學來源於快樂主義與功利主義，客觀視角的價值論則基於亞里士多德的目的論。亞里士多德的目的論認為，從植物、動物到人類，是一個靈魂從低級向高級，從簡單到複雜的進化過程，植物只具有能營養、生長、繁殖的「營養靈魂」；動物則在此基礎上增加了能感知、反應的「感覺靈魂」；而人類則更在此基礎上增加了「理性靈魂」。亞里士多德指出，「因為是理性而不是別的東西使人成為人，理性的生活因而是最幸福的生活。」② 幸福就不僅僅是生存需要的物質滿足，更是人之所以為人的人性及潛能的全面發展與實現。當代經濟學家阿瑪蒂亞·森以這種自我實現論為基礎而建立其福利觀，指出社會應該為每個人創造「擁有按其價值標準去生活的機會與能力」，這種福利經濟的價值立場顯然不是立足於個體偏好的滿足程度，而是基於人們的客觀潛能以及客觀需要的實現與滿足程度。③

為了超越傳統福利經濟學的技術及其規範的局限，阿瑪蒂亞·森提出了不同見解，他在《生與死的經濟學》(the economic of life and death) 的開篇寫道：「經濟學所關註的不完全是收入和財富，還有運用這些資源來作為實現意義重大的目的的手段，而這樣做的目的則包括促成和享受壽命長久的和有意義的生活。但如果只是根據收入來判斷一個國家的經濟是否成功……那麼就忽略了福利這個重要的目標。」④ 顯然，主觀性福利並不是一個引導各種客觀性福利的理想目標。森進而提出了功能和能力範式來詮釋人類福利的內涵，簡稱為「能力方法」(Capabilities Approach)。該理論的核心是用「個人在生活中實現各種有價值的功能的實際能力」來評價生活質量。即，衡量個人生活質量水平的中心問題是「一個人實際能夠做什麼或成為什麼」，而不是「一個人滿意程度如何」，更不是「一個人能夠掌控多少資源」。其中，森所謂的「能力」，

---

① J RAWLS. A Theory of Justice [M]. Oxford：Oxford University Press, 時間不詳：62.

② 作者不詳. Great Books of the Western World [J]. William Benton Publisher, 時間不詳 (9)：432.

③ 張華夏. 主觀價值和客觀價值的概念及其在經濟學中的應用 [J]. 中國社會科學, 2001 (6).

④ 塞繆爾·鮑爾斯, 理查德·愛德華茲, 弗蘭克·羅斯福. 理解資本主義：競爭、統制與變革 [M]. 3 版. 孟捷, 等, 譯. 北京：中國人民大學出版社, 2010：79.

是指「實現一個人有理由珍視的功能的」① 特定能力。其中功能（Functioning）包括「從諸如良好的營養、避免可以避免的病狀和早夭等最基本的功能到諸如擁有自尊、能夠參與共同體的生活等相當複雜和精致的成就」。② 可見，森將功能的概念與對於作為整體的人類生活的特徵的關心是緊密聯繫在一起的。功能與經濟學中常用的「商品」既有聯繫，又有區別。首先，商品是實現功能的條件之一。缺乏物質條件基礎，功能自然無從談起。如開車功能的實現需要滿足商品、技術、路況等若干條件。顯然，商品只是其中的一個條件。其次，一個人擁有某種商品但不一定能保證他獲得相應的功能。擁有汽車這個商品並不等同於擁有開車這個功能。所以，從擁有商品到實現功能這個過程還受到能力這個中間變量的影響。所謂能力，是指一個人能夠實現的各種功能的組合。**能力反應一個人的實際機會和在各種生活方式中進行選擇的肯定性自由。**可見，能力不是一種愉悅，而是關於一個人選擇集的度量，因此也就避免了效用比較的問題。

由此，森的功能—能力理論表明，個人的福利並不一定由他所擁有的物質產品量所決定，還取決於他所能夠實現的功能，而功能的實現要受個人能力的制約。因此，要提升個人福利，政策制定者既要增加收入，更要改善能力。「可行能力」方法著眼點是人們的能力和已實現的「功能性活動」（而不是物品），註重物品向「能力」和「功能」的轉化效率，以及採取更廣闊的視野關註物品之外的其他影響因素，這是「可行能力」方法不同於傳統經濟學的根本之處。

在森的理論基礎上，需要進一步澄清的是，這些決定著個體進行選擇的肯定性自由的能力究竟包括哪些內容。森認為，不能像古典功利主義那樣僅僅認為快樂是有價值的而忽略對自由、權利、創造性或實際生活條件的關註，「堅持要求只有一種同質的『美好事物』的機械的樂趣就是對我們人類作為理性生物的否定。」③ 當然，哪些功能是有價值的，這肯定是一個存在分歧的問題。森並不指望其能力方法能囊括人們希望包括在福利評價中的所有要素，也否定機械地以人們從各種商品、服務、機會等得到的滿足的總和進行線性的排序，但森認為個體仍需在基於反思的基礎上確定其特定的價值權重，而就社會評價而言，則認為「要達到用於社會評價（如在關於貧困的社會研究中）中的

---

① AMARTYA SEN. Inequality Reexamined. Cambridge [M]. Mass: Harvard University Press, 1992: 4-5.
② AMARTYA SEN. Inequality Reexamined. Cambridge [M]. Mass: Harvard University Press, 1992: 4-5.
③ SEN. Development as Freedom [M]. New York: Anchor Books, 2000: 77.

『公認的』區間,就必須對權重,或者至少是權重的區間有某種理性的『共識』。這是一種『社會選擇』的工作,它要求公共討論,以及對一種民主持理解和接受。」① 森的能力方法產生的並不是關於積極福利的一種完備的排序,而是一種局部的、模糊的排序。這種方法並沒有產生一種能夠在計算機上編程的「決策方法」。它所做的是引起我們展開關於什麼樣的功能是我們和其他文化的良善生活概念的組成部分的思考,並去探究不同情境中的不同人類團體實際上有多少實現各種功能的自由。

森的福利定義範式在提出之后,在實踐領域也得到了各個層面的呼應。比如其主張在很大程度上和西方興起的新左派一致,英國工黨的理論家安東尼·吉登斯在《第三條道路:社會民主主義的復興》② 一書中提出,工黨的目標是建立一個「投資型」的社會,其福利制度的目標不是直接救助窮人,而是重塑他們參加社會生產所必需的技能,這和森將正義理論建立在個人能力的比較基礎上的主張不謀而合;森的「能力論」在理論研究上也得到了讚同者的進一步補充。瑪莎·納斯鮑姆(Martha C Nussbaum)是森「能力論」的擁護者,她一直努力將森的方法融入亞里士多德的幸福觀中,並且著力於將森的能力論進一步的具體化。她認為,人的真正福利既不能通過主觀的效用也不能通過客觀的資源來測量,人的福利,或者說善是由能力和活動機能構成的。根據隨后的研究,她提出了一個標準化方法,列出了一份「10個基本能力的列表」,勾勒出人類10項功能性能力(Central Human Functional Capabilities)③:

(1)壽命:能活到人類正常生命期限的終點。

(2)身體健康:有良好的健康狀況,包括生殖的健康、充足的營養、合適的居所。

(3)身心完整:能自由地走動;免受暴力攻擊,包括性攻擊和家庭暴力;有性滿足的機會和生育的選擇。

(4)感覺、想象和思維:能夠使用感覺器官想象、思考和推理——並且以「真正的人」的方法做這些事,即通過接受充分的教育而成為博識的和有教養的人……運用人們的頭腦,保證表達政治和藝術的言論自由、宗教活動的自由……

(5)情感:能對我們自己之外的物和人懷有情感;愛那些愛我們和關心

---

① SEN. Development as Freedom [M]. New York: Anchor Books, 2000: 78-91.
② 安東尼·吉登斯. 第三條道路:社會民主主義的復興 [M]. 鄭戈,譯. 北京:北京大學出版社,生活·讀書·新知三聯書店,2000.
③ 黃晨熹. 社會福利 [M]. 上海:格致出版社,上海人民出版社,2009:6.

我們的人……

（6）實踐理性：能形成善的概念和進行人生計劃的批判的反思。（由此保護良心的自由和宗教成為必需）

（7）社會交往：能和他人一起生活，意識到和表現出對其他人的關心，參加各種各樣形式的社會活動……有自尊和無羞辱的社會基礎，這使得在種族、性別、性傾向、種族劃分、社會地位、宗教、國籍基礎上的不歧視規定成為必需。

（8）關註生命：能和動物、植物、自然界共處，關心它們，和它們息息相關。

（9）娛樂：能笑、玩，享受娛樂活動。

（10）環境控制：政治方面，能有效地參與支配人生活的政治選擇活動，有政治參與、言論和結社自由的權利；物質方面，能掌握財產（土地和可移動的物品），擁有與他人平等基礎上的財產權……在工作中，能作為一個人那樣地工作，利用實際的理性分析，加入與其他員工相互認可的有意義的聯繫中去。

納斯鮑姆指出，這些項目都是人類生活中不可或缺的內容，而且相互獨立，無法替代，缺一不可。當然，以能力幸福觀為中心的社會理想強調社會需要為人的能力的發揮提供平等的機會和條件，這種理想暗示著制度化的福利國家的必要性。「它設計的制度是為個人一生的整個生活提供全面的支持。不像剩餘福利國家，它並不等著看誰在現行制度安排中失敗了然後才去幫他。相反，它關註的焦點是使更多的人有選擇好的生活的能力，而不是去改善那些已經跌到最低選擇界限以下的人的生活和選擇。」[1]

由此可見，人們對社會福利狀態的認識現在已涉及人類社會生活非常廣泛的方面，包括社會問題的調控、社會需要的滿足和實現人的發展潛能。它是衡量與指導社會發展的一個重要的維度。當然，在確定了福利的基本方面與內容的基礎上，還需要作出具體的政策導向，還需要對福利的狀況與實現程度有相應的測量指標。福利狀態主要通過一些替代性指標來衡量。在20世紀80年代之前，在福利狀況的測量方面，經濟福利指標占主導地位，之後，在一些國際組織的倡導下，非經濟福利指標開始被引入福利的測量。

經濟福利指標包括3類9項：[2]

（1）人均收入狀況：包括人均GDP、實際工資和失業率；

（2）收入貧困線狀況：包括人均日消費低於1美元的人口比重、日消費

---

[1] NUSSBAUM, MARTHA. Upheavals of Thought: The Intelligence of Emotions. Cambridge: Cambridge University Press, 2001, 416-418.

[2] 黃晨熹. 社會福利 [M]. 上海：格致出版社, 2009：9.

量低於國家貧困線（2,100卡①）的人口比重和容易陷入收入或資產貧困的人口比重；

（3）收入不平等狀況：貧富差距和貧困時間、最低收入組的恩格爾系數以及基尼系數。

非經濟福利指標包括4類12項：

（1）受教育狀況，包括入學率、小學或中學畢業率、識字率；

（2）健康和營養狀況，包括營養不良比例/人均食物消費量或卡路里/身體質量指數（Body Mass Index）、死亡率和發病率/期望壽命/未活過40歲的比例/感染率、衛生服務使用（專業接生人員/避孕普及率/免疫率）；

（3）環境狀況，包括改善的水源、足夠的衛生設施、家庭設備（耐久的建築材料和電力供應）；

（4）增權和參與狀況，包括參加全國和地方的選舉投票（不同層次的決策）、對地方項目和地區預算的瞭解情況（信息的可及性）和活躍的非政府組織的數量、規模和收入（監管公民社會的可能性）。

總的來說，以「能力」來作為社會福利的考察點，運用「可行性能力方法」的評價焦點既可以是實現了的功能性活動，即一個人實際能夠做到的，也可以是擁有可選擇的可行能力集，即一個人的真實機會，它是福利的主觀層面與客觀內容的統一。「可行性能力方法」補充了福利經濟學忽視的社會因素，使得社會福利的考察更為科學，對於社會經濟朝著合乎人的自由全面發展給予了正義保證。

2.3.4 小結

從福利經濟學產生和發展的歷程來看，福利經濟學主要探討如何在均衡條件下實現資源最優配置和社會的福利分配問題。福利經濟學的目的，是研究如何使社會的經濟福利達到最大化。從這一角度講，福利經濟學是用於分析、評判現實經濟狀況的合意性的理論和分析工具，這套分析理論可以依不同的價值判斷對現實經濟狀況及其變化作出評判，但它自身並沒有絕對不變的價值判斷。它的應用範圍可以是任何社會的任何經濟狀況，依不同標準作出判斷。這就決定了福利經濟學理論可能從整體的角度去評價社會經濟，評價社會的分配制度和經濟政策的合理性。它使用標準的經濟學方法研究為道德哲學、政治哲學所關註的一系列規範問題。

---

① 1,000卡=4.184千焦。

3　經濟正義的制度理論

經濟學研究有一個重大問題：為什麼不同的國家，經濟發展差異會呈現天壤之別？對此，經濟學在不同的時期從不同的角度給予瞭解釋：從早期對土地、礦藏等自然資源的強調，再到對機器、設備的重視，之後從 20 世紀 50 年代起更加深入地認識到蘊涵於機器設備中的技術、知識與思想才是發展的根本，從而開始關註「人力資本」「知識經濟」。到了近幾十年，人們又愈加意識到制度質量以及制度決策質量之間的關係成了發展的關鍵。經濟學家們開始思考，為什麼不同國家會在人力資本與物質資本的累積方面快慢不一？其原因就在於制度決定了經濟主體的人力資本和物質資本的投資激勵，決定了經濟政策的制定，決定了稟賦相似的國家在經濟績效上的差別。[①] 社會經濟發展的過程使人們越來越認識到，規導社會經濟發展的過程中，不僅需要確立社會發展的目標並獲得社會成員的普遍認同，還必須正視價值理想落實的制度規導過程——制度分析由此成為顯學。

在上一部分內容中，本書探討了經濟正義訴求的終極目標與價值體系，以及經濟學對此的闡明，反應了人們隨著文明的發展而不斷加深對經濟生活意義的理解，進而逐步豐富與完善對經濟發展合乎人的發展價值要求的過程。但是，抽象的價值藍圖僅是正義的一部分，正義還須落實到現實中，通過合宜的制度對人們行為的規導而呈現出來。可以說，制度是正義的載體或物質基礎，正義價值則是制度的靈魂。如羅爾斯所指出的那樣：「一種制度可以從兩個方面考慮：首先是作為一種抽象目標，即由一個規範體系表示一種可能的行為形式；其次是這些規範指定的行動在某個時間和地點，在某些人的思想和行為中的實現。這樣，在現實的制度或作為抽象目標的制度中，對何為正義或不正義的問題，還存在一種含糊性。看來最好是說，正義與否的問題只涉及現實的並且被公平有效地管理著的制度。至於作為一個抽象目標的制度的正義與否，則

[①] 聶輝華. 制度均衡：一個博弈論的視角 [J]. 管理世界，2008（8）.

是指它的實現將是正義的或不正義的而言。」①

在經濟正義視野下的制度建設，包括兩個層面的內容：一是按照特定時期的經濟正義理念對現實經濟制度運行的狀況與結果予以評價；二是將經濟正義的價值理念滲透到具體的經濟制度和程序中，化為一種可操作的規則，從而形成現實的力量，塑造人們的經濟精神和經濟行為。其中最為關鍵的是後者，因為對制度評價的結果往往會導向第二個層面（制度的調整、選擇與創新），否則價值理想就難以轉化為現實的力量而使經濟正義本身淪為空洞的說教或華麗的辭藻。因此，基於經濟正義的制度建設的核心問題是，**如何把經過哲學的價值審視而達成和確立的經濟正義理念和主張，通過合理的制度設計外化為現實的經濟規範力量**。這是理論走向實踐的困難，是「價值理性」與「工具理性」在經濟世界中走向統一的困難，也是經濟學、倫理學、政治學、法學等孜孜以求、不懈努力探討的主題。

具體而言，經濟正義的實踐研究，不僅需要明確各個正義價值目標在經濟體系中實現的約束條件——這是社會選擇理論、福利經濟學努力的方向，還需要將一系列經濟目標轉化為相應的制度目標——有效的轉換有賴於對制度科學的把握，這是制度經濟學著力的內容。而如何將兩者結合起來，將凝聚著社會價值訴求的經濟目標通過制度設計、制度建設所引導的經濟活動予以實現，這是經濟正義賦予現代經濟學的使命，也是社會科學發展的熱點問題。

3.1 「制度」自身的邏輯

制度對人們能在多大程度上實現其經濟上和其他方面的目標有著巨大影響，人們通常偏好能增進其選擇自由和經濟福祉的制度——追求符合特定經濟正義訴求的制度。但是，並非所有制度都自然而然地趨於這樣的目標，「某些類型的規則可以對一般物質福利、自由和其他人類價值產生不利影響，規則體系的衰敗會導致經濟和社會的衰落」②，制度的生成與變遷有其內在的邏輯與規律，目標正確並不必然導出制度正確，制度的合宜性也會因時、因地、因勢之變而發生轉移，基於經濟正義立場的制度建設需要探討價值目標應如何對經

---

① 約翰·羅爾斯. 正義論 [M]. 何懷宏，等，譯. 北京：中國社會科學出版社，2003：50-51.

② 柯武剛，史漫飛. 制度經濟學——社會秩序與公共政策 [M]. 韓朝華，譯. 北京：商務印書館，2004：33.

濟制度的生成、選擇與變遷產生有效的影響，其調節的機制如何，從而引導制度在日益複雜的經濟生活中保持其正義性質，而這一切都必須建立在把握制度運動的「科學」基礎之上。

3.1.1 什麼是制度

制度是一種頗為複雜的社會現象。對於制度的定義、作用、分類、選擇等問題，人們很早就開始了探討。以《辭海》的解釋，「制度」的首要含義指「要求組織成員共同遵守的，按一定程序辦事的規程」。漢語中的「制」有限制、節制之義，「度」有尺度、標準之義，二者合起來就是節制人們行為的尺度的意思。在現代社會科學領域中，制度是眾多學科共有的研究對象，在社會學、人類學、經濟學等各學科領域都形成了各具特色的制度分析方法。在經濟學領域，經濟學家早在一百多年前就開始了對制度的系統分析，開創了與正統經濟學形成鮮明對比的制度經濟學，發展出了諸多頗具理論與實踐意義的制度理論。制度經濟學的開山鼻祖凡勃倫與康芒斯以及當代制度經濟學的重要代表者們，皆對「制度」的界定各有側重。

凡勃倫1899年在《有閒階級論》一書中就對制度作了細緻的分析，但卻沒有給出制度的明確定義，直到1923年在其《近代不在所有制和營利企業》一書中，才將制度定義為「一種自然習俗，由於被習慣化和被人廣泛地接受，這種習俗已成為一種公理化和必不可少的東西。它在生理學中的對應物，類似於習慣性的上癮」[1]。受達爾文進化論的影響，凡勃倫將制度納入生存競爭分析的框架，認為制度就是「當前公認的生活方式」，是出於最具適應性的、在自然淘汰過程中存留下來的思想習慣，是個體對環境強制的適應過程，隨環境的變化而變化。

康芒斯認為，學者們對制度一詞的界定大多數都是採取了描述性的列舉法，從而造成其定義五花八門、無可名狀，有時是指靜態的「團體」，有時是指動態的「運行中的機構」……因此，「如果想找到一個普遍的規律，讓它適用於所有已知的制度性的行為，那我們就可以把制度定義為**集體行動對個人行動的控制**」[2]。並根據制度對群體的不同效應，進一步將定義推衍為「**集體行動對個人行動的限制、解放和擴張**」[3]，集體行動涵蓋的範圍從「無組織的習

---

[1] 轉引自：張宇燕. 經濟發展與制度選擇——對制度的經濟分析 [M]. 北京：中國人民大學出版社，1993：110。
[2] 約翰·康芒斯. 制度經濟學（上）[M]. 趙睿，譯. 北京：華夏出版社，2009：74-75.
[3] 約翰·康芒斯. 制度經濟學（上）[M]. 趙睿，譯. 北京：華夏出版社，2009：78.

俗一直到眾多有組織的運行中的機構，譬如家庭、公司、控股公司、行會、工會、聯邦儲備銀行、『聯營股權集團』以及國家，都包含在其範圍之內」①。而所有這些組織通用的原則基本上就是集體行動對個人行動的控制。

當代著名制度經濟學家、諾貝爾經濟學獎 1993 年獲得者道格拉斯·諾思對制度變遷理論有重大貢獻。他認為，「制度是一個社會的**博弈規則**，或者更規範地說，它們是一些人為設計的、型塑人們互動關係的**約束**」②；制度包括三個層面：「正式規則」（如人為設計的規則）、「非正式約束」（如慣例）、以及實施機制的有效性；從制度生成的方式來看，「制度可以是由人們創造出來的……也可以僅僅是隨著時間推移而演化出來的」。③

德國學者柯武剛、史漫飛在其合著的《制度經濟學：社會秩序與公共政策》中指出，制度「被定義為由人制定的規則，它們抑制著人際交往中可能出現的任意行為和機會主義行為。制度為一個共同體所共有，並總是依靠某種**懲罰**得以貫徹，沒有懲罰的制度是無用的，只有運用懲罰，才能使個人的行為變得較可預見。帶有懲罰性的規則創立起一定程度的秩序，將人類的行為導入**可合理預期**的軌道」。④

國內學者汪丁丁把制度界定為「人與人之間關係的某種契約形式或『**契約關係**』」⑤「社會承認並保護的分工中各成員對生產和消費的各項資源擁有的權利和義務……制度就是對人類活動施加的**權利與義務**的集合。」⑥

如上摘取了制度經濟學中部分有影響的「制度」的定義，比較全面地呈現了制度的基本特徵，以便於更全面立體地認識制度。本書在此基礎上將制度的特徵做出如下歸納，以使制度的「尊容」逐漸明朗：制度是人類對環境的適應性產物，是一種人工產品，是歷史的產物，既有傳統的慣性，又因勢而變；制度的表現形式主要有兩種，或是自發生成的人們習以為常的風俗習慣，或是由第三方威權所制定的強制性規則；無論是哪種形式，一旦生成，就具有一種集體驅使的力量，並形成對個體行為選擇的約束；制度是為了滿足某種人

---

① 約翰·康芒斯.制度經濟學（上）[M].趙睿，譯.北京：華夏出版社，2009：75.
② 道格拉斯·C.諾思.制度、制度變遷與經濟績效[M].杭行，譯.上海：上海三聯書店，2008：3.
③ 道格拉斯·C.諾思.制度、制度變遷與經濟績效[M].杭行，譯.上海：上海三聯書店，2008：12，4.
④ 柯武剛，史漫飛.制度經濟學：社會秩序與公共政策[M].韓朝華，譯.北京：商務印書館，2004：32.
⑤ 汪丁丁.經濟發展與制度創新[M].上海：上海人民出版社，1995：3.
⑥ 汪丁丁.經濟發展與制度創新[M].上海：上海人民出版社，1995：38.

們交往目標而創生出來的，具有功能性及優劣之分。

3.1.2 制度的分類

在前面關於制度的定義中我們已經看到，制度存在著不同的類型，它或者是人類長期形成的交往「習慣」，或者是交往主體間達成的「契約」，或者是國家硬性規則的強制性「規則」……制度建設是建立在對制度體系甄別和分析基礎上的，這首先要以制度盡可能系統性地類型化為前提。目前尚未確立起一種取得廣泛認同的制度分類方法，制度的分類標準通常取決於具體研究問題的視角。常用的分類法一般是採用由道格拉斯·諾思所區別的「正式約束」（正式制度）和「非正式約束」（非正式制度）。前者是指由國家頒布的實在法的規則（憲法、法律、規章），后者是指由社會的或自我實施的道德規範、習俗等。其實，在此基礎上還可以做出進一步的細分，比如因監督方式的不同，非正式制度還可以細分為由自我監督的常規、由道義上自我約束的倫理規範、由其他參與者非正式監督的私人規則等。但這種分類法仍是描述性的，譬如為什麼不同的制度會有不同程度的監督事實？這應該作為問題提出來，而不是作為先決條件成為劃分的標準。因此，將制度的產生和遵守的前提條件作為劃分制度類型的標準所進行的分類，對於基於經濟制度建設視角的制度研究，能夠提供更多、更有價值的信息。

制度建設中一個最重要的問題就是制度的有效性，它間接地以對制度的監督方式的不同力度的依賴為表現。眾所周知，制度的有效性依賴於現實利益狀況。制度調整目標下的社會群體利益越一致，共同制度的產生和遵守就越容易。利益衝突越大，共同制度的產生和遵守就越難。由此可以認為，利益一致或衝突的程度，應該作為劃分制度類型的標準。德國學者阿爾弗雷德·席勒在其主編的《秩序理論與政治經濟學》一書中，便是借助博弈論工具來對此種制度分類進行描述和解釋。① 根據利益衝突的程度，在博弈模型中，一端是純合作的無衝突式的博弈，另一端是純衝突或零和博弈。中間是利益衝突與利益合作相混合的或多或少含衝突的博弈。

在無利益衝突因而社會利益關係正常的情況下，參與者統一服從共同的規則，可以確保相互間可信賴的合作實現。而這樣，參與者的服從並不是出於那些旨在協調各方利益的規則的誘惑。這些規則被稱作「**自我約束型制度**」，主

---

① 阿爾弗雷德·席勒, 漢斯-京特·克呂塞爾貝格. 秩序理論與政治經濟學 [M]. 史世偉, 等, 譯. 太原：山西經濟出版社, 2006：101-102.

要包括習俗、風俗習慣、禮儀及其他主要文化傳統。

與此不同的是，有利益衝突因而是社會關係存在問題條件下的狀況——最典型的即「囚徒困境」模型所表示的。此時，要統一於合作的共同制度存在困難，因為此時就所有參與者個人而言，對規則忠實並非最優的，而是次優選擇。部分甚至是所有參與者做出於已最有利的策略選擇時，其隨之而來的結果卻是事與願違的集體性自我傷害。這些在利益衝突關係狀態下產生並需遵守的規則，稱為「**有約束需要的制度**」。在一定情形下，要讓個體能夠經得住個人利益最大化誘惑的前提，是對個人利益必須有道德約束。但是，讓本能傾於追求個人利益的個體要始終保持對道德規範的遵奉與身體力行，並非易事，因此保證有約束需要的制度類型的執行問題，在制度經濟學而言有著理論內在的先天不足。

如上基於利益衝突程度劃分的制度分類，可以促使制度建設者作進一步深入思考：是哪些因素促成個體願意承擔制度約束？或者說盡可能降低個體遵守制度的心理阻礙？根據學者們的研究，可以將諸多因素歸納為以下四個方面：

一是構成道德行為的自然的、情感的因素。情感，尤其是那些建立在親屬關係上的情感，無論空間和時間上，都是道德規則產生和得以遵循的基本要素。可以說，道德情感是社會秩序方面的推動潛力。

二是宗教信仰。尤其是在傳統社會中，宗教較為普及。它可以突破血緣關係、親屬關係中所形成的緊密情感聯繫，通過宗教道德規則以加強人們內在心理約束。這些規則可以稱為宗教理念約束制度。

三是世俗意識形態信仰。這些世俗意識形態中與信念緊密相關的信仰，尤其是由此產生的平等、自由等維護人的尊嚴和社會秩序的基本價值觀和社會理想，也是促成人類道德行為的重要規則。這些規則可以被稱為意識形態約束制度。

四是理性。理性作為本原性的秩序要素，對秩序方面的作用主要表現為自覺地確立和遵循社會生活的共同準則。基於此的法律作用被理解為理性的法律，由一些強制性的以及可強加的標準、規則組成，這些規則可被稱為理性法律約束制度。

總的來說，在有約束需要的制度中，文化和社會秩序可能是支柱。其規則不斷通過情感、宗教、意識形態和法律約束制度的結合而呈現出來，這種結合往往採取自主的形式和「路徑依賴」的生成形式。而在這種結合中，往往會有某種制度居於主導地位。如在許多非洲國家，主要是氏族約束；在多數伊斯蘭國家，受宗教規則影響較大；在美國，宗教意識形態規則發揮重要作用；在

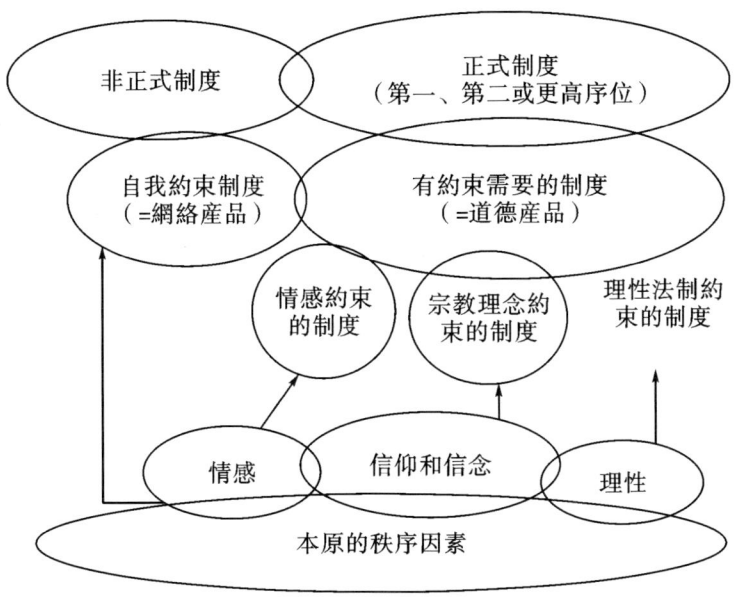

图 1 制度的邏輯學分析

德國，法律強制規則是主要的秩序因素。

各種類型的制度在現實中生成和變遷的路徑不同，但在實踐中並不涇渭分明，各行其道，彼此間往往是互為包含，交織構成，從而更增加了制度變遷的複雜性。經濟制度作為一個複雜的體系，同樣如此，其制度構成充斥著諸多的非正式約束，又交織著繁雜的正式規則，規則之間彼此支撐，交互作用，互為前提，共同規導著特定經濟體系的發展狀況。而不同的制度存在著相當大的差異，或目標功能不一，或生成與變遷方式不一，或調節關係不一，使得經濟制度的建設是一項具有高技術要求的龐雜工程，不可能存在一勞永逸、一成不變的建設藍本。有著宏偉目標的社會改造者與建設決策者，須胸懷高遠的社會目標，俯身深究制度「自身的邏輯」。

3.1.3 制度的主要功能

制度之所以被「創造」或「選擇」出來，是因為它們具有滿足人們（可能是不同的群體）需要的功能，制度是為了「使人際關係規範化，由此建立起對他人或多或少的可行的預期，並且使人們之間建立相互信任關係成為可能。根據遵循規則的程度，同時也根據對規則的信任程度和與此相關的激勵程

度，社會關係的過程和結果會受到系統性的影響」。①人類社會生活的方方面面都離不開制度的調節，其功能是多樣的，僅就經濟領域而言，制度的功能主要體現在以下幾個方面。

（一）通過降低交易費用，促進效率

經濟學家揭示制度的首要功能，是制度能夠幫助經濟活動的參與人節約交易費用。交易費用是指，「包括動用資源建立、維護、使用、改變制度和組織等方面所涉及的所有費用」。交易費用在不同的背景下有不同的特指，「如果考察有關現有的財產和合約權，那麼交易費用就包括對資源或索取權的界定和度量，以及使用和執行這些既定權利所涉及的費用。如果將它應用於個人之間轉讓現有財產以及建立或轉讓合約權方面，交易費用則包括信息費用、協調費用和執行費用」。②在新古典經濟學的理論當中，交易活動被看作不稀缺的，交易費用也為零。科斯對這一問題的研究有了質的突破，他在1937年發表的經典論文《企業的性質》中提出了這樣的問題：為什麼物品的交易在相當大的程度上是按照企業領導的指令在企業內部進行，而不是直接通過市場和價格進行？通過同企業內部組織的交易成本加以比較，科斯指出，交易活動不僅稀缺，而且有成本，包括收集信息、組織談判等一系列活動的支出。由此，科斯提出了交易費用的概念。科斯認為，為了實現合作，企業與市場是兩種不同的、可以相互代替的制度形式，但各自的交易費用和效果都是不同的。那麼採取什麼樣的合約形式為好呢？科斯得出的結論是：**當合作效果是相同的時候，採取交易費用較低的合約形式**。即企業存在的原因就是為了節約市場交易費用，以費用較低的企業內部交易來取代費用較高的市場交易；同樣的道理，企業的規模也是由企業內部的邊際費用與市場交易邊際費用相比較而決定的。

降低交易費用、提高效率不僅是制度產生的重要原因，也是各類制度相互支撐，構成互補性制度體系的動因。眾所周知，市場的高效正是得益於其價格體系所發揮的「信號機」功能。市場憑著價格槓桿來反應商品的供求關係，從而為生產者與消費者提供充足的關於資源稀缺狀況的信息。經濟交易主體由此能以較低的成本、便捷的信息傳遞途徑，獲得客觀、及時的信息，大大節約了在收集、加工、整理和使用等環節的費用。但是，由於經濟行為主體的獨立性和分散性，其並不能在所有情況下都通過價格信號來獲得全面、充分的信

---

① 阿爾弗雷德・席勒，漢斯-京特・克呂塞爾貝格.秩序理論與政治經濟學[M].史世偉，等，譯.太原：山西經濟出版社，2006：98.

② 埃里克・弗魯博頓，[德]魯道夫・芮切特.新制度經濟學——一個交易費用分析範式[M].姜建強，羅長遠，譯.上海：上海三聯書店，2006：55.

息，此時，其他的社會慣例與經濟制度的彌補則可以大大降低效率的損耗。只不過，正如制度經濟學家安德魯·肖特所指出的，價格體系是通過「傳遞資源稀缺信息」來促進經濟效率，而社會慣例與經濟制度則是憑著向當事人傳遞「可預期行為信息」，並且通過「激勵」因素來促進效率。而且，由於制度能夠促使經濟主體「將記憶編碼」，因此出現了「制度支持的完美記憶」博弈，從而使經濟主體能夠在博弈中採取穩定的行動策略，大大促進了信息的高效。① 可見，不管是自發生成的非正式制度，或是人為設計的正式制度，都能憑藉其自身的功能與性質，起到降低交易費用、提高效率的作用。

總之，制度的存在，使得人們的行為效用最大化是在制度允許的邊界範圍內進行的選擇，正如活動的範圍取決於繩子的長度一樣，個人行為選擇所達到的資源配置優化程度不依賴於人本身，而是取決於制度。因此，在現有條件下，制度設置更合理一些，制度建設更好一些，人的經濟行為達到的效用也就更大一些。

(二) 減少不確定性，提高預期

人類一直都是在普遍存在的不確定性環境下生活的，一部文明史就是一部人類對抗自然與人類行為不確定性的歷史，其中，制度的產生就是源於人類為規避不確定性而發明的最佳武器。道格拉斯·諾思指出：「制度在一個社會中的主要作用是通過建立一個人們相互作用的、穩定的（但不一定是有效的）結構來減少不確定性。」「我們為減少不確定性而施加於生活之上的結構是命令、禁止的累積以及作為這一累積的一部分不斷演化的人工製品。結果就是正式約束和非正式約束的一種複雜混合。」「人們所施加的結構，可以減少普遍存在的不確定性」。②

制度經濟學家安德魯·肖特從博弈論角度對「制度」所做出的界定充分描述了制度的這種「可預期性」：假設一個人口群體 P 在重複出現的情形 Γ 下，R 作為群體常規，只有在滿足以下四個條件而成為 P 群體的共同知識時，才稱其為一種「制度」。

(1) 每個人都遵行 R；
(2) 每個人都預計他人會遵行 R；
(3) Γ 作為一個協調問題，一致遵循又是 Γ 的一種協調均衡，因此在他

---

① 安德魯·肖特. 社會制度的經濟理論 [M]. 陸銘，陳釗，譯. 上海：上海財經大學出版社，2004：156.
② 道格拉斯·諾思. 理解經濟變遷過程 [M]. 鐘正生，邢華，等，譯. 北京：中國人民大學出版社，2008：2.

人都遵行 R 條件下，每個人將樂意遵行它；

（4）如果有任一人偏離 R，人們知道其他人也將會效仿，但對所有當事人來說，在反覆出現的博弈 Γ 中，採取偏離策略的好處將低於遵行 R 策略的好處。① 在這裡，肖特沒有直接談及制度對他人行動的可預期性，但這個界定強調制度作為規則賴以成立的條件，是在於只有遵守規則才能在互動過程中達到協作性均衡。人們可能通過制度提供的信息，正確預期他人的行動，「制度提供了對於別人行動的保證，並在經濟關係這一複雜和不確定的世界中給予預期以秩序和穩定性」。②

希克斯在《經濟史理論》一書中也談到了這樣的觀點，即商業經濟制度的演進在很大程度上是一個如何找到減少風險的途徑的問題。制度可以為交易提供一個穩定的環境，減少交易中的不確定性，例如，股份制經濟制度就具有分散不確定性的作用，隨著制度的不斷完善，制度本身會使信息更加完備，同時也能抑制人的機會主義行為，從而降低交易中的各種不確定性。制度在減少不確定性的同時，能夠為經濟活動提供服務，方便交易，如貨幣及信用制度便於交換，市場便於提供和交換信息，保險制度可以使有關方面分擔風險等。

（三）為合作創造條件

傳統經濟學理論強調競爭，但對合作卻不甚重視。亞當·斯密對經濟學的巨大貢獻在於他指出了社會分工對提高勞動效率的巨大作用，但他沒有充分重視促成分工的協調成本問題。自道格拉斯·諾思指出分工與協作之間的關聯性之後，現代制度經濟學對此問題給予了相當大的重視，並逐步認識到，制度是人們在社會分工及其協作的過程中，通過反覆博弈而達成一系列約定總和的結果。制度規則通過規範人們的行為，減少信息成本、不確定性，提供預期，把阻礙合作順利進行的因素降到最低程度，尤其在那些複雜的交換情況中，制度為合作的順利完成提供了基本保證。

（四）規導行為

制度能通過形塑與影響行動者的動機，以及其對環境的辨識能力，從而影響當事人的行動選擇及其社會結果。③ 在諾思看來，制度的「激勵結構」能將正式制度與非正式制度對行為選擇的約束作用聯合在一起，「限制了人的行動

---

① 安德魯·肖特. 社會制度的經濟理論 [M]. 陸銘, 陳劍, 譯. 上海：上海財經大學出版社, 2004：17-18.

② 丹尼爾·W. 布羅姆利. 經濟利益與經濟制度 [M]. 陳鬱, 郭宇峰, 汪春, 譯. 上海：上海三聯書店, 2007：23.

③ 阿夫納·格雷夫. 大裂變 [M]. 鄭江淮, 等, 譯. 北京：中信出版社, 2008.

選擇集合」①，從而使行動合乎制度的要求，行動者根據制度規則做出最優反應，促成如最小化交易成本、增加社會福利等制度效應。

3.2 新制度主義的制度設計與變遷理論

制度的狀況對經濟的發展有著重大的影響，對制度設計與變遷的規律性的研究當然是現代經濟學不可或缺的重要內容，而關註經濟運行狀況是否符合人們對美好社會與幸福生活的預期，並力圖通過制度政策規導經濟保持在正義軌道的制度建設，也同樣離不開對制度科學的研究與運用。在此方面，新制度主義的制度設計與變遷理論提供了豐富的理論資源。

3.2.1 新制度主義概述

新制度主義是始於 20 世紀 60 年代並使制度理論在全世界範圍復興的一系列理論學說，其著名的理論內容包括產權理論、交易成本經濟學、機制設計理論、制度變遷理論、憲政經濟學等。新制度理論在制度要素於經濟分析中的地位、制度變遷、制度設計等方面，得出了許多卓有成效的理論成果。

從亞當·斯密以來，正統經濟學家們一直把經濟增長的原因歸結為專業化、社會分工的發展、生產技術的進步以及伴隨著的市場規模擴大。其形成的基本經濟分析模式就是將產量看作勞動、資本、土地和技術的函數（即生產函數），這樣經濟增長就決定於生產要素的投入和生產技術的進步。而制度因素則被視作一個外生變量未被納入生產函數中，即制度的狀況與經濟的增長沒有直接關聯。直至新制度經濟學派指出，這些生產要素狀況和技術狀況在現實中能否得到發揮，則完全取決於制度的約束，制度通常都會制約資源和技術的最大限度發揮，不宜的制度甚至會將經濟發展困頓在長期停滯之中。道格拉斯·諾思通過對經濟歷史的考察發現，在 1600—1850 的 250 年間，世界海洋運輸業中並沒有出現用輪船代替帆船之類的重要技術進步，但是這期間的海洋運輸的生產率卻出現了大幅度的提高。也就是說，用生產要素和技術的變化，根本解釋不了這種經濟發展現實的成因。② 造成正統經濟學解釋乏力的原因，

---

① 道格拉斯·諾思. 制度、制度變遷與經濟績效 [M]. 杭行，譯. 上海：上海三聯書店，1994：5.

② 道格拉斯·諾思. 1601—1850 年間，海洋運輸生產率變化的原因 [J]. 政治經濟學雜志，1968（10）.

正在於其經濟增長模型中對制度因素的忽略。現代經濟學的研究成果表明，合理的制度因促成專業化及分工發展而降低了交易成本，減少了個人收益與社會效益間的衝突，從而激勵個人和組織從事生產性活動，進而促進經濟增長。中國的改革發展也證明了制度的作用。改革開放初期，在資源與技術條件沒有明顯變化的前提下，因為制度的改革，生產力便奇跡般地噴發出來，改革開放30年來，GDP保持年均8.9%的高速增長，自1980年到現在增長了68倍。制度的變革顯然非常重要，但制度的變遷究竟是如何發生的呢？我們如何才能保證制度的創新與變革符合我們的預期？這是新制度主義研究的重要主題之一。

除此之外，正統經濟學家堅持將經濟僅僅等同於市場，而制度經濟學家則認為市場本身也是一個制度，它包括一群附屬制度，並且和社會的其他制度複合體互相作用。即，經濟要比市場機制大，包括使得市場得以建立、構成、運行的各種制度。制度經濟學的基本立場就是，有效地配置資源的不單單是市場，而是更大的經濟體系所具有的組織結構。因此，對應於正統經濟學把價格和資源配置當作在一個純粹概念的市場中供給和需求的函數，制度經濟學則認為，市場和供求反轉過來和權力（財富、制度）結構相關，並由此和政府的利用相關，因為利用政府能夠形成有經濟意義的合法權利，並且因此影響資源配置、收入水平和財富分配。因此，較之於對價格和資源配置本身的關注，制度經濟學更側重於對經濟的組織和控制問題，即更關心被看作權力（權利）結構所特有和技術所特有的作用。

由於新制度經濟學堅持經濟所包括的領域大於市場機制，他們也反對新古典經濟學的均衡和假定最優的分析模式，認為對穩定均衡的決定性技術條件的尋求，會模糊經濟的基本權力方面和選擇方面。尋求最優是形式上的虛空，要得到實質性的結果，只能一般地、暗含地引進先行的規範假設。譬如，為誰的利益才算數，也就是說，這類問題只有在制度之內和通過制度的調整與改革的對抗解出答案。①

制度規範人類行為的力量主要源於它們的穩定性。但是，制度作為人類在交往生活中達及某種目標的手段，當環境發生了變化，穩定的規則組合會產生應激效應，從而引發制度的變遷。在變遷過程中，一些制度會在社會成員間的行為博弈中緩慢地自動發生演變，一些制度則有賴於政府以立法等方式進行人為調整，還有一些新制度需設計出來以應對新的變化；有時候是局部制度安排

---

① 約翰·伊特韋爾. 新帕爾格雷夫經濟學大辭典：第2卷 [M]. 陳岱孫，等，譯. 北京：經濟科學出版社，1996：932.

的變遷，有時候則會是根本性的制度結構性變遷……基於經濟正義目標的經濟制度建設，不僅需要把握基於理性基礎上的正式制度的制度設計規律性科學，還需要洞悉作為整體的制度在現實中變遷的規律，才能在經濟制度的生成、設計與變遷中推進正義目標的現實邁進。

3.2.2 關於制度設計的理論——「機制設計理論」

在第二部分內容中，本書梳理了福利經濟學、社會選擇理論等如何通過經濟學手段，試圖確定在一個社會經濟環境中，能夠滿足某些價值規範的社會目標集合，即確定一個可靠周全的社會選擇函數，以衡量與引導社會經濟生活的發展。儘管這個目標尚在進一步的努力完善之中，但制度經濟學已經開始思考：假如社會目標既定，以自由選擇、自願交換的分散決策為背景，應該怎樣設計經濟機制，才能確保個體對追逐自身利益的行為與制度目標具有一致性。[①] 在此問題的導引下，新制度經濟學者，把在信息不對稱的前提下的最優制度機制設計作為研究的重點，運用博弈論以及機制設計理論，分析規制雙方的行為和最優權衡，從而發展出對當前制度實踐更有解釋力和指導意義的規範性理論。其中，最具有影響與現實意義的就是「機制設計理論」。

(一)「機制設計理論」的基本內容

在美國經濟學家利奧·赫爾維茨（Leonid Hurwicz）1960年[②]和1973年[③]的開創性工作所奠定的基礎上，**「機制設計理論」**經由埃瑞克·馬斯金（Eric S. Maskin）和羅格·邁爾森（Roger B. Myerson）進一步發展，已經較好地回答了上述具有重大理論和實踐意義的問題，這三位經濟學家也因此共同獲得了2007年諾貝爾經濟學獎。「機制設計理論」探討的核心問題是，如果社會或經濟的目標既定，在信息不完全條件下進行自由選擇、自願交換的分散決策，怎樣通過設計出一套有效的博弈機制，才能在各種約束條件下，保證參與者在自身利益驅動下選擇的策略所導出的結果，也符合機制設計者所設定的目標。[④]「機制設計理論」通過對個人激勵和私人信息的闡述，極大地提高了人們對最優配置機制性質的理解，能夠幫助人們對市場運行狀況的好壞作出明確的判

[①] 田國強. 激勵、信息與經濟機制 [M]. 北京：北京大學出版社，2002：1.

[②] HURWICZ, LEONID. Optimality and informational efficiency in resource allocation processes. in K. Arrow, S. Karlin, and P. Suppes eds. Mathematical Methods in the Social Sciences [M]. Stanford: Stanford University Press, 1960.

[③] HURWICZ, LEONID. The Design of Mechanisms for Resource Allocation [J]. American Economic Review, 1973 (2): 1-30.

[④] 田國強. 激勵、信息與經濟機制 [M]. 北京：北京大學出版社，2002：1.

断，並區分有效的交易機制、管制方案以及表決程序。

　　從研究路徑和方法來看，「機制設計理論」主要彌補了傳統經濟學的兩個局限。其一是傳統經濟學在進行經濟活動分析時，一般都將某一經濟制度或機制作為既定的假設，並且在涉及對具體制度的分析與評判時，往往是將不同類型的制度與機制分開並抽象化為理想模型。但在現實中，資源配置的方式是多樣的，大部分交易是在價格引導下通過市場來完成的，除此之外，還有相當多的交易是發生在企業內部之間、個體或組織與國家之間，通過談判、管理層指派，或是政府干預、管制等方式來實現的。因此，現實的經濟體系是由多種經濟制度或機制在不同程度上交織並存共同推進的，這些機制或制度還處於不斷演變之中，經濟運行的現實條件也與抽象的理想模型有著極大的區別，這就使得傳統經濟學的制度預設先入為主的分析方法具有較大的局限性。「機制設計理論」則是通過設立一個更一般的模型，這個模型無須將某一經濟機制設為既定背景，而是將之視作按照一定的標準可設計、可比較、可評判的未定的制度或機制，在現實中去落實具體的制度選擇與執行。其二是傳統經濟學從理論上驗證了亞當·斯密「看不見的手」的設想，即完全競爭市場條件下能夠實現資源的最優配置。不過，現實的經濟生活畢竟異於這種抽象的理想模型，各種約束條件使得「市場失靈」（不完全競爭、外部性、公共品、不完全信息）極為普遍。因此，在真實的世界中，企業間隨時都在進行種種利益競爭，個人或相關組織一般是在第三方機構的安排下通過討價還價而達成交易。由於關於個人偏好的情況和可用的生產技術等信息一般掌握在諸多參與者內部，他們完全有可能利用個人信息來實現私利。在此條件下，「個人參加者（都可能）有一種作偽、詐欺、騙取和違約的自私自利的動機。法律、習慣、傳統、道德教訓——這些都是設計出來和（或）演化形成以限制或控制這些短期私利的行為。只有這些制度限制成功地被運用，從市場過程形成的自發秩序才能使個別想象的個人價值最大化。」① 但問題是，如何做到這一切？制度建設者應該如何去解決如下這些現實問題：在真實不完美的市場機制條件下，是否能夠設計出某些制度或機制來彌補並改進市場缺陷，從而確保資源的有效配置？換句話來說，如果經濟環境既定，能否設計出**一個或多個機制**來保證既定社會目標有效實現？如果能夠，那麼什麼樣的機制能夠以**更少的信息**或**更低的成本**來實現既定目標？如此，皆是「機制設計理論」所研究的重要問題。

---

　　① 詹姆斯·M. 布坎南. 自由、市場和國家 [M]. 吳良健, 桑伍, 曾獲, 譯. 北京：北京經濟學院出版社, 1989: 89.

在探討如何設計這樣一個機制之前，首先應確定的是，除卻制度本身要實現的目標，僅就制度實現目標的有效性而言，一個成功的機制需要滿足哪些基本標準？從直觀上去把握我們很容易得出這樣的共識，一個制度的成功與否（能否實現其既定目標）首先取決於，該制度在現實中能否得到普遍的遵守（不管是基於普遍認同的自覺遵從，還是基於約束或激勵的驅使行為），其次是該制度的實施效率的高低（同樣的實施效果，執行過程中節省資源的制度一定優於勞神費力的制度）。這種經驗的把握用經濟學的語言表達出來就是，評價某種經濟機制優劣的基本標準為：**信息效率**以及**激勵相容**。這就是「機制設計理論」要解的兩個核心問題。**信息效率**（Informational Efficiency）是關於經濟機制實現既定社會目標所要求的信息量多少的問題，即制度運行的成本問題。任何一個經濟機制的設計和執行都需要信息傳遞，而信息傳遞是需要花費成本的，因此對於制度設計者來說，自然是信息空間的維數越小越好。它要求所設計的機制只需要較少的關於消費者、生產者以及其他經濟活動參與者的信息和較低的信息成本。**激勵相容**（Incentive Compatibility）是赫爾維茨1972年提出的一個核心概念。他將其定義為，如果在給定機制下，如實報告自己的私人信息是參與者的占優策略均衡，那麼這個機制就是激勵相容的。在這種情況下，即便每個參與者按照自利原則制訂個人目標，機制實施的客觀效果也能達到設計者所要實現的目標。概括而言，「機制設計理論」就是針對想要實現的既定社會目標，尋求既能實現此目標，又要使信息成本盡可能小的設計過程。

市場機制的一大特點就是，經濟主體通過獲取市場傳遞的供求信息分散做出生產或消費決策。但是，由於在真實的經濟世界中，市場信息是分散於各個生產者與消費者之中，往往具有私人性、不完全性，這就導致「信息無效」和「激勵不足」兩個問題在經濟生活中普遍存在。也就是說，在經濟制度建設或公共決策制定、執行中，如果缺乏相應的制約條件，參與者往往會基於自身的利益有隱瞞或虛報相關經濟信息的動機。那麼，建立於此的導向某個社會經濟目標的機制或制度就有可能在現實的運行中事與願違，產生較差的制度績效。而這些問題，傳統的完全競爭市場理論幾乎難以對此做出解釋與規導。而「機制設計理論」以「信息不對稱」為切入點，把經濟機制視作一個信息交換與調整的過程，通過某種統一的模型和信息框架去研究經濟機制及其信息成本問題，對如上問題做出了回應。眾所周知，在純交換的新古典經濟環境中，競爭的市場機制保證了帕累托最優的資源配置。但競爭的市場機制是否也滿足經濟信息效率最高呢？除此之外，是否存在比市場有更低信息成本的分散決策機

制來實現資源最優配置呢？「機制設計理論」的研究表明（赫爾維茨，1972年），能夠以最少的信息實現資源最優配置的確是競爭的市場機制，但是，赫爾維茨的「真實顯示偏好」不可能性定理也同樣表明了：一旦不具備新古典經濟條件，即當存在著商品不可分、偏好或生產可能性集非凸等時，沒有任何機制既能使每個參與者真實透露其私人信息，而同時又能實現帕累托最優。此定理證明了，市場機制——包括私人物品和公共物品的所有經濟環境下，其本身都脫離不了「信息無效」和「激勵不足」的問題，不完美的市場機制不能保證其本身達到效率最大化。正如哈耶克所指出的那樣，「如果有一些全知全能的人，如果我們不僅知道那些影響我們獲得現在想要東西的因素，而且知道我們將來的慾望和需要，那麼自由就沒有什麼地盤了。為了給不可預見和不可確知的事物留有空間，自由是不可缺的。所有自由的制度都是對這個基本的無知的事實的適應，以處置機會和可能性而不是確定性。」①

在現實條件下，由於經典的帕累托最優與自願參與、自由交易不相容，「機制設計理論」則以「激勵效率」取代了傳統意義上的帕累托效率概念：如果某個機制能夠促成經濟參與者在參與約束條件下的行為結果實現了總體福利水平最大化，則達到了「激勵效率」。按照「激勵效率」標準，赫爾維茨首先定義了一個一般的機制模型，在這個模型中，信息的交流或通過參與主體或通過「信息中心」進行，「信息中心」根據搜集的不同信息組合導出不同結果，預設的各種分配機制產生不同社會狀態的產出。這樣，就能夠比較出市場機制與其他經濟機制條件下的信息交流成本大小，從而進一步探究針對自利的參與者應採取何種激勵機制以促使其透露真實信息。②

就**激勵相容**問題而言，一般來說，人們都有自利性，每個人在主觀上都追求個人利益，現實中往往有按照私利行事的主動性而並不必然有按照集體目標行動的自覺性。因此，制度制定的基本原則就是，其設計的機制必須能夠激勵每個參與者，使其即便在個人利益最大化驅動下做出的決策，也同樣滿足制度所設定的根本目標——此為機制設計理論的激勵相容問題。滿足個體的「激勵相容約束」往往是制度有效安排及政策可行的必要條件。激勵相容約束是規避制度事與願違的一個基本條件。孟德斯鳩在《論法的精神》裡有一個例子，俄國為了降低搶劫案件而立法對犯搶劫犯課以重罰——死刑，未曾料想此法執行引發的連帶效應卻是，在此期間俄國因搶劫而殺人的案子劇增。因為對

---

① F A Hayek. The constitution of liberty [M]. London: Routledge & Kegan Paul, 1960: 29.
② 劉峰. 不完全信息、激勵與機制設計理論 [N]. 光明日報, 2007-10-30.

於一個搶劫者而言,如果留下活口,一定會因指控而死路一條,但如果不留活口,則有逃脫偵察的些許生機。一條旨在降低犯罪的法律卻間接造成了危害更大的犯罪行為。可見不適當的制度設計,即便是出於善良或正義的初衷,卻往往事與願違。而一個運行良好的機制或規則,應能夠提供強大的內在激勵,使其成員自覺向著機制所設計的目標共同而為,從而激勵一個企業、一個團隊或組織、機構盡可能有效率地運作。這是檢驗一個機制完備性的基本標準。

在赫爾維茨理論的基礎上,后來學者的「顯示原理」和「執行理論」則進一步完善了「機制設計理論」。「顯示原理」由美國經濟學家吉巴德提出。為了解決機制設計理論運用中數據量過大的問題,他將機制設計的集中於少量滿足赫氏「激勵相容」條件的亞類機制,從而使得最優機制設計問題的分析大為簡化。「顯示原理」表明通過找到其中的「直接機制」,將其還原為現實機制,就能夠保證使「說真話」成為均衡的結果。馬斯金將「顯示原理」擴展為標準的貝葉斯納什均衡概念,邁爾森在此基礎上將其一般化並應用於現實中的拍賣、規制等具體經濟問題中。不過,由於「直接機制」通常存在多重均衡,如何設計出能保證這些均衡都是最優均衡的機制就成為新的問題。馬斯金的「執行理論」則解決了此一問題,該理論已在公共選擇理論以及不完全契約領域得到了廣泛應用。[1]

(二)「機制設計理論」的運用

在現代經濟世界中,「機制設計理論」在實踐中有很大的應用價值。相較於傳統經濟理論,「機制設計理論」面對各種「不可能性」的困境,通過機制或者規則設計,使得各個層面的經濟參與者顯示其真實偏好,使參與者偏好在經濟機制約束條件導引下所決定的行為方式最終能夠保證社會目標的達成,從而為走出困境提供了具體的途徑。在理論上,「機制設計理論」已經進入了現代經濟學的核心領域,其基本思想與方法已經深入廣泛地影響、改變了諸如信息經濟學、制度經濟學、公共經濟學、勞動經濟學等現代經濟學領域;在實踐中,由於「機制設計理論」將各種經濟機制納入一個一般的模型中進行研究,其研究對象可以包括市場經濟、計劃經濟以及各種混合機制。它既可以運用於大至宏觀層面對整個社會經濟的制度設計,也可以小至微觀經濟中僅涉及兩個或多個參與者的委託代理契約制定。可以說,在公共決策、最優稅制設計、行政管理、民主選舉、社會制度設計等領域都能廣泛運用「機制設計理論」。

就經濟正義的實踐問題而言,隨著社會發展日新月異,正義訴求下的經濟

---

[1] 劉峰. 不完全信息、激勵與機制設計理論 [N]. 光明日報,2007-10-30.

發展目標不斷與時俱進，這對不斷完善、創新、發展經濟制度、經濟機制提出了越來越高的要求。尤其是中國正處於經濟體制轉型的深化時期，如何確定符合新時期社會正義訴求的經濟發展的目標是一個重要課題，怎樣將既定的社會目標、經濟目標有效地付諸現實同樣至關重要。「機制設計理論」中的激勵相容、信息效率、顯示原理、執行理論等制度有效設計理論與原則，為我們對於經濟正義制度建設提供了可貴的研究工具，對於我們深入理解「好的市場經濟」與「壞的市場經濟」，對於我們在改革中所遇到的諸如產權制度、國企改革、金融體制改革、稅收改制以及教育醫療等公共體系的改革都有直接的借鑒和應用意義。

3.2.3 關於制度演化、變遷的理論

從理論上探討制度設計問題，可以從邏輯上假設有無窮多個可選機制，但在經驗層面一個社會可選擇的制度則是非常有限的。不同類型的制度，有不同的生成與變遷規律——這是制度建設應把握的技術關鍵。因此，制度建設研究必須探討的是，制度如何變化，為什麼變化，以及制度變遷過程中如何才能保障其可預見性（秩序）。演化經濟學與制度變遷理論力圖通過對社會的制度選擇做出更深入細緻的分析，以解釋歷史上各種制度形式多樣、大相徑庭的變遷軌跡。

（一）制度變遷的誘因——交易成本與相對價格的變化

一般情況下，制度變遷是一個緩慢的、連續的演變過程，新制度經濟學的基本命題認為，制度的選擇與變遷是根據交易成本最小以及物品交易淨收入最大為衡量標準加以確定的。這個判斷的得來大部分歸功於經濟學家羅納德·科斯的學說。科斯繼《企業的性質》提出交易費用概念，指出其是影響制度選擇的原因之後，於1960年在另一篇同樣著名的論文《社會成本問題》中提出了外部性的有效歸屬問題。關於外部性問題，經濟學家庇古早在20世紀30年代就對此問題有所探討。庇古發現，當私人淨收益與社會淨收益不一致時，會導致市場失靈。對此，庇古開出的藥方是以國家干預來糾正外部性所致的市場失靈，如通過對造成損害（如污染）的一方徵稅，使外部性「內在化」，從而重新建立起社會成本和收益的等邊際條件。而科斯則以截然不同的路徑分析指出，如果在完全競爭、交易費用為零、初始的產權界限清晰的條件下，不論責任制度如何分配，最終資源配置的效率狀態將不受影響。這個結論經科斯之後的學者概括而形成了對新制度經濟學有重大影響的「科斯定理」（Coase Theorem）。「科斯定理」其實只是科斯分析問題的一個邏輯起點，其真正的要義在

于其推論：在現實經濟生活中，交易費用通常不僅不為零，反而極其高昂。此時，產權的制度安排對資源配置就至關重要，而其重新安排的合理性則取決於淨產值的最大化。與庇古所代表的古典經濟學相區別，科斯的理論在方法論上有著巨大的轉變。傳統經濟學往往是將現實的狀態與理想的市場模式相比較，按照理想標準來判定現實狀態的效率性質並提出解決方案，但卻不能避免諸如國家干預之類解決方案自身的運行成本。[1] 科斯理論從產權界定與交易費用關聯的角度出發，闡明了**制度選擇的關鍵因素在於交易費用的高低（以減少制度運行的摩擦），而交易費用的高低又有賴於制度相關產權的明晰化**。也就是說，交易費用作為一個重要的中間變量，將「權利初始安排」與「資源配置」效率緊密銜接在一起。在現實的經濟世界中，市場機制的運行是有成本的，制度的使用、安排、變更都是有成本的，在談判與締約、產權界定、監督績效、組織活動等方面都離不開交易費用的影響。只有當權利的初始安排趨於最優時，交易費用才會降至零，從而保證資源配置效率趨於最優。

在傳統經濟學那裡，制度往往只是作為經濟分析的既定背景而存在；在舊制度經濟學中，制度也僅是一個外在變量；直至科斯引入交易費用後，制度成了經濟分析的對象和內在變量。於是，與其他經濟要素（如商品、勞動、資本）一樣，制度也有其費用與效用。正如消費者可在能相互替代的不同商品間進行選擇一樣，人們也可以按照效用與費用之比，在可互相替代的不同的制度安排之間進行選擇。縱觀歷史，總的來說，經濟制度的更替表明了這樣一個費用更低、效率更高的制度不斷地替代費用較高、效率較低制度的歷史演進過程。制度的變革進而影響生產方式的邁進，市場的規模會隨著交易費用下降而擴大，推進社會分工及生產專業化的發展。這樣，人與人打交道的費用下降會帶來人與自然打交道的成本也降低，其結果就是促進了人類財富的增長。可見，交易費用在很大程度上影響著人們選擇何種制度來實現其經濟合作，決定著制度的結構以及不同制度之間的邊界，規導著制度變遷的歷史。

在科斯的交易成本理論基礎上，道格拉斯·諾思通過經濟歷史研究將交易成本這個模糊的概念進一步具體化，並得出交易成本與**相對價格的變化**，是制度變遷的重要原因。

所謂相對價格的變化，是指經濟體系中，生產要素價格比率、息率、生產技術等因素的變化。相對價格變化會直接影響參與者之間的激勵結構（改變利益關係）與談判能力，而這將誘發人們重新制定規則或選擇制度的動機和

---

[1] 關於「外部性」「國家干預」及其成本等問題，本書在4.1相關內容中有詳細敘述。

努力。

例如在17世紀和18世紀以前的歐洲，由於當時工藝技術簡陋，資本不發達，因而有限的土地就成了生產的決定性要素，於是掌握著土地的封建地主階級則成為社會的統治者，而社會制度也就主要建立在封建地主階級利益的基礎之上。但后來情況逐漸發生了變化：一方面，在美洲、南非和澳洲發現了新的大量的自由土地；另一方面，技術的發展也擴大了利用資本的可能性，從而使得社會對資本的需求迅速地超過資本的供給。加之社會對農產品的需求在社會總需求中的比重下降，從而對土地的需求也相對下降。因此，資本在社會生產中的地位便提高了，於是資本家階級便要求制度向有利於資本生存和發展的方向轉變；同時，由於資本力量的壯大，它們的談判力量也增大了，從而也有能力向封建地主階級的權力提出挑戰，並直至最后取得勝利，建立起有利於資本主義生產發展的制度。

但是，由於**制度均衡**的原因，制度變遷的誘因又並不必然導致制度發生。所謂制度均衡，是指所有當事人在談判能力既定條件下，無人能夠因現有制度改變而獲得好處。在此狀態下，制度便是穩定的，不會發生變化。顯然，制度均衡並不意味著所有當事人對現存制度都是滿意的，僅說明，人們在此狀態下擬改變制度付出的成本將大於其預期可得的收益，由此無人有動力著力於變革制度。只有**當相對價格的變化使變革的預期收益大於成本時，均衡才被打破，制度變遷才可能發生**。總之，「在技術條件給定的前提下，交易費用是社會競爭性制度安排選擇中的核心，用最少費用提供給定量服務的制度安排，將是合乎理想的制度安排。從某種現行制度安排轉變到另一種不同制度安排的過程，是一種費用昂貴的過程；除非轉變到新制度安排的個人淨收益超過制度變遷的費用，否則就不會發生自發的制度變遷」。①

此外，制度變遷離不開一定行為主體的推動與實施，而這些行為者往往就是在制度變遷能夠獲利的社會群體，他們是制度變遷的主導者。制度均衡能否被打破，不僅取決於對制度變遷的預期收益的大小，也有賴於變革主導者實施變遷的成本高低。只有具備必要的技術、知識、創新能力以及拓展精神的高效的組織，才最有可能打破制度均衡而衝破舊制度的桎梏，才能更敏銳地捕捉到制度變遷的收益所在，才有能力尋找到有效、成本最低的變革方式。制度的變遷的客觀因素雖然取決於交易成本與相對價格的變化，但其最終的實現仍是脫

---

① 林毅夫. 關於制度變遷的經濟學理論——誘致性變遷與強制性變遷 [M].//科斯. 財產權利與制度變遷. 上海：上海三聯書店，1994.

離不了制度中的人的作為。這就引出了另一影響制度變遷的重要因素——路徑依賴。

(二) 路徑依賴

既然交易成本與相對價格的變化會誘發社會制度的變遷並始終是以高效的制度最終替代低效的制度的方式進行，那麼從歷史的長河來看，制度應該總是有效率的。但是，歷史卻並非完全按此腳本書寫。諾斯通過其著作《制度、制度變遷與經濟績效》，對影響制度變遷的因素進行了更深入的探討。他認為，儘管人類有著同樣的起源，都是從原始採集、狩獵階段而來，但最終卻發展成為大相徑庭的各種社會類型，並存在著天壤之別的經濟績效。而造成這個差異的原因，是古典經濟學難以解釋的，因為「在這些理論看來，在歷史的進程中，不同經濟在交換物品、服務和生產要素的過程中，最終將會逐漸趨同」①。雖然全球化的浪潮使得不少發達工業國家之間在廣泛的經濟交往中的確出現了不同程度的趨同，但更為明顯的事實是，世界呈現為無數在宗教、倫理、文化、政治和經濟等方面有著根本差異的社會類型。「窮國與富國之間、發達國家與不發達國家之間的差距，比過去曾經存在的差距更加拉大了。怎樣解釋這種差距呢？⋯⋯更令人困惑的是，我們怎樣解釋某些社會中的經濟福利的長期停滯或絕對下降？」② 也就是說，既然如果制度總會隨著相對價格的變化而逐漸走向更趨於高效率發展，那麼，又是什麼原因造成了所有在歷史起點和原初資源條件大致相同的國家之間會在經濟績效方面出現巨大的差距？是什麼原因導致一些社會長時間處於無效率或低效率的制度狀態中而又無力自拔呢？

諾斯通過歷史比較分析研究，將這種低效率制度長期存在的現象與原因歸結為「路徑依賴」（Path-dependent）。所謂路徑依賴，「意味著現在的選擇要受到從過去累積而成的制度傳統的約束」③，造成這種狀況的原因是「由現有制度矩陣產生的組織是依靠現有制度矩陣得以生存和獲得福利的，因此會努力阻止任何會給它們福利帶來負效應的變化。決定制度矩陣的信念體系也會阻止

---

① 道格拉斯·諾思. 制度、制度變遷與經濟績效 [M]. 杭行, 譯. 上海：上海三聯書店, 1994：8.
② 道格拉斯·諾思. 制度、制度變遷與經濟績效 [M]. 杭行, 譯. 上海：上海三聯書店, 1994：8.
③ 道格拉斯·諾思. 理解經濟變遷過程 [M]. 鍾正生, 邢華, 等, 譯. 北京：中國人民大學出版社, 2008：48.

激進的變革」。① 通俗地說，制度除了作為政治權力博弈下知識和技術的表現，還取決於那些更深層的習慣和傳統（包括人們基本的生活方式、思維方式及宗教與道德等）。由於人們的生活方式和對自然、社會、人生的思維方式不同，各個社會的具體制度選擇也存在差異，並且這種差異會由於人們對其已有經驗和知識的依賴而得到強化，使得不同社會的結構形態和實際運作千姿百態。那些穩定下來的制度以及相關的知識，給生活在制度下的人們以足夠的信息，使他會預期到自己的行為選擇的後果，不會輕易選擇制度所不允許的行動方式，更不會主動去改變現行制度，這導致古今中外有大量低效率的制度長久存在。這造成在制度變革中，那些舊制度的既得利益者會極力維護原有狀態，阻礙更優的制度替代，使制度變遷陷入「鎖定」狀態。路徑依賴理論將歷史因素引入制度變遷之中，任何制度都無法超越一定的歷史社會環境，過去的歷史能夠對現在和將來產生影響，以往的「制度遺產能夠限制當下制度創新的可能範圍以及可供選擇的創新方式」，因此既定的制度體系中存在一種「不可逆轉的自我強化趨勢」。

總之，諾斯的研究指出，由於制度系統來自內外兩方面的相互影響，使得制度運行產生收益遞增效應，使得制度具有一種「自我強化」的功能而在原來的路徑上保持不變，因此，一個社會一旦選擇了某種制度，無論其是否高效，卻似乎很難從該制度中擺脫出來。

「路徑依賴」說明了制度變遷並非完全依經濟理性邏輯而自然推衍，其中相關「社會集團」的利益需求也尤為重要。如弗雷格斯坦所言，制度場域中「挑戰者」（獲利較少者或利益受損者）與「在位者」（利益既得者）之間所發生的互動是制度變遷的動力。② 所有的制度變遷都難以保證所有人都獲得正的純收益，一般來言都會伴隨一些人的利益受損（至少在短期內如此）。因此，決策者的利益立場就顯得十分重要。如果社會的決策權是由社會大多數人所掌握，社會利益與統治者利益的矛盾就會大為緩解。此時，制度選擇的制約，主要取決於技術條件，利益因素則次之，制度的選擇也就具有較大的靈活性，制度變遷的路線依賴特徵就會較弱。

（三）制度匹配

制度匹配是指在社會制度體系中各個制度安排之間存在著的功能互動以及

---

① [美] 道格拉斯·諾思. 理解經濟變遷過程 [M]. 鍾正生, 邢華, 等, 譯. 北京: 中國人民大學出版社, 2008: 70.
② [美] 尼爾·弗雷格斯坦. 市場的結構 [M]. 甄志宏, 譯. 上海: 上海人民出版社, 2008: 10.

相互契合。由於社會是由政治、經濟等一系列的社會制度安排相互交織、互為影響而構成的有機體系,制度的變遷不僅僅表現為一種制度對另一種制度的更新、替代,還表現為制度體系中各種制度間相互聯繫而發生作用的力量分佈的變化,表現為不同制度間或此起彼伏,或勢均力敵,或主次交替等「匹配」的變化。從靜態來看,這種「匹配」有時表現為同類制度的聯合匹配,以實現相互促進,共同維護制度運行的秩序。比如「弱的」政治體制安排與自由市場制度的聯合匹配;有時「匹配」又指功能相反的不同制度間的互補匹配,通過相互彌補各自的局限而實現制度運行的秩序,比如自由市場與社會福利制度。在社會制度體系中存在著各種層面的制度匹配:在一個高階的制度體系內往往由若干低階的各種制度匹配構成;在不同的領域也存在著制度體系之間的匹配;不僅有既有制度之間的相互匹配,也包括新舊制度安排之間的歷時性匹配(類似於路徑依賴)。從動態來看,制度匹配並非是一個永恒不變的態勢,而是隨著社會成員在不同歷史條件下因偏好發生變化而不斷被調整並達到新的均衡的制度變遷過程。「行動者(個體或社會集團)偏好具體內容的變化意味著場域中行動者之間利益訴求出現差異,由此而引發的利益政治行為成為制度能否達成匹配的動力機制。」[①] 由於社會群體的利益偏好會隨著演變而呈現出不同的態勢,從而產生打破原有制度匹配的變遷動力。在此過程中,社會各利益群體通過政治較量、協商等政治博弈而改變制度匹配的格局,制度最終選擇什麼方向則取決於利益集團政治博弈的結果,這樣,歷史對於制度變遷的作用一種情況表現為路徑依賴——新制度對舊制度的迎合,而另一結果,則是「舊制度對新環境、新利益訴求以及新的權力組合而主動做出的迎合或適應性調整」[②]。

由此可見,制度變遷既源於「效率追求」的誘因,也基於歷史路徑的依賴,而最終還取決於政治權力的現實較量,以及這種較量結果下反應的新利益訴求格局的「制度匹配」類型。

(四) 新技術推進與舊制度阻力的對抗

按照制度主義的界定,技術「意味著做某事的方法」,在經濟學中,「技術本身並不是生產要素之一,而是我們組合和使用生產要素的方法。技術是工

[①] 王星,李放. 制度中的歷史——制度變遷再思 [J]. 經濟社會體制比較,2011 (2).

[②] KATHLEEN ANN THELEN. How Institutions Evolve: The Political Economy of skills in Germany [M]. Britain: the United States and Japan. Cambridge University Press: 291.

具和技能……它是每一代人通過教和學而累積下來的共同體共有的知識。」①制度主義雖然認可技術進步對制度變遷的促進作用，但卻並不認為它是導致制度變遷的唯一或者本質性因素。（這有別於馬克思主義的技術決定論）對此，制度主義持有一種相互依賴的觀念，認為技術與社會變遷之間不是直線的因果關係，而是循環和累積的。在一個因果循環中，A 是因，B 是果。但是在另一個循環中，B 是因，A 卻是果。因和果可以相互轉換。技術是制度形成的原因，而制度也是技術形成的原因，這是一個持續的因果過程。

　　制度主義認為，如果一個社會制度是穩定的，給定的技術水平就會被維持。人們在此條件下以同樣的方法學習和從事同樣的事情，一代代皆如此，共同體不發生變遷。但是，如果新技術找到了進入社會的途徑，穩定就會被打破。從而，人們學習和從事不同的事情，或者學習如何以新方法行舊事。結果共同體就可能發生變遷。新技術能夠導致社會制度變遷，但是，社會變遷從來都不會在沒有衝突的情況下發生。真實的人類社會中，人們既存在利益的衝突，也存在利益的關聯。一個人的利益與其他人是衝突的，但每個人都與其他人一起分享和他們的利益衝突相生相伴的共同利益。要使社會團結一致，人類就必須在這種狀態下創造一種**人為和諧**，這需要人們通過制定特定領域內的行為的共同規則來完成，它使得我們所有人可以在一個彼此接受的框架中去追求相衝突的利益，這是制度生成的理由。

　　但是，隨著新技術的產生，它會打破和推翻舊的行事方法（生活方式），這樣就會導致社會地位和身分的變化，從而對原有穩定的利益調節模式形成衝突。例如汽車的普及正一點點地擠占與縮小人行道與自行車道的地盤，多媒體教學方式的廣泛運用令僅會使用黑板書寫的老師教學考核「不合格」……人們開始以不同的方式行事，通過創造新事物以及完成新事物的新角色，新技術降低了舊角色和舊的行事方法帶來的地位和收入。「當新人和角色漸漸相信了他們所行之事，逐漸重視他們所行之事，並賦予他們所行之事新的含義時，那些舊的社會熏陶下形成的信仰、價值和意義也就讓位了。」② 由此，受益的人就會促進新技術，而受損的人則會對之進行抑制，正如在英國工業革命中，地主貴族階層對新興工業資產階級的抵制。因此新技術強行向前與舊制度阻礙的對抗，觸發了社會制度變遷，這種變遷中既有漸進的制度安排的變遷，也有更

---

① 威廉·M. 杜格，霍華德·J. 謝爾曼. 回到進化：馬克思主義和制度主義關於社會變遷的對話 [M]. 張林，等，譯. 北京：中國人民大學出版社，2007：52.

② 威廉·M. 杜格，霍華德·J. 謝爾曼. 回到進化：馬克思主義和制度主義關於社會變遷的對話 [M]. 張林，等，譯. 北京：中國人民大學出版社，2007：56.

為激烈的根本性的制度結構變遷。當然，在這兩種相反力量較量的推動之中形成什麼樣的具體制度，在這種制度中誰將獲得實際的利益，則是不可預見的。

3.2.4 小結

總之，制度變遷是一個複雜多因素交織影響的過程，加之構成制度的安排並非單一形式，不同的制度安排遵循不同的變遷規律而交織在一起，就使得制度變遷難以把握。正如諾斯所言，「並不存在實現經濟發展的固定方案。任何經濟模型都無法刻畫特定社會中經濟增長的複雜性。即使生產率增長的源泉眾所周知，每個社會的經濟增長過程也是不同的。這反應了不同的文化遺產，同樣反應了不同的地理、物質和經濟環境……在你提高經濟績效之前，你必須理解經濟增長的過程；然后，在你試圖改變社會之前，你必須理解這個社會的獨特特徵。因而，如果你想有效地實施變遷，你必須理解制度變遷的複雜性。」①

在制度變遷過程中，當代人的行為總是以上一代人的產物為起點，下一代人又從上一代人停止的地方開始，這個過程是累積的。在社會科學中，我們可以從人類關係中觀察到的規律被稱為「法則」。當我們觀察人類關係中的規律時，我們觀察的是共有的社會結構和社會制度的產物。因此，隨著社會結構和社會制度的變化，我們從人類關係中觀察到的規律也在變化。社會科學的法則隨著社會結構和制度的變化而變化，它們共同進化。在社會科學領域，不存在永恒不變的法則。進化不僅意味著結構和制度的變遷，而且還有決定制度變遷的法則與規律的變化。把握住這一點，旨在提醒基於任何正義目標的制度建設者，必須根據特定時空下制度建設所面對的具體問題，有選擇地運用制度分析的理論資源與歷史經驗，以應對現實的新困境。

基於正義視野的制度建設的目標自然是希望制度變遷帶來的是社會進步，但基於客觀立場的制度理論研究卻說明制度的變遷是一個複雜的進化過程，促進制度生成與演變的因素是多樣的，而且每一個因素都不構成制度變革的唯一決定性力量，加之在現實中每一新生制度因素在成長初期，一方面會受到某些受利群體的推動，但也會遭遇利益受損群體的抵抗，這一切都交融在制度變遷的過程中並最終影響制度的走向。因此，在社會發展中，「普遍的或者永恒的法則並不能決定社會進化。進化並不必然就是進步。被視為進步的按某一既定

---

① 道格拉斯·諾思. 理解經濟變遷過程 [M]. 鐘正生，邢華，等，譯. 北京：中國人民大學出版社，2008：148.

方向發展的進化不是不可避免的。進化很少是平滑的、直線的」。① 如上關於制度變遷的一些主要理論，也只能為制度決策者在現實中面對具體的情況時提供有限的借鑒。

3.3 經濟正義的制度建設原則——結合制度理論的啟示

在前面兩節中，本書有選擇地概括了制度主義中關於制度功能、設計及其變遷等相關的重要理論，在此基礎上，如何將制度的理論與社會正義理念結合在一起，如何將規範經濟學論證社會經濟目標的研究與制度主義關於制度安排與變遷的研究結合起來，以共同促進社會健康發展，是基於經濟正義視角的制度建設的主題。

現代經濟作為一個複雜的演化系統，在滿足人類複雜多樣的經濟生活目標的要求下，其實現效能有賴於構成經濟體系的各種制度。「制度保護個人的自由領域，幫助人們避免或緩和衝突，增進勞動和知識的分工，並因此而促進著繁榮。規範人際交往的規則對經濟增長真是至關重要，以致連人類的生存和繁榮也完全要依賴於正確的制度和支撐這些制度的基本人類價值。」② 在現實的經濟生活中，經濟利益最大化追求是每個人參與經濟活動的內驅力，但人們的個體利益又交織在一起，經濟衝突和矛盾在所難免，從而阻礙所有人經濟利益的實現。因此，必須制定規範行為和限制衝突的規則，才能保證所有人彼此間利益的最大化。

經濟制度與人們的生活有著如此重大的關聯，制度的優劣就尤顯重要。羅爾斯指出：「一種經濟體系不僅是一種滿足目前需要的手段，而且是一種創造和塑成新的需求的方法……既然經濟制度具有這些效果，而且甚至必須具有這些效果，那麼對這些制度的選擇就涉及某種關於人類善以及關於實現它的制度的設計方案的觀點。因此，這個選擇的做出必須不僅建立在經濟的基礎上，而且建立在道德和政治的基礎上。」③「只有規範並且公正的經濟體制，才能使人

---

① [美] 威廉·M. 杜格, 霍華德·J. 謝爾曼. 回到進化：馬克思主義和制度主義關於社會變遷的對話 [M]. 張林, 等, 譯. 北京：中國人民大學出版社, 2007：205.
② [德] 柯武剛, 史漫飛. 制度經濟學——社會秩序與公共政策 [M]. 韓朝華, 譯. 北京：商務印書館, 2004.
③ [美] 約翰·羅爾斯. 正義論 [M]. 何懷宏, 何包鋼, 廖申白, 譯. 北京：中國社會科學出版社, 1988：50.

們之間的信任與忠誠在未來得到提升,而這種信任與忠誠對人格的培養和大眾福利的改善而言都不可或缺。」① 可見,好的經濟制度首先必須符合社會道義要求,才能得到大多數人的認同和遵循,才能有效地規範和調整社會成員之間、群體之間的相互關係,保證社會穩定和良性運行,從而為個體的幸福追求創造良好的外部條件。

同時,通過前面兩節關於制度的理論,我們還應該看到,制度的存在有其自身的功能,其運行遵循內在的邏輯與規律。符合正義價值訴求的制度還必須經得起實施效度的考驗,縱然價值目標美好,如果制度的實施認同度低,成本高,甚至引發消極的連帶效應,都是失敗的制度,都不能稱其為正義的制度。現實中,每一現存的經濟制度承載的功能不同,生成、變遷的路徑相異,合宜的制度往往是各種約束條件下的「折中」,並且是在不斷「試錯」中推進社會正義價值目標的實現。只有通過遵循制度科學的制度創新和建設,正義的理想才能成為現實,現實的價值失衡與矛盾才會得以化解,創造美好社會,追求美好生活才能獲得現實的制度保障。

3.3.1 註重制度體系的結構性正義調節

社會生活是複雜多面的,且相互聯繫彼此交錯構成一個整體,社會制度就如人體的經絡、骨骼系統一樣將社會聯繫在一起。無論是經濟制度還是政治制度,都是一個廣泛的網路結構,「都涉及某種活動的整個範圍以及該領域與環境之間的相互作用」。② 社會制度由此而具有綜合性。由於經濟制度與政治制度、科技制度、教育制度等其他各方面的制度相互滲透、互相交叉、互相影響、互相作用而形成一個更完整的整體,經濟制度的正義建設離不開與其他制度的互動,尤其是政治制度對其的支撐、調節作用。一個運作良好的社會制度體系應該具有結構性的正義調節功能,即在社會條件發生變化時,制度體系的各個要素間的互動能有一種自我平衡、自我發展的功能,當該制度體系「受到來自內部或外部的挑戰時,必須能夠在應付挑戰的同時保持或較快地恢復自身的平衡與穩定,不至於因受到挑戰而失去平穩甚至導致崩潰。」③ 經濟制度的正義調節從根本上取決於社會變遷中價值主題的變換,但社會經濟目標的確定與選擇卻依賴於政治領域的裁決,它或者是某種民主形式下民意的表達,也

---

① 馬克·A. 盧茲. 經濟學的人本化 [M]. 孟憲昌, 譯. 成都: 西南財經大學出版社, 2003: 111.
② 沈曉陽. 正義論經緯 [M]. 北京: 人民出版社, 2007: 312.
③ 沈曉陽. 正義論經緯 [M]. 北京: 人民出版社, 2007: 318.

可能是出自社會精英對社會現狀的保量以及對未來的預期，但無論哪種方式，都離不開國家政治生活的調節。

以西方國家的多黨制為例，表面上看各政黨輪流坐莊執掌國家治理大權換湯不換藥，但在特定條件下，政黨間的執政轉換在某種程度上是對社會發展的價值主題變化的一種政治調節。就拿「公平」與「效率」這對常見的價值衝突來說，以美國的兩黨制為例，其「民主黨」偏「公平」，而「共和黨」偏「效率」與「自由」。當該國的經濟發展比較緩慢蕭條時，「共和黨」往往會競爭取勝上臺，憑其執政價值傾向，採取降稅、放鬆經濟管制等一系列自由主義經濟政策，以「效率」為目標，促進市場自由發展、GDP 快速增長、就業增加、財富增長，社會發展呈現繁榮之態。但繁榮之後，經濟自由發展負面效應逐漸凸顯，貧富懸殊造成兩極分化，不公現象滋生，社會問題接踵而來。於是一段時間后「民主黨」競爭上崗，轉而趨「公平」的執政宗旨，制定一系列偏向社會弱勢群體的政策，提高累進稅，制定最低工資法，加強勞動保護，註重社會保障體系，讓社會平等問題有所緩和。但如此政策必然減損經濟自由度，滋養懶人，降低經濟效率，社會經濟發展速度降低，就業崗位減少，失業增多，社會矛盾再次凸顯。於是風水輪流轉，民眾將青睞的目光再次投向「共和黨」……西方政治如此，中國的「人民代表大會制度」同樣行使了類似的功能。改革開放以來，每 5 年一次的「人代會」既是對過去一段時間發展的總結，更是根據發展態勢的變化因勢利導不斷調整社會經濟發展的價值主題，從「以經濟建設為中心」，到「效率優先，兼顧公平」，到現在的「以人為本，全面可持續的科學發展觀」，每一次發展目標的確定都切實地反應了中國社會發展面對的挑戰與價值主題嬗變，每一次發展目標的改變都帶來了一系列經濟制度的創新與調整。社會發展鬥轉星移，價值主題因勢而變，政治制度憑藉其內在的機制設計自行對社會經濟發展的目標進行規導，以緩解價值衝突嬗變中引發的社會衝突，推進社會在矛盾中不斷發展。經濟制度的正義建設不是孤立的局部調整，它的健康發展很大程度上有賴於與政治制度等其他制度要素的良性互動。制度體系的這種自我修復、調節、平衡的能力越強，整個社會發展就越趨於穩定有序，經濟正義的實現可能性也就越大。

3.3.2 價值激勵相容與制度激勵相容的統一

通過前文的「機制設計理論」可知，任何制度的成功，在設計環節的一個必要條件是該制度應給**每個參與者**——即使不同參與者針對同一制度具有不同的利益或價值立場——**都提供一種激勵**。在此，「機制設計理論」是排除了

制度設計具體目標的價值內容，僅從制度設計的技術形式而得出的基本條件。這並非是說制度的有效性與制度的價值維度或具體目標無關。恰恰相反，正如本書在第一部分從哲學的層面去探討了人類正義的普遍價值訴求，第二部分從經濟層面去探討了如何確定滿足社會成員整體幸福訴求的社會經濟目標，這都是從制度目標的價值層面去探究制度的共識度。與制度設計技術層面的「激勵相容」相對應，且從根本上決定制度成功與否的是制度目標價值層面的「激勵相容」。制度作為「能約束行動並提供秩序的共享的規則體系」[迪瑪奇奧（Dimaggio）和鮑威爾（Powell），1991]，那麼制度必然是共享價值的外在體現，任何具體的規則都是內在價值準則的外化。也就是說，從社會正義立場出發，正義所倡導的價值目標越具有高的群體共識度，相應的制度實施起來就越容易得到普遍的認同，從而有效地規導人們行為，實現目標。就此而言，「價值」的共識度從根本上決定著制度性質的好壞。不符合正義價值訴求的制度，設計得再精巧也不能稱作好制度。由此推論，如果要進行規則設計，首先要重塑新的共享價值觀，價值觀的共享程度越高，新規則的交易成本就會越低，社會目標與個體目標的不一致程度就會越小，新規則的設計的障礙越小，實施就會越容易。「如果沒有形成自發性服從，政府靠強制在任何時候最多只能執行全部法律規範的3%~7%。」① 其次，在共享價值觀的基礎上，結合制度環境與其他約束條件，設計新的規則體系，實現社會目標。

　　社會制度目標來自價值層面的共識度取決於政治制度的裁決，它或者是以投票的形式，通過民意表達呈現出來；或者是出自執政者（或執政集團）統一制定的目標，並通過意識形態的宣傳獲得民眾的認同……總之，正如在前一點，不僅經濟制度安排的「目標是什麼」主要取決於政治領域的裁定，而且經濟制度安排目標的來自價值層面的「激勵相容」也取決於特定社會條件下的政治制度安排。正如諾斯所言，「經濟運行中的正式規則是由體制來定義和保證實施的，因此政治體制是決定經濟績效的基本因素。」②

　　但是，人類社會的正義訴求是由若干價值訴求所構成，儘管它們在抽象層面能統一於幸福生活與美好社會的根本目標之下，但由於價值目標之間的內在衝突，在現實條件下而呈現的利益衝突是社會發展的一種永恆常態。即便設計得再完備的政治制度也難以確定制度目標能在現實中獲得某種絕對的價值共

---

① 柯武剛，史漫飛. 制度經濟學——社會秩序與公共政策 [M]. 韓朝華，譯. 北京：商務印書館，2004：167.
② 道格拉斯·諾思. 理解經濟變遷過程 [M]. 鐘正生，邢華，等，譯. 北京：中國人民大學出版社，2008：53.

識。各種層面的制度安排都會因不可避免地遭遇不同利益偏好或不同價值立場者的反作用，而必然存在程度不一的「激勵問題」，制度越是微觀，越是具體，制度目標的價值共識度就越低。此時制度價值立場的正義性僅僅是表現為它代表著所謂「人類的」「世界的」「國家的」「集體的」等「整體的、長遠的、根本的」利益，而目標的偉大高遠並不必然保證制度的設計在現實中一定能杜絕與制度目標意志相左的群體存在。而根據以往的制度建設經驗，面對類似情況，我們慣常使用的方式是通過思想政治教育工作，或者通過強制性的懲罰措施來規避所謂的「少數人覺悟不高」或者「個體自私的不識大體」。但這些措施的結果更多的是造成新的社會問題，如前者滋生出的是「上有政策下有對策」「鑽制度空子」「偷奸耍滑消極作為」等現象，而后者引發系列以「自焚」為表現的「暴力抗法」。因此，當制度的價值層面的「激勵相容」有限時，制度技術層面的「激勵相容」正是對此的一個彌補，機制設計理論通過將信息效率與激勵相容作為具體制度設計的基本要素，要求制度的設計應該能促進或者不降低所有參與者的利益（即達到制度的帕累托最優）。

舉例而言，四川的「九寨溝風景保護區」不論是從環境保護出發，或是從作為世界人類文明遺產出發，我們都有充足的「正義理由」要求應通過制度立法來保障該地區的森林植被受到嚴格的保護。但自古以來，該地區早已形成一個以「伐木」為業的群體，這部分人世代以此為生。因此，基於森林保護的制度必然傷及這部分群體的直接利益。那麼從哲學層面來論，是伐木工的生存利益更重要，還是人類整體的生活質量更重要？這個價值衝突很難得出絕對的解。進入到政治層面，現行的政治制度最終會通過某種方式（不管是多數人的民主還是少數精英的權衡）做出裁決，確定一個明確的社會目標——此處例子顯然是選擇「光明正確的符合根本利益」的森林保護政策。顯然可見，從社會目標的價值立場而言，儘管這群伐木工的利益顯得微不足道，但畢竟是以制度目標的利益受損者而存在的。按照早些年類似的情況，此類制度的安排或許根本不予以考慮這部分人的利益，或許給予一定的經濟補償了事。但這樣做且不說本身是否符合正義的要求，單就制度的執行效果而言，也存在相當大的問題。由於此類制度僅能依靠法律的懲罰來保障實施，導致執法成本高，也不能從根本上杜絕「偷伐」現象；而一次性的補償似乎考慮了伐木工的利益，但錢一旦用完，甚至於錢一旦到手，「伐木」的利益驅動依然存在，「偷伐」現象將難以杜絕。一個好的機制設計理論會提出這樣一種制度安排，在保護制度取消「伐木工」的同時，可將此一群體轉化為「護林工」，後者的工資報酬不低於甚至高於原先的伐木工待遇。這樣，同樣的森林保護制度安排

就從根本上給予了原來的利益受損者一個可持續的「激勵機制」,保證其在制度安排下個體利益最大化的行動(取得和以前相當或更好的收入意味著必須要履行好「護林工」的職責,而這份工作做得越好,意味著森林的一草一木受到了更好的看護)與制度本身的目標(保護森林)取得了一致。這樣的制度,既是道德的,又是可行的,因而,它是正義的。總之,**基於經濟正義立場的制度建設**,其制度目標不僅需要在價值層面獲得群體相對的普遍認同(姑且稱作「價值的激勵相容」),還需要在制度的技術設計層面運用「激勵相容」原則以彌補在價值或者利益層面不能達及的共識。前一種從制度內在的本質判定了制度本身的道德合宜性,而後者從制度的外在形式確定了制度的技術合宜性,二者的統一正是合乎正義的制度建設。總之,僅僅是符合技術設計條件的制度並非是真正的好制度,僅僅符合價值立場的制度也並非是完整的好制度,只有那種在現實中,不僅體現了社會成員普遍正義價值訴求,同時又能在現實中高效且得以普遍遵從的制度,才是符合正義的制度,這就是經濟正義實現的歸宿。

3.3.3 靈活的調整機制

制度的安排必須符合環境改變的要求,當制度對價值目標的實現過程中出現意義漂移時,應該以新的制度予以相應的調節。但正如諾思所指出的,「經濟學家所堅持的理論是用來處理 19 世紀發達經濟體所面臨的問題的,那個時期問題是資源配置。經濟學家總是試圖將那個理論進行修訂以適應發展的基本問題,對於解決本研究所要解決的問題而言,這個理論是完全不適應的。」[1]在推進制度完善的過程中,最複雜的因素就是變遷過程本身,它會使來自過去經驗的解決方案在新的環境中無法運作。而且常規的經濟學分析往往是依賴於抽象的理論模型,「單個市場的或者整個政治/經濟體系的結構都是人類創造的,它們都不是自發地或者『自然地』發揮作用的。而且,隨著技術、信息和人力資本這些基本參數的改變,這個結構如果要運作良好的話,必然也要不斷做出改變。在沒有外部性、不完美和不對稱信息以及搭便車問題的情況下,我們可以想象出一個面對複雜的經濟變遷的價格體系。但是,這種想象忽略了我們仍未完全理解的在非各態歷經的世界中人類行為的特徵。」也就是說,儘管經濟學家大多數時候可以構建要素完備的經濟模型,來給予對經濟的預測與

---

[1] 道格拉斯‧諾思. 理解經濟變遷過程 [M]. 鐘正生, 邢華, 等, 譯. 北京: 中國人民大學出版社, 2008: 152.

評價，但是這是一種靜止、抽象的狀態，並不完全符合人類的現實。我們並不能在異常變化頻仍的世界中，一蹴而就地把握對世界的正確理解。「應對這種異常情況的最好方法是，保持那些允許試錯試驗發生的制度……這種結構不僅需要多樣的制度和組織以便試驗不同的政策，而且需要有效的方法去消除不成功的做法。只有在非正式規範演化相對較長時間之後，適應性效率才能逐漸形成。」[1] 伴隨適應性效率的一個要求是政體和經濟體能夠在面臨普遍的不確定性時為不斷的試錯創造條件，消除已無法解決新問題的制度性調整；或者建立起能根據社會經濟條件的改變而及時反應、靈活調整的機制。而事實也正如舒爾茨所說的那樣：「特定的制度確實至關重要，它們動不動就變化，而且事實上也正在變化著，人們為了提高經濟效益和社會福利正試圖對不同的制度變遷做出社會選擇。」[2]

記得早些年，中國很多城市機場都存在著嚴重的出租車司機「拒載」「甩客」現象，激起了民眾群情積怨，輿論一邊倒地批評出租車司機唯利是圖，促使相關部門採取了很多制度措施，如加強對違章出租車的處罰力度，或是加強對機場出租車監督管理等，但效果不佳。深究這種現象，其實除卻出租車司機的個人素質問題，深層次原因是原有的機場出租車載客秩序制度不能滿足司乘雙方的利益。由於去機場的出租車返程客源單一，出租車司機到機場送完客後為了避免返空車，一般選擇在機場等候承載下機乘客。在早些年中國經濟尚不發達的時候，乘坐飛機的人較少，而大部分乘客的目的地都是離機場較近的中心城市，少數乘客是離機場較遠的城郊地區。因此對於所有出租車來說，同樣的時間成本獲得的收益卻取決於運氣，運氣好的時候，等到一個長途客；但運氣不好的時候，等了半天，卻只掙得個起步價。因而，出租車司機從自身利益出發，在此制度條件下就總有違章的內在動力。后來，筆者有一次乘飛機去上海，發現上海虹橋機場對出租車等候載客制度僅作了個小小的調整，就比較好地解決了上述困境。根據乘客的目的地距離，機場在出租車等候區分別設立了長途候車點與短途候車點，由出租車司機自行選擇排隊等候的區域。由於短途乘客雖然駕乘費不高，但短途乘客人數多，等待的時間成本則低；相反長途乘客雖然駕乘費高，但由於人數少，等待的時間成本則高。這樣，小小的制度調整就基本上排除了原有制度的「運氣」因素造成的不公，出租車司機完全

---

[1] 道格拉斯·諾思. 理解經濟變遷過程 [M]. 鐘正生，邢華，等，譯. 北京：中國人民大學出版社，2008：146.

[2] THEODORE W. SCHULTZ. Distortions of Agricultural Incentives [M]. Bloomington：Indiana University Press, 1978：1114.

可以根據自己的偏好，選擇承載方式。不需要其他的配套措施，就可以從根本上解決「拒載」「甩客」現象。這個制度在當時來看的確是非常有效的好制度。不過，幾年以後，筆者再次經過上海虹橋機場和浦東機場時，曾經有效的制度業已被取消，重新恢復為原先統一的排隊方式，但出租車違章現象卻並未再次猖獗。這種制度調整其實也是社會經濟條件發生變化下的一種靈活應變，因為隨著飛機場修得離城市越來越遠，長短途的區別已經微乎其微；加之中國經濟的高度發展，民眾的經濟水平獲得了極大的提高，坐飛機的乘客急遽增加，機場出租車市場早已不是買方市場而是賣方市場，司機等候的時間成本也很低，這兩個因素的改變，使得當年的好制度已無必要，更簡單的舊制度重新成為更好的制度。由此可見，雖然經濟學證明了完全競爭市場是高效靈活的資源配置方式，但它自身不能規避「拒載」之類的不公現象，而必須輔以靈活應變的人為制度調節，只要制度設計到位，往往能夠起到四兩撥千斤的調節作用。靈活應變的制度調節機制，同樣也能起到與「無形的手」相類似的功能。

3.3.4 推進不同制度形式協調發展

社會不僅由多個制度構成，而且還由多種制度形式構成。不同形式的制度功能不同，生成與變遷機制也大相徑庭。「在人類社會中，沒有任何一種制度是絕對的好。一種制度安排的缺陷往往是由另一種制度安排來補救的。不同的制度安排共同構成一種制度結構，才能解決絕大多數的社會問題。不同的制度安排之間往往是互為補充、互為條件的。」[①] 因此，一個好的社會應該是多種制度並行，協調共治的社會，對於不同各類的制度應根據其特殊性按照制度規律去維護並推動其進步。

通過前文對「路徑依賴」等制度理論的敘述可知，新制度經濟學根據制度發生作用的方式將其劃分為非正式制度和正式制度。非正式制度是人們在長期交往中無意識形成的、被社會認可的傳統風俗、習慣、倫理道德、意識形態等，作為文化的一部分，代代相傳而成；正式制度則是人們有意識創造的一系列規制，主要包括政治制度、經濟制度、公共政策及契約等。兩種制度形式都能夠圍繞群體行動目標而對個體行為產生塑形作用。在正式制度建立以前，人們的交往活動依靠非正式制度來調節。在現代社會，雖然產生了大量正式制度，但其效能也只占整個社會調節體系中的有限部分，社會生活的大部分空間

---

① 盛洪. 治大國若烹小鮮——關於政府的制度經濟學 [M]. 上海：上海三聯書店，2003：142.

仍然有賴於非正式制度的調節。除此之外，在制度變更與變遷中，非正式制度也對正式制度有重大的影響。「路徑依賴」理論告訴我們，制度本身具有自我增強性。因此，基於任何目標下的制度變更，就個體而言，適應已有的規則，似乎總是比試圖改變規則更容易；就社會整體而言，非正式制度和文化的變化也總是比正式制度來得緩慢，而且它們往往會對正式制度產生重塑的反作用。德姆塞茨認為，當一項活動引起了不斷增加的外部效應時，一個規範就可能產生，規範是這種外部效應內生化的結果。「在那些人們交互作用僅限於小範圍、人格化水平的社會中，非正式的規範就普遍存在；只有當存在非人格化交換，並且對外部符號儲存系統的使用日益增多時，非正式規範才能轉變為正式規則。」[1] 因此，當我們在對正式制度進行變革與調整時，理解並不脫離社會的文化傳統是進行「可行」變革的必要條件。我們不僅需要清楚地理解構成現存制度的基礎的信念結構，還要準確地把握制度變遷在多大程度上受到信念體系的影響。對於處於制度創新的轉型期社會來講，就需要制度變革的主導者，盡可能地全面把握傳統思想和現實力量對個人和各種組織行為的作用，從社會知識結構的最深層尋找新制度的生長點，在個人自利性、對策性行為導致的紛繁複雜的可能性中找到真正有效的實現途徑。唯此，我們才能瞭解現存制度和它們的組織基礎的來源，才能獲得進行可能的結構改革的洞見。

總之，任何一種正式制度都是在特定文化背景下制定並實施的，非正式制度不僅直接影響正式制度的形成與實施，還影響著一種正式制度向其他制度環境的轉化；但是，正式制度又是非正式制度發揮作用和實現其功能的強化形式，其實施及變化則構成了非正式制度變遷的啟動因子，反過來進一步導致非正式制度的變遷。

當然，非正式制度與正式制度在現實中的生成與變遷遵循著各自的規律。非正式制度的變遷取決於社會成員的思維模式、價值取向、風俗習慣的改變，這一切主要是通過社會成員個體素質的改變來實現的。以正義來觀照現實，就是需要更多的人運用理性來鑒別並促進更好的、更可接受的社會，「我們需要有恰當的評價框架；我們也需要有機構和制度來為促進我們的目標和對價值判斷的承諾而工作；此外，我們還需要有行為規範和理性思考來使我們得以實現我們努力爭取的目標」。[2] 也就是說，制度的創設與運行不能只依靠政府等權

---

[1] 道格拉斯·諾思. 理解經濟變遷過程 [M]. 鐘正生, 邢華, 等, 譯. 北京：中國人民大學出版社, 2008：53.

[2] 阿馬蒂亞·森. 以自由看待發展 [M]. 任賾, 於真, 譯. 北京：中國人民大學出版社, 2003：251.

威機構自上而下單方面的推動，來自社會層面由公民、公民組織有序參與的「社會資本」同樣重要。根據美國政治學家帕特南的研究，「社會資本指的是普通公民的民間參與網路，以及體現在這種約定中的互惠和信任規範。」① 真正規導制度走向的是制度中的人！現代社會在多元價值立場並峙條件下，所面臨的社會問題又往往涉及各方的公共事務與公共利益，如果制度中的人缺乏現代公民的公共精神、公共理性與視野，再優良的制度也難以兌現。可見，如何培育社會成員普遍養成公民意識，形成健全的公民參與網路，從而大力提高「社會資本」存量，是經濟制度正義建設的重要任務。

在把握非正式制度重要作用的同時，正式制度的重要性同樣不能被忽略。經濟學家林毅夫就特別指出了正式制度對社會經濟發展的主導性。他認為一個民族的文化素質，與它的價值觀和習慣一樣，都由非正式制度安排。與正式制度安排一樣，它們都是滿足人的需要的「人造」工具。在靜態經濟學中，文化素質處於均衡狀態並往往變得神聖不可侵犯。然而，隨著經濟的發展，原來制度安排中的一些會變得過時，其原因在於人們為了從能提供更多服務或降低交易費用的機會中得到好處而需要新的制度安排。雖然制度創新過程會受到外部效果問題的「折磨」，但只要預期的利潤增長超過費用，那麼制度企業家終究會出現，有效的新制度安排也會被創造出來。從這個意義上講，價值觀、習慣和文化素質中的其他成分都是中性的。一個民族用不著等到確立了一套適合於經濟增長的價值觀或道德之後再來發展它的經濟。一旦有利可圖時，民族文化素質就會發生改變。但改變的關鍵是什麼呢？關鍵是使努力工作並創造新工作態度、價值觀以及其他正式和非正式制度安排的個人得到好處。文化素質沒有束縛任何一個人去尋求改善他自己的命運，束縛他的只是在承受變遷時有希望得到足夠多好處的機會的缺乏。因此，對一個民族的經濟發展來說，比文化素質更為重要的是政府的政策。由於政府提供的是經濟剩餘賴以建立的秩序構架，而如果沒有由政府提供的這種秩序穩定性，理性行為也不可能發生，所以政府政策對經濟發展的重要性是怎麼強調也不為過分的。② 當然，政府如何建立起切實有效的制度，則再次回到「機制設計理論」所探討的信息效率與激勵相容的問題。

對於各種性質的制度的適用方式，經濟學家田國強提出一套所謂「動之

---

① 羅伯特・D. 帕特南. 使民主運轉起來 [M]. 王列, 譯. 南昌：江西人民出版社，2001：1.

② 林毅夫. 關於制度變遷的經濟學理論——誘致性變遷與強制性變遷 [M]. 科斯. 財產權利與制度變遷. 上海：上海三聯書店，1994.

以情，曉之以理，誘之以利」的方法，以此分別指代由政府、市場和社會來實現和實施的制度模式。「動之以情」就是情感激勵，如通過人際關係、友情、感情來解決制度問題，尤其是在信仰和理念一致的社會背景下，這種方式會大大降低交易成本；「曉之以理」就是道理、法理激勵；「誘之以利」就是通過獎懲制度激勵，如將收入和工作努力程度掛勾以按件計算、按產量計算等方式形成激勵機制。

這三種基本方式應根據具體情況，有針對性地綜合應用。採用何種方式取決於法規的重要性、信息對稱的程度，以及監督和執法等交易成本的多少。具體而言：

對於那些在特定社會規範和文化下能自發形成穩定秩序的規制，僅僅依靠市場的調節就能達到交易成本小、可持續、效率高的效應，則應盡可能地避免強制性法律規定或利導性激勵機制的干預。但是，儘管社會規範、企業文化等社會資本作用重大，但在現代市場經濟中，仍難以調節大量複雜的交易活動，尤其是對於那些將個人利益置於至高無上的個體而言，還需要採用強制性和誘導性的制度性措施。對於這兩種制度的選擇，主要取決於「信息對稱」的難易度。當信息不完全、不對稱時，就需要設計出激勵相容的機制，即激勵機制；當信息比較容易對稱時，則應該採取硬性的法律法規。概括而言，「制度安排要根據具體情況，信息對稱的時候，用硬性規則，『剛』『欲』的東西；信息不對稱的時候，用激勵機制來解決，長久以往，就形成了一種無欲則剛的社會規範或文化。」①

3.3.5 完善經濟制度正義建設的輔助機制

經濟制度的正義建設不僅要著眼於作為制度基本構成的產權制度、分配制度，還需要完善微觀層面的決策機制，以及建立相應的協調及仲裁機制。

維護經濟秩序、保證經濟生活良性發展是經濟制度建設的重要目標。隨著現代市場經濟的深入發展，利益的高度分化加劇了社會群體間的摩擦與衝突，而社會經濟矛盾的解決很大程度取決於能否建立一整套有效的**談判、協商、仲裁的機制**。這不僅是現代經濟發展的內在邏輯，更是經濟正義實現之於制度建設的必然訴求——現代經濟機制應該能夠提供一個可供社會諸群體充分表達意見、相互溝通、談判的制度平臺，在參與者共同認可並遵循規則與程序的基礎上，形成普遍接受的意見和決策。在這個過程中，「契約中所規定的權益和責

---

① 田國強. 科學理解現代經濟學 [J]. 上海財經大學學報，2011 (2).

任分配條款,是在簽約之前經過當事人之間的雙邊或多邊談判、討價還價過程而達成的。因而『談判勢力』(優勢和劣勢)的大小,在契約中權責的分配和各當事人的地位的界定過程中起著決定性作用」[1]。但由於在現實的經濟關係中,利益參與者的地位、能力、信息等因素往往不對等,而當其中一方居於明顯弱勢地位,而根本無法與對方形成勢均力敵的談判能力時,要得出正義的協商結果則有賴於公正的決策程序,需要公共權力機構以公眾利益的代表參與其中,或者借助相關公民組織形式的參與來調節平衡雙方「談判勢力」。「人們對分配實踐的反應受到用來達到結果的程序的制約要比結果本身更為強烈;即使最終結果對一個人相當有害,只要這一結果是以與她的公平標準相協調的方式達到的,她也會把它作為正當的結果加以接受。」[2] 顯然,如何建立協調各種利益關係,尤其是如何為弱勢群體建立起有效的、規範的、暢通的**利益表達機制**,如何建立各階層互對話、交流的社會**協商機制**,保證社會各階層的願望可以通過正常渠道及時有效表達,是經濟制度正義建設的題中要義。

---

[1] 劉偉. 經濟學導論 [M]. 北京: 中國發展出版社, 2002: 53.
[2] 戴維·米勒. 社會正義原則 [M]. 南京: 江蘇人民出版社, 2001: 112.

4 經濟正義的制度實踐

經濟活動是在一系列經濟制度的規導下展開的，個體目標和社會目標都通過制度來實現，其實現過程的規範性也取決於既定的規則體系。但是，經濟正義的價值目標並不直接等同於經濟制度的功能目標。經濟中只有關於生產、交換、分配的制度，並不存在所謂關於「自由」「平等」或者「效率」的制度。所有的價值目標都是通過經濟制度的功能性目標的實現，改變了人的生存狀態來達成的。經濟正義的實現是落實在若干個具體的、按自身規律運轉的經濟制度之中的。因此，基於經濟正義立場的制度審量，是指制度在有效地實現其功能性目標的同時，制度運行過程與結果不得有損於正義的價值訴求，各種制度並行之下的經濟體系運行的結果，應從總體上促進人類美好社會與幸福生活的發展。概括而言，制度本身的合正義性，以及制度本身的合經濟規律性，兩者共同構成特定經濟制度形成的約束條件。

4.1 市場與政府——兩種經濟運作機制

通過市場或是政府來對經濟進行調節，是當今世界上最重要的兩種經濟制度方式。經濟正義的實踐狀況很大程度上取決於市場與政府各自的功能以及相互間的作用。

4.1.1 「市場奇跡」與「市場失靈」

市場機制就是資源在市場上通過自由競爭與自由交換來實現配置的機制。市場機制的價格、供求、競爭三大基本要素的組合及交互運動又形成了價值規律、供求規律、競爭規律、平均利潤率規律、貨幣流通規律等市場經濟的基本規律。市場也是一種制度，它包括一群附屬制度，並且和社會的其他制度複合體互相作用。

(一)「市場奇跡」

從 18 世紀開始,市場經濟本身的合理性和優勢就被西方國家視作實現經濟繁榮和個人自由的工具,它促進了經濟效率和社會福利的提高,也擴大了個人自由選擇和自主決定的空間。個人往往在市場中獲得創新的動力和自由選擇的權利,從而使自己的命運掌握在自己手中。正如德國經濟倫理學家彼德‧科斯洛夫斯基所說的那樣:「作為協調手段的市場恰恰是通過以下這一點才顯現出它的不容置疑的優越性的,即它比所有其他的協調形式都要更為廣泛地允許個人的目標追求和自我負責的行為,市場不僅使消費自由成為可能,而且還使富有創造性的生產與行為自由成為可能。」① 從這個意義上來講,市場不僅僅是高效的經濟,而且對促進人的自由與平等發展皆發揮了巨大的作用。

就經濟功能來說,市場具有神奇的功效。我們可以看到,即便是在一個商品成千上萬、生產與需求千差萬別的市場,沒有任何集中的指揮系統和強制計劃去為全社會的經濟系統做出有序安排,卻總是有適量的商品被生產出來,被運到合適的地點,最后落到心滿意足的消費者手中——這似乎是個奇跡。但這個被亞當‧斯密稱為「無形之手」的奇跡並非憑空而生,它是源於市場自身內在邏輯的體系:通過價格槓桿、交換機制、競爭機制來傳遞信息,協調個人和企業的各種經濟活動,能將不計其數的個人知識和活動匯集在一起,自行解決涉及億萬個未知變量或相關關係的生產和分配的問題,這令世界上最優秀的超級計算機也望塵莫及。在自由市場經濟體系中,並沒有人去刻意加以管理,沒有人和機構去專門研究和預測消費量、制定生產量、核定價格,但市場卻能順利地運行著——這就是市場的「魔力」。

更具體而言,一個社會的根本經濟制度需要回答三大基本經濟問題:生產什麼?如何生產?為誰生產?市場則通過以下方式來實現這三大經濟問題:

生產什麼商品和勞務取決於消費者的貨幣投向,即每天都需要做出的購買決策。消費者支付給企業的貨幣最終轉化為工資、租金和紅利,並重新以收入形式再次回到作為勞工身分的消費者手中。從企業角度來看,企業始終受利潤最大化的驅使:當利潤低時企業則轉移出虧損的行業,同時轉向那些因需求較多而高利潤回報的產業。

如何生產則決定於各個生產者間的競爭。為了在競爭中取得價格優勢並獲取最大利潤,生產者的最佳途徑就是通過採用效率最高的生產技術,從而盡可

---

① P. 科斯洛夫斯基. 資本主義的倫理學 [M]. 陳筠泉,蘇曉離,譯. 北京:中國社會科學出版社,1996:58.

能降低成本。因此，企業必須關註技術改進，通過創新提高機器性能，或調整勞動組合方式以獲得較大的成本優勢，從而推動整個社會生產力的發展。

為誰生產主要取決於生產要素市場上的供給與需求。生產要素市場決定了工資、地租、利息和利潤的水平。一個人可能分別從工作、股票、存款、房產獲得工資、紅利、利息和租金，這些的總和構成一個人的市場收入，因此，收入在消費者之間的分配取決於他們所擁有的要素的數量和價格。

可見，市場通過上述三個環節，促成了「無形之手」調控下的經濟高效。這不僅是普遍存在的經濟事實，在理論上也得到了充分的論證：正統經濟學家通過數理表達，建立起了一個理想的市場模式——「完全競爭市場」，並且證明了，在完全競爭市場條件下，就能夠實現資源利用最優、經濟效率最高。當然「完全競爭市場」並非一種真實的市場，而是指一種競爭不受任何阻礙和干擾的市場結構。其實現條件必須滿足：①對單個企業而言價格既定。市場上有大量互相獨立的買者和賣者，他們是既定價格接受者而不是決定者。②產品同質。所有賣者向市場提供的產品都是同質的、無差異的產品，對買者來說沒有任何差別。③要素自由流動。所有要素都可以自由流動，進入或退出市場。④信息充分。賣者和買者都可以獲得完備的信息，雙方不存在相互的欺騙。除此之外，還有完全競爭者都具有理性等基本假設。很顯然，這種理想的《完全競爭市場》很難有現實的真實對應物，也就是說，「市場奇跡」的維繫有著非常苛刻的約束條件，這就為「市場失靈」埋下了伏筆。

(二)「市場失靈」

市場失靈是一個經濟學術語，從狹義上來說，正統經濟學將之定義為特指市場不能實現經濟效率的狀態，即市場未能把我們的資源配置於那些能為我們的福利做出最大貢獻的產品和服務的生產領域中。一種更廣義的市場失靈的理解，不僅僅將市場作為組織產品和服務的方式，還將市場作為組織社會的方式來給予評價。而組織社會的評估標準是生活質量，生活質量是生活方式、健康、環境、人際關係、自尊、價值以及消費的綜合體現。因此，廣義的市場失靈是指，「市場整體無法達到生活質量標準的失靈。根據這個定義，每當市場無法保證提供我們想要的物質產品與提供其他福利之間實現正確平衡時，市場失靈就出現了。」[1]

市場失靈的狀況主要有：不完全競爭、公共品、外部性、不完全信息、分

---

[1] 林迪·愛德華兹. 如何與經濟學家爭辯 [M]. 黃勝強, 許銘原, 譯. 北京：中國社會科學出版社, 2006：114.

配公平問題。這幾種失靈表現出不同的性質,前三種,是指即便在「完全競爭市場」條件下,市場機制內在仍不可避免地失靈;不完全信息,則是針對真實市場可能會導致的失靈——這四種「失靈」所評價的價值標準是「效率」。而第五種「失靈」則是出於另外價值標準「公平」(平等)、「自由」,以及市場在整個人類生活方式中的道德局限。

1. 報酬遞增造成的「不完全競爭」

造成市場失去效率的一個重要原因就是存在不完全競爭(Imperfect Competition)。在完全競爭條件下,任何企業或個人都無法影響價格;反之,當買賣雙方任其一能夠左右某商品的價格時,即出現了不完全競爭(即壟斷)。比如說,若石油公司能左右整個市場的石油價格,或者工會強勢到足以左右勞動的價格時,則一定程度的不完全競爭就出現了。在不完全競爭條件下,社會的產出就會從生產可能性邊界向上移至邊界之內,生產壟斷者從而可獲取遠遠超過社會平均利潤率的超額利潤,這造成此商品的產出低於有效率時的水平,從而損害經濟效率。在此條件下,市場「看不見的手」就失靈了。舉例而言,假如某產品只有一家賣者壟斷,當其漫天要價以獲取超額利潤時,就會出現上述情況——該物品的產出就會低於有效率的水平,使得經濟的有效性受到損害。

由於「報酬遞增」的原因,即便是在「完全競爭」條件下的市場經濟中,也難以避免上述「不完全競爭」狀況的產生。「報酬遞增」是生產的一種特性,它表示當以倍數 n 增加投入產品時,產出增加的倍數大於 n,那麼報酬是遞增的。「報酬遞增」使企業的平均成本隨著生產規模的擴大而下降。比如一家電話公司,其擁有強大的電話網路,而多接一個用戶的追加成本很低,而另外一家公司擁有較小的電話網,必須新建更多的網路來吸引新的顧客。因此,如果公司規模很大,其生產的平均成本要低於規模很小的平均成本。規模報酬遞增意味著大型企業對小企業有競爭優勢。大企業由於享有更低的平均成本,能將其他企業驅逐出市場,並阻止新的企業進入。由此,「報酬遞增」就在沒有任何共謀的情況下,造成了「自然壟斷」。

總之,「報酬遞增」帶來市場失靈,是由於壟斷企業會將價格抬高到完全競爭水平以上,因此社會不能享有在競爭價格水平下的消費數量;同時,壟斷企業的收益小於消費者的損失,其淨差額構成了社會損失。

2. 公共品

在前文闡述市場的「奇跡」時,我們知道市場機制能通過其價格槓桿、交換機制、競爭機制自行高效地調節商品供求關係。當這種商品是 iphone4(第 4 代蘋果手機)時,市場能夠完美地發揮出此效能,然而對於有一些物

品，市場的調節機制就會束手無策，公共品就屬於這一類。公共品（Public Goods）是相對於私人物品而論，即指那些能供多個人共同享用的產品和勞務；同時，供給該產品的成本和多人享用它的效果，卻並不隨使用其的人數變化而變化。「非競爭性」是識別公共品最顯著的特徵之一。舉例而言，普通的商品，如一件大衣、一個手機、一個蘋果，如果你使用了它，別人就不能消費了。這些商品都有這個性質：如果它們被一個人消費了，那麼就不能被其他人消費——這些商品都具有「競爭性」。但有些物品，如國防、免疫疫苗、防汛工程等，卻沒有人能獨斷專用，它們一旦被提供出來，就能使整個社會中的每個成員獲益。這些在消費上具有「非競爭性」的物品，則為公共品。一般來說，公共品往往對維護社會正義有很大的關聯性，但由於公共品具有的這種「非競爭性」的特點，又使得私人供給缺乏動力和效率，市場對此的調節往往是失靈的。

為便於進一步分析公共品，按照「是否可以定價」還可將其細分為兩類：一類是「非競爭性非排他性物品」，即不可定價的公共品，如空氣、水、國防、天氣預報等；一類「非競爭性排他性物品」，即可以定價收費的公共品，如收費的公園、森林、海灘等。如果是「非競爭性非排他性物品」，由於消費這類產品的邊際成本（即每增加一個人消費它的成本）為零，因此這種商品的有效價格為零。但是這類物品的生產（或維護）需要耗費成本，如果只能收取零價格，則沒有企業願意生產它，因此，僅依靠市場調節必定導致這類物品的供應不足。而對於「非競爭性排他物品」來說，例如，某企業對通行某大橋的汽車徵收10元過橋費，這意味著，那些認為使用大橋的價值小於10元的消費者，將不會使用大橋。作為公共品的大橋因此不能得到充分的使用，因而從社會的角度來看，這是一種浪費，是消費者剩餘的損失。

可見，消費非競爭性非排他性商品，由市場提供將導致供應不足；消費非競爭性排他性商品，將使商品得不到充分利用，兩種情況都會導致無效率。也就是說，公共品的特殊性使得市場機制不能誘導消費者顯示對這類物品的偏好，這樣一來以價格為靈敏調節器的市場機制，對這類物品或服務的資源配置、生產、交換便告失靈。如果這些公共品的供給交給私人（市場）來處理，人們最終就陷入這樣一種情況：如果每個人都為公共品供給做出一份貢獻，每個人都會更好；但是每個人又都發現出於他自己的利益都有逃避貢獻的動機。於是，就會有不在少數的人會試圖以所有其他人為代價，讓自己搭便車，從而出現誰也不想要的結果——這一難題以各種各樣的名稱而為人所知：「公共品的難題」「集體行動的問題」「囚徒困境」「公地悲劇」等。這些問題僅憑市

場本身是難以解決的。

3. 外部性

造成市場失去效率的另一原因就是外部性（或稱溢出效應）。外部性是指企業或個人向市場之外的其他人所強加的成本或效益。[①] 用更通俗的話來說，就是「當一個人從事一種影響旁觀者福利而對這種影響既不付報酬又得不到報酬的活動時就產生了外部性」。[②] 市場交易一般是指人們自願地以貨幣來交換物品或勞務的活動。當消費者在市場上購買了一臺電視，他得到了這臺電視的全部價值。但是，如果造紙廠將生產污水直接排到附近的河流，會對附近依靠此河流飲水的住戶造成福利損害，工廠卻並不一定會給予住戶補償；飛機給機場附近居民造成大量噪音，航空公司也不會對機場附近居民給予補償。這些外部性無疑降低了他人的福利，被稱為負外部性。除此之外，還有一些外部性會給他人帶來好處，為正外部性。譬如教育就是一個被認為不僅給當事人而且會給整個社會帶來積極外在性收益的例子；技術創新也具有正外部性，企業大量投資於技術創新研發新產品，但該企業的利潤增長卻僅為全社會從此新產品獲利中的很小一部分。由於這些外在的收益或成本都沒有納入生產決策的核算之中，與社會效率產出水平相比，負外部性存在會導致生產過剩，正外部性會導致該類產品會因投入降低而生產不足。總之，在市場環境中，外部性導致社會需求曲線或高於或低於（分別取決於正的或負的外部性）市場需求曲線，而市場產出的水平將最終分別低於或高於社會有效水平，從而兩種情況都導致即便是完美市場條件下也不能實現對資源的優化配置。

4. 不完全信息

第四種重要的「市場不靈」是信息不完全所致。「完全競爭市場」作為一種理想狀況，是基於完全信息的假設，即消費者和生產者擁有做出正確決策所需要的全部信息。顯然，這種理想的市場與現實市場相差甚遠。市場的資源配置依靠的是價格的調節，商品和服務的生產者和消費者、生產要素的所有者和需求者都是基於價格來做出自己效用最大化或利潤最大化的決策，市場高效率的前提條件就是完全信息，但現實中很難做到這樣。譬如在商品市場，生產者無法完全瞭解和準確預測生產要素的質量、價格情況及其商品的需求情況，消費者也無法完全瞭解市場上銷售商品的質量和價格情況；在勞動力市場上，雇主無法完全瞭解每一個雇員的工作能力，而求職者也無法瞭解所有空缺職位的

---

① 保羅·薩繆爾森. 經濟學 [M]. 18 版. 蕭琛，譯. 北京：人民郵電出版社，2011：31.
② 曼昆. 經濟學基礎 [M]. 2 版. 梁小民，譯. 北京：生活·讀書·新知三聯書店，2003：210.

相關信息……顯然，市場各類參與者，都很難擁有能做出正確決策所需要的信息。

在經濟生活中，不完全信息通常表現為信息不對稱，即信息在市場參與者之間的分佈是不均勻、不對稱的，一方擁有信息多，一方則少。一般情況下，商品的生產者對自己生產的商品信息比消費者知道得多，雇員們對自己能力的瞭解也遠遠超過雇主。

產生信息不對稱的原因主要是獲取信息是有成本的。消費者需要付出很多的時間和精力去市場搜尋相關商品的信息，股民們需要付出時間和精力去搜尋需要的股市信息。這說明，信息和其他資源一樣，也是稀缺的，獲取信息需要支付成本，導致願意支付這種成本的一方就形成了對另一方的信息優勢，從而形成了信息不對稱的格局。而只要實際市場存在這些問題，其結果就不會有效率。

5. 以「分配不公」為主要表現的道德缺陷

總的來講，市場是人類歷史迄今為止最具正義性的經濟運行機制，因為它為社會成員提供了平等交易的條件，讓每個人可按照自己的意願自由選擇（生產和消費），這樣就可以達到資源的優化配置（效率），從而實現個人與社會的福利最大化（幸福）。但是，這樣一個完美的機制只是存在於理論的假設中，在現實的市場裡，經濟的高效發展會迅速拉開人與人之間的差距，打破了平等條件的經濟交往，最終會傷及市場中的自由選擇，市場就不再是一個能夠自動導向人人都幸福的經濟機制。

市場能夠提高經濟效益，促進生產力發展，但它並不會自動導致符合正義要求的、均衡的社會分配結果。雖然市場奉行等價交換的分配機制，但各經濟主體的天賦、受教育程度、社會家庭條件的差異，必然導致收入水平的參差不齊，不可避免事實上的不平等。以市場為核心的優勝劣汰競爭機制往往使得收入在貧富之間、發達與落后之間的差距呈現不可逆的「馬太效應」。加之市場調節自身並不能保障充分就業，失業現象更是對貧富懸殊推波助瀾。**市場經常忽視因窮人沒有足夠的資金使市場瞭解他們的需要而造成的貧困。**學者從個人應該自由推出經濟應該自由、市場應該自由，應盡可能地免於受到政府、社會組織的干涉。但是市場充分自由的前提是個體自由度大致均等。但社會現實中的個體，因財富的懸殊、知識的多寡、文化的差異、天生稟賦的不同等諸多原因，並不具備相似的自由選擇能力，因此，建立在此條件下的自由市場，必然會導致「自由人」對「不自由人」的剝奪。在學者郭凱的經濟學札記《一沙

一世界》中提及這樣一個案例：① 2009—2010 年，美國哥倫比亞廣播公司的電視新聞節目《60 分鐘》兩次播放了一個報道，講述的是美國的電子垃圾通過中國香港走私進入中國內地，主要集中於汕頭的貴嶼鎮，並在此進行分拆。大部分含有大量重金屬和有毒物質的零件就地簡單堆積或焚燒。小小的貴嶼鎮因此成了地球上最毒的地方之一。那裡的孩子體內含鉛量遠遠超過正常值，婦女流產率極高，癌症發病率也高得驚人。對此，中國內地、中國香港和美國三方政府都睜一隻眼閉一隻眼。更令人深思的是，貴嶼鎮——作為最直接的受害者，在整個運作中完全是自願和自發的。儘管明明知道所從事的工作對身體不好，但仍然繼續。記者採訪他們為什麼要繼續從事這樣的工作時，他們的回答是：來錢容易。對於該鎮的人來說，處理垃圾既是他們的謀生之道，但也是套在他們脖子上漸漸收緊的繩索。這就是自由市場不受管制而自然出現的結果。

這是自由市場下個體自主選擇的結果嗎？很難說是。首先，該鎮的人對電子垃圾處理工作的危害性真正完全知情嗎？他們所受的教育和知識水平還不足以讓他們真正明白，其所從事的工作對自己、家人以及周邊的人將造成什麼樣的惡果。因此，他們其實是被錢騙了，才做著一份他們並不真正理解的工作。正如《60 分鐘》對那些自願從事危險工作的人做出的解釋：絕望的人做絕望的事。也就是說，在貧富懸殊、知識與信息不對稱、能力不對等、自由條件不平等的交易雙方背景下，理性、偏好、成本分析法等常用的經濟術語、公式、規律，都可能會是失效的，或者得出的結論儘管符合經濟邏輯，卻有悖於社會正義。

除此之外，基於社會正義的立場，物質僅僅是促進每個社會成員自主獲取幸福的手段而已，社會發展經濟最終是為了超越經濟，人們追求物質最終是為了超越物質。但市場作為一種有限的經濟機制，其自身並不能提供更高意義維度的審視，在一個市場經濟強勢的社會，如果缺少其他機制的制衡與牽引，必將誘使個人將財富的幸福當作全部的人生幸福，促使社會把作為基礎的物質當作社會發展的最終目標，人類文明也就會繼續困頓在馬克思所指出的「物的依附」的時代。就像科斯洛夫斯基在評價市場經濟的結構特徵時所指出的，「在所有三個特徵中②，人們可以觀察到從量到質、從形式到內容的轉變：不受限制地對利潤和利益的追求導致了向吝嗇、貪婪和人類行為目標的財富的損失的轉變。僅僅通過市場成果，也即通過具有需求意義的支付意願的成功參與

---

① 郭凱. 一沙一世界 [M]. 北京：中華工商聯合出版社，2011：236-238.
② 這裡指產權主體的明確界定，通過市場交換的方式配置資源，經營者對利潤和效益最大化的追求。

協調生產和社會的狀況分配,會導致在控制生產和分配生活機會時過分的主觀主義,會導致對有些本質意義的生活目標的忽視。」① 由於「自由市場不像人那樣可以在行動中停下來自省其身,看看是否造成了對社會機理、自然環境以及國家與世界之間關係等方面的損害;自由市場也不會自動判斷和評價其嚴酷的利潤先決的底線對普通家庭和貧困者是否公正。唯有人類才能超越自由市場的局限,審視和評價它是否可以滿足更廣義的社會目的」,② 因此,基於經濟正義的立場而對經濟的審視,要求我們對市場的規導應該用綜合的價值體系而不是單一的價值目標去衡量它,必須將生活的整體質量與境界而不僅僅是物質財富的增長作為評價它的基準,如果市場的自由發展無視於此,就應當被視為市場失靈,從而以有效的制度對市場的消極方面給予合理的矯正,以避免市場的偏執發展,引導它去匹配我們想要的社會。

綜上所述,我們看到,市場經濟外生的一系列道德缺陷,以及公共品、外部性等幾種內生性「失靈」不僅與損害效率價值有關,而且同樣對自由、公平造成了損害。因而需要設計新的制度安排。正如當代著名經濟思想家薩格登所指出的,「在現代經濟學中,市場被視作一個複雜且不完美的系統,需要政府的悉心照料:產權必須得到界定和保護,契約必須強制執行,『市場失靈』必須糾正,以及收入必須經再分配以確保社會正義。」市場的良性運轉,必須有政府調節以及其他一系列的經濟制度相匹配才能得以保證。當然,這些圍繞保證市場功能而展開包括國家(政府)在內的一系列制度,其功能必然受到相應的約束條件制約,政府、產權、分配及再分配等一系列輔助市場的制度,都應在經濟及正義的雙重視角下審視其合理性與約束條件。

4.1.2 「政府干預」與「政府失靈」

既然「市場失靈」會導致經濟運行的效率降低,滋生社會不公,更對自然環境造成破壞,進而從整體上影響到人們的生活質量,因此,國家對經濟生活的介入,從根本上來說,正是對經濟發展的一種正義規導。歷史也證明了,由於「市場失靈」的諸多問題,市場絕不可能獨自有效地運行。「至少,一個有效的市場一定需要各種能夠確保人身安全的警察部門,保證合同執行的獨立的司法體系,防止壟斷泛濫和污染成災的監管機制,培育年輕一代的各類學

---

① P. 科斯洛夫斯基. 資本主義的倫理學 [M]. 陳筠泉, 蘇曉離, 譯. 北京: 中國社會科學出版社, 1996: 59.
② 塔伯特. 奧巴馬經濟學——公平的經濟前景如何改變貧富差異 [M]. 夏愉, 羅雷, 譯. 北京: 中國輕工業出版社, 2008: 28.

校，杜絕傳染病的公共衛生保健系統，等等。」① 保證經濟生活的健康運行，政府的干預必不可少。但是，接踵而來的問題就是，政府是以糾正市場的失靈而干預經濟的，那麼，「誰來保證當市場失靈時，政府不會失靈?」② 「政府失靈」使得在現實中對「國家干預」的目標、領域、方式與程度等問題一直倍受爭議。

(一)「政府干預」——國家的經濟功能

「政府干預」是通過其政策工具，來實現對市場經濟失靈的調節與控制，現代經濟中已經沒有不被政府所影響的領域。「政府干預」經濟的工具主要有三種:③

（1）對收入、商品和服務的稅收。這些稅收以減少個人收入與支出的方式，為公共支出提供了來源。稅收制度還對某些商品（如菸、酒）課以重稅以達到對相應活動的抑制；同時，對那些需要扶持發展的活動，則徵收較輕的稅收，甚至進行補貼。

（2）在某些商品或服務領域（如教育、交通基礎設施、治安等）予以支出，以及為個人提供資源的轉移支付（例如社會保障、醫療保障等）。

（3）管制或控制措施，以指導人們從事或減少某些經濟活動。比如對企業污染的限制，對商品的質檢等。

通過使用如上方式，「政府干預」需要實現如下四個主要職能：

※促進經濟效率——

針對一系列「市場失靈」所造成的經濟效率減低，政府干預的核心經濟目標就是幫助社會按其意願配置資源。政府經常運用自己的工具來矯正那些上文所述的顯著的市場失靈。

在對完全競爭的破壞方面，當壟斷或寡頭廠商合謀減少競爭或將其他企業排斥出市場時，政府可以採取反托拉斯政策或進行管制。

在外部性和公共品方面，面對自由市場可能產生過多的環境污染，並使公眾健康或教育方面的投資不足，政府可以運用其影響控制有害的外部性，或者建立科學研究及公共健康項目，對可以產生外部成本的活動（如吸菸）徵稅，對可以增進社會福利的活動（如教育或保健）提供補助。

---

① 保羅・薩繆爾森. 經濟學 [M]. 18 版. 蕭琛, 譯. 北京: 人民郵電出版社, 2011: 276.
② 亞當・普沃斯基. 國家與市場——政治經濟學入門 [M]. 酈菁, 等, 譯. 上海: 上海人民出版社, 2009: 40.
③ 以下關於「政府干預」的內容參見: 薩繆爾森. 經濟學 [M]. 18 版. 蕭琛, 譯. 北京: 人民郵電出版社, 2011.

在不完全信息方面，政府可以加強對食品、藥品等商品的管制，要求相應企業在商品上市之前提供有關其安全性和有效性的大量數據；向生產電器的企業提供節能效率信息；還可以通過公共支出，由政府收集和向市場提供這方面所需要的信息。

※減少經濟不公平——

在自由市場下，人們最終的貧富狀況，通常不僅僅取決於個人的努力，很大程度則有賴於他的出生地、他所繼承的財富、他天生的才智、后天的教育、他的運氣，甚至於他的性別或膚色。而這些因素所造成的貧富懸殊，在現代社會中，會形成不公平的共識。而當一個社會在整體比較富裕時，就能有更多的資源為窮人提供服務以化解這種經濟不平等。這種收入再分配的活動是政府的第二大經濟職能。

收入再分配一般是通過稅收和支出政策來進行的。大多數國家現在規定：兒童不應因其父母的經濟狀況而忍受饑餓；窮人不應因沒有足夠的錢支付必要的醫療費用而死去；兒童應該免費接受公共教育；老年人應有最低水平以上的收入安度晚年。這些主要是通過轉移計劃去落實。但是，在一些發達的福利主義國家，隨著稅收負擔加重，政府預算赤字增加，以及收入支持計劃成本的上升，如上再分配政策也面臨著納稅人對再分配與累進稅越來越強烈的抵制——這又是來自另一方面的社會正義訴求。

※通過宏觀經濟政策穩定經濟——

現代社會的市場經濟主要是以資本主義為背景，資本主義其內在的經濟週期性所引發的通貨膨脹、經濟危機、金融恐慌和蕭條，是對社會生活質量的重大破壞。政府有義務正確地運用貨幣政策和財政政策，並嚴格管制金融體系，以制止這類災難性經濟蕭條。此外，政府還努力減小經濟的週期性波動，以防止衰退引發的大規模失業，經濟擴張時出現嚴重的通貨膨脹。

※執行國際經濟政策——

隨著經濟全球化時代的到來，一個國家的經濟興衰被帶入全球的經濟發展狀況之中，一國的經濟問題乃至經濟正義問題皆延伸至世界市場領域。政府在國際舞臺上代表的是國家的利益，與其他國家就廣泛的問題進行談判，簽署對本國有利的協定。國際經濟政策主要體現在減少貿易壁壘、執行國際援助計劃、協調宏觀經濟政策、保護全球環境等方面。

（二）「政府失靈」

與市場失靈理論相聯繫的國家理論是功能主義：假設市場一旦有缺憾，公共機構就會起而彌補，人們簡單地從國家應該做什麼推斷它實際將做什麼，假

定國家會正確行動，安守職責不逾矩。然而，正如劉易斯所說：「沒有一個國家不是在明智政府的積極刺激下取得經濟進步的，另一方面，經濟生活中也存在著這麼多由政府弄出來的禍害，以至於很容易就訓誡政府參與經濟生活一事寫上滿滿的一頁。」①「政府失靈」較之「市場失靈」有過之之勢，其帶來的一系列問題，不僅是經濟學所考量的，也是經濟正義所不容忽略的。

美國經濟學家查爾斯·沃爾夫在《市場，還是政府——不完善的可選事物間的抉擇》一書中，對國家失靈問題做出了全面的分析。他將國家干預失靈的根源與類型歸納為以下幾種：②

1. 成本與收入的分離：過剩的和上升的成本

「國家失靈」不可避免的首要根源恰恰存在於那些為國家干預提供合理性的環境之中。就市場而言，不論其怎麼不完善，但總的來說它能夠保證其中的生產性或經營性活動的收入與成本始終相聯繫，這種聯繫是通過市場產品的索價和消費者的出價而達成。在市場活動中，由於實際的或潛在的競爭，以及出於獲取超額利潤的動機，企業有著內在的不斷擴大生產和降低成本的驅動——這是「效率」得以憑市場「無形之手」而實現的內在動因。然而，由於維持國家經濟活動的收入來自非價格資源（Nonprice Sources）——稅收、捐贈，或者其他提供給政府的非價格收入，國家干預就消除了這種聯繫。而只要維持一種活動的收入與生產它的成本無關，就要比生產給定產品必需的資源使用更多的資源，或者比最初因為市場失靈的原因而採取的國家干預提供更多的干預，而進行一項干預活動的成本與維持它的收入相分離，低效率便受到激勵，從而惡性循環。總之，這種關鍵性聯繫的缺乏把政府經濟產出的正當性、價值與生產它的成本割裂開來，從而導致資源錯誤配置的概率與規模大大增加了。

無論政策是採取管制，還是行政轉移支付的形式，或是直接生產公共產品的形式，就國家主導的一系列非市場經濟活動而言，都始終存在著一個提供過剩成本的最終趨勢。這導致非市場活動會比市場活動更可能忽視，或更難實現降低成本函數、提高生產率，或實現規模經濟的技術可能性，這樣的結果就是國家失靈：技術上的低效率生產和過剩成本。如聯合國糧農組織一位離職官員就曾描述過自己所在組織過剩成本上升的狀況：「其80%的預算固定用於在羅馬的龐大中央官僚機構，11%用於出版無人閱讀的出版物，而剩下的9%則用

---

① 林毅夫. 關於制度變遷的經濟學理論——誘致性變遷與強制性變遷 [M] //R. 科斯, 等. 財產權利與制度變遷. 上海：上海三聯書店, 1994.

② 查爾斯·沃爾夫. 市場, 還是政府——不完善的可選事物間的抉擇 [M]. 陸俊, 謝旭, 譯. 重慶：重慶出版社, 2007：48.

於舉行會議和支付很大程度上不必要的旅行費用。」① 老實說，這位官員描述的 20 世紀 70 年代的西方社會存在的這類現象，目前在中國也存在，這值得我們反思。在全國政協十屆五次會議馮培恩委員在題目為「加大節約型政府的建設力度刻不容緩」的發言中指出，從 1986 年到 2005 年中國人均負擔的年度行政管理費用由 20.5 元增長到 498 元，增長了 23 倍，明顯超過了同期人均 GDP 增長的 14.6 倍，人均財政收入增長的 12.3 倍和支出增長的 12.7 倍。而行政管理支出占財政支出的比重從 1986 年的 10%增長到 2005 年的 19.2%，超出國際貨幣基金組織 15.6%的標準；而中國撫恤和社會救濟支出占財政支出比重只提高了 0.5%，國防、科技和農業支出占財政支出的比重分別下降了 1.8、1.2 和 0.4 個百分點。可見政府浪費加大了財政負擔，擠占了科教文衛醫和社會保障等公共資源，損害了人民群眾的基本利益。

由於國家的干預一般都是在市場失靈已經具有公眾效應時介入，而干預的短期效應往往不錯，於是就強化了公眾對市場結果是不完善的意識，從而對矯正措施的需求加強，國家干預也就被賦予了設定不切實際的目標的權力，這往往會進一步加大「國家失靈」的規模和程度。

2.「內在性」問題

為了保證基於某項目標的活動能正常進行，活動組織必須明確與內部日常管理和運作相關的一系列標準：評價員工；核定工資、津貼和晉升；對次一級組織的分配預算、行政事務等。在市場主導下，企業組織可以從消費者行為、市場份額和盈虧項目核算中獲得直接的績效指標，從而有效完成如上的內部管理事宜。但是，由於公共機構缺少這一環節，只能創立自己的標準來指導、調整和評估機構績效和工作人員的表現，從而構成公共機構的內在目標，稱其為「內在性」。也就是說，在國家干預中的公共組織在實現國家賦予它的社會目標的同時，其組織行動的效果還取決於這些機構內個人和集體行為背後的動機，這種目標下所形成的獎罰結構構成了阿羅指稱的「價格系統的一種內部形式」。② 儘管在市場機制下，企業也存在內部標準，但這是涉及經受市場考驗、回應或預測消費者的行為、為公司結算做貢獻等外部因素，銷售、收益和成本極大地影響著市場組織的內部標準。但政府公共組織則不一樣，由於其產出的衡量標準很難確定，來自「消費者」的反饋和信號不足或不可靠，內部標準不能夠從這些資源中產生。加之不存在競爭性的生產者，由競爭所導致並

---

① 摘錄自《國際先驅論壇報》，1976 年 4 月 26 日。
② ARROW, KENNETH J. The Limits of Organization Norton, New York, 1974.

形成的能夠控制成本的內部標準動力薄弱。在此情況下，政府經濟組織往往需要發展出各種內在性（如預算最大化、員工收入最大化、技術進步、信息控制等），而這些內在性卻與這些機構所要求服務的表面的公共目標沒有十分清晰或可靠的聯繫。因此，對應於市場的外部性所導致的失靈——意味著一些社會成本和收益在私人決策者的計算中沒被包括在內；而政府經濟組織的內在性存在，則意味著「私人」或組織成本和收益很可能支配著公共決策者的計算，它激發公共官僚機構的行動並且影響著它們的議程，使機構目標最終偏離原初的社會目標，加之對政府機構產出缺乏可靠的終止機制，從而使機構管理者更加迷戀於內在的機構目標，政府失靈在所難免。以中國為例，2003 年在深圳市住房市場化的改革中，出抬了公務員福利房上市的政策，這個政策為當時有房的公務員階層帶來了巨大的收益，決策時幾乎是全票通過。但此政策其後形成的巨大價差為尋租增加了空間，導致大量保障房流失，「從而損失了整個深圳市住房保障 30 年的發展空間」。①（全國其他城市何嘗不是如此）這一政策為各地爭相效仿，徹底喪失了非商品房對房市進行有效調控的空間，為後來中國房價居高不下埋下了伏筆。再比如，針對腐敗屢禁不止的問題，中國早在 1987 年就提出過建立公務員申報財產制度，之後有人大代表屢次向全國人大提出《關於制定公務員財產申報法的議案》，但迄今仍無著落。其間在擬定《公務員法》草案的過程中，有人曾提出「建立公務員財產申報制度」的相應條款，但徵求意見時，遭到絕大多數官員反對，最終財產申報制度未能寫入《公務員法》。如上，都是「內在性」導致的政府失靈的真實寫照。

總之，「內在性」使機構供給曲線因為提高了機構成本而增加到以致超過技術可行成本，導致過剩的總成本、更高的單位成本、比社會有效水平更低的實際公共機構產出水平，由此導致政府失靈。市場的「外部性」與政府的「內在性」分別導致了各自的失靈，這令學者思考這兩者之間損失大小比較的問題。儘管學界目前還沒有明確的答案，但這兩者之間是有一定的關聯的，原則上講，政府在決定社會需求時考慮到市場的外部性問題，因此更顧及一種有效的產出水平，但這樣做就供給方所產生的內在性而言，需要付出更多的成本，這使得政府組織偏離社會的有效生產水平和生產方式。兩者的比較取決於，政府產出中由內在性產生的供給誤差（Supply Distortions）是否比在市場產出中由外部性而產生的需求誤差（Demand Distortions）更大或更小。

---

① 孫利平.「就因為政府謀私利」——深圳房改教訓 [N]. 南方週末，2011-01-14.

3. 派生的「外生性」

當以政府干預來糾正市場缺陷時，其制定的公共政策往往在執行目標的過程中，會產生意料之外的副作用。此處的外在性與市場失靈的外部性不一樣，后者的外部性是可預期的，而政府干預產生的外在性往往並不影響組織達成決策目標的籌劃和行動，因而往往不可預測。外在性的產生有其必然性，因為任何公共政策都是基於國家的制度調節，作為一個社會裡價值的權威分配的決策領域，從本質上說，需要「完全理性」的支撐，然而政府的理性能力和執行能力都是有限的，「理性短缺」是政府決策最常見且不可避免的現象。隨著時間地點、人物等背景發生轉移，任何人為政策都有其難以估量的外在性。通常，這種外在性的發生概率是通過決策以前的廣泛徵求意見、充分論證來得到一定程度的規避，但前文所述的公共經濟組織產出的供求特徵又造成公共機構容易忽略這一環節，從而增加了外在性發生的可能性。在現實中，由於政府的干預一般都是出於公眾化的市場失靈引發的社會問題，往往帶有很強的緊迫性，在強大的政治壓力下可能造成對決策行動迫切的現實需求，這使得公共決策多在沒有足夠的時間、知識以及沒有對潛在副作用進行充分論證的基礎上倉促推出，進而進一步促成外在性的發生。加之派生的外在性通常具有較長的滯后性，政治決策者的短視與高額貼現？都加大了外生性發生的概率。這一類的例子在中國屢見不鮮。1999 年在內需不足的現實壓力之下，有人提出了高校擴招以拉動內需的建議，經很短時間的政策醞釀，即拍板敲定。擴招后的 10 年間，大學招生規模以年均約 30% 的速度遞增，中國高等教育迅速從精英教育向大眾教育邁進，但與之相伴隨的是，人們並未改變的大學精英觀以及急度萎縮的職業教育。由於教育的結構在一定程度上需要保持與社會職業分層的匹配，在社會成員就業觀念還未改變的同時，大量大學畢業生湧向市場，大學教育的高投入與「天之驕子」的就業預期都導致畢業生將眼光投向崗位有限的白領或公務員階層。在前者備受青睞，競爭不斷白熱化的同時，相伴的是中國技工層面嚴重缺失的現狀，顯然，中國當下嚴重的大學畢業生結構性失業問題就是當年高校擴招政策的「派生外在性」。

4. 分配不公

在前文分析市場失靈時，已經談及市場所造成的分配不公等一系列道德缺陷問題，但是，出於克服市場分配不公或者修正市場運行其他不足的政府干預，往往自身也在造就新的不公。只不過，市場的分配不公主要集中在收入與財富上，而政府導致的分配不公則主要集中於權力與特權上。

這是政府干預活動的性質所決定的。由於不管是出於何種「正義性」目

标的公共政策措施，当其在实施过程中，都赋予了某些人对他人行使权力的能力。在任何情况下，这种权力的再分配都给不公平和滥用职权提供了机会，即便相关组织受到法律法规、管理制度、舆论传媒及其他社会制度的限制，权力的腐败也在所难免。除此之外，公共政策的目标往往是基于国家、社会大众的某个特定时期的利益，但却可能会导致一部分人的利益损伤，而一些因政策优惠而获益的企业、行业则因此获得了非竞争性优势或超额利润。这对于没有受益的群体，即便之前他们也承认政府对市场失灵所进行干预的合法性，此刻仍会不满这种分配不公。

这种分配不公的产生也都来源于与政府组织产出相关的具体的供求特征。在需求方面，主要是由于对由市场的失灵所产生的不公平而对再分配计划有强烈要求的公共意识，但往往缺乏对可能由此计划自身所导致的不公平的事前思考。在供给方面，则产生于特殊领域中对政府产出的典型垄断，以及监督机构运行的可靠反馈机制的相对缺乏。相比于在市场条件下消费者遇到此类情况可以通过停止采用购买这种手段而与其抗衡，而在缺少竞争的生产者条件下，处于不公待遇的受害者，通常不具有更直接有效的表达不满的手段。相比之下，那些从特定政府干预中的既得利益者，却很有可能通过有组织的游说和呼吁而具有更直接、更有效的表达其支持立场的手段。显然，由政府干预所造成的社会不公比市场失灵所造成的不公具有隐蔽性。

总之，市场和政府都因各自的原因而可能出现「失灵」，但两者都不能因此而被完全否定。「市场和政府之间的选择并非是一种完善与不完善之间的选择，而是不完善程度和类型之间、失灵程度和类型之间的选择，在许多情况下，这可能完全是令人厌恶之事物和不可容忍之事物之间的选择。」① 这也充分反应了基于经济正义视角下的经济调整不是理想的、完美的「道德解」，它往往是一种各个价值目标、利益立场、不同手段之间的协调、权衡与制衡。在市场与政府的周全之中，最需要避免的是奥尔森（Mancur Olson）在其著作《国家的兴衰》中所指出的情况，② 即当政治权力与经济集团发生了某种联系（而形成利益联盟）时，由于市场出现明显的失灵，于是它迫使政府采取干预行动——补贴、税收优惠、配额、直接支付或税收支出等项目，因而在利益集团大获其利的同时，却由全体社会成员来买单。在此过程中，市场失灵与政府

---

① 查尔斯·沃尔夫. 市场，还是政府——不完善的可选事物间的抉择 [M]. 陆俊，谢旭，译. 重庆：重庆出版社，2007：48.

② OLSON MANCUR. The Rise and Decline of Nations [M]. New Haven：Yale University Press，1982.

失靈攜手並進，導致既低效又不義的后果，這是最糟糕的「經濟不正義」狀況。

4.1.3 「市場」與「政府」的有效結合探討

經濟正義的實現過程，實則是對經濟體系的有效規導，使之朝著有利於提升人們整體生活質量和生活境界的方向發展。而生活質量的多面性以及生活意義的豐富性使經濟生活中交織著各種價值糾結與利益衝突，任何單一的調節手段都難善其任。加之如前文所述，「市場」也好，「政府」也罷，都有其自身難以克服的弊端，無論是依靠單獨的市場自發秩序，還是唯一的政府主導，都不可能為正義生活提供充分保障。唯有將市場與政府二者有效地結合在一起，方能實現對現代經濟生活正義規導的可能；而二者的組合模式及其各自參與經濟的程度與強度的選擇，都對經濟與社會制度的績效以及正義性產生極大的影響。正如學者田國強針對中國轉型時期所做出的評述，「從撥亂反正、市場經濟體制建設到和諧社會構建——效率、公平與和諧發展的關鍵，是合理界定政府與市場的邊界」。① 不過，歷史的經驗也好，理論的證明也罷，都還沒有為市場與政府的「最優組合」提供一個可靠的模式，或許這種最優模式根本就不存在，人們只能在實踐中，根據市場與政府各自的優勢和失靈，以及彼此間的相互關係，探討一個與國情相容的，同時又能揚長避短、彼此支撐、掣肘、相機而動、靈活有效的經濟制度體系。

（一）從「自由的」市場到「民主的」市場——作為前提的政治制度

市場與政府干預需要並立而行，但政府干預的目的是基於對市場失靈的矯正，政府干預的成敗在很大程度上取決於政府制度及其決策方式。如果政府不受約束，充其量為一個帶有專制性質的法制社會，與現代市場的法治社會還有相當差距，此時政府就難免濫用其權力以獲取利益，從而難以保證其所為的事對社會有利無害。作為現代社會，可以通過法治方式對政府形成約束，以預先制定的規則來明確政府和個人的權利範圍，從而劃分政府與市場的邊界。「政府管理經濟的高下，取決於政府機構的制度設計。如果民眾能夠控制選出的代議人，而代議人又有恰當的激勵和合適的手段來控制所指定的官員，那麼政府自然會安守職責不逾矩……我們並沒有假設公共機構中的人善若天使，或者為所欲為，而是要設計出在任何約束條件下都可能運行良好的制度。用口號的方

---

① 摘錄自田國強：《從撥亂反正、市場經濟體制建設到和諧社會構建》，2008年度上海市社會科學界第六屆學術年會文集（年度主題卷）。

式來說就是:『更好民主,更好的經濟』。」① 的確如此,一個多元民主體制的政府比純粹的市場體制具有優勢。如果民眾能夠廣泛地參與政府決策之中,並且民眾的意志通過某種方式能轉化為政府執政的壓力,那麼在市場出現失靈時,政府是否應該干預、以何方式干預、干預的程度、過程與結果的評價等在政府干預中可能導致經濟責任缺位、內在性等問題的環節,都可能在很大程度上得以緩解。但是,即便具備政治上的民主機制,但由於政府實施決策和負責實施的過程並非是統一的,利益集團主導公共決策方向的因素始終存在。不過,一個由成熟、理性的公民所構成的,有著自由言論、輿論監督以及現實有效的民主機制的社會,其對市場與政府的有效引導,肯定是優於一個獨斷專制的政府的。就中國而言,經濟正義的實現,有賴於中國以人民代表大會制度為核心的民主決策制度的完善,有賴於諸如黨內民主機制創新以形成有效的權力制衡,有賴於推進公民言論、傳媒輿論自由而形成對權力的有效監督……一個「市場」與「政府」協力並進交相呼應的局面是通過政府職能的市場化、法治化、決策民主化、權力多中心化、信息公開化來實現的。

(二) 政府對市場作用的改善與擴展

經濟學對政府問題的認識可以分為不同的層次:「新古典主流經濟學的政府觀念可以概括為『公共物品角度的政府干預論』,新制度經濟學的政府觀念是產權界定與保護角度的政府觀念,而憲政經濟學的政府觀念可以被看作個人權利的界定與保護角度的政府觀念。」② 這三種理論觀點並非是彼此衝突的,不妨說是基於不同的角度而對政府職能更全面具體的規劃,對實踐都不乏借鑒意義。

市場經濟的有序運轉本身就有賴於一個成熟的法治社會,產權的保護、合同的實施、適當的監管等都需要制定規制。為了規避市場失靈而不得不實施政府干預時,為了保證政策調節功能的有效性以及降低政府干預的失靈,這類制度在制定時一方面要衡量其是否信息透明、對稱以便於判斷,還要核算該制度的信息以及監督、執法成本的高低;同時,在制度的設計時,如果是涉及政府及其組織將以參與者、監督者等身分介入的制度類型,要正視政府既當裁判員又當運動員的現實,但更需要將政府組織作為「經濟人」身分假設納入制度設計中,充分考慮制度設計中的「激勵相容」與「信息效率」等問題,形成在制度實施目標功能的同時,又對政府組織的行為過程與結果有明確而特定的

---

① 亞當·普沃斯基. 國家與市場——政治經濟學入門 [M]. 酈菁, 等, 譯. 上海:上海人民出版社, 2009:208.

② 王小衛. 憲政經濟學——探索市場經濟的遊戲規則 [M]. 上海:立信會計出版社, 2006:77.

程序和評價規則。

另外，由於制度具有穩定性與長期性特徵，導致出於對市場失靈干預的政策行為以及衍生而出的政府管理部門在實現了當時的干預目標后仍然繼續存在，而相當一部分的政策與管理機構由於時過境遷，當時的積極干預就有可能成為現在對市場運轉的消極干預，這種情況在處於社會轉型期的國家尤為突出。作為從集權經濟向市場經濟轉化的國家，市場經濟完善的過程也是一個不斷完善相關法規的過程。由於轉型時期的市場離「完美市場」差距更大，也就更容易地出現「市場失靈」，從而引發更大程度的「政府干預」，而政治制度的僵化可能轉化為市場政策法規的固化，結果伴隨著市場經濟的深入發展，也是一個市場管制法規越來越多的過程，市場因而越來越不自由，也就越發出現更多的「失靈」，再進一步激化政府干預……這種循環走下去的結果是什麼就可想而知了。為避免如上情況，對政府干預涉及的政策、實施機構，也應跟干預項目一樣，納入到一個時限審察機制中，對於一些因情況與條件發生變化而不再發生作用甚至是反作用的政策與機構，應適時地予以重新考慮與調整。

同時，政府的干預應該是一種有節制的干預，經濟的功能主要還是應由市場來完成。在前文分析市場失靈的內容時，讓人覺得「市場小姐」一旦出現危難，「政府騎士」就應該拔劍而出，衝鋒陷陣助她解決困難，但殊不知這位騎士如果不得法，或許根本解決不了問題，或許在解決問題的同時又傷及「無辜」，則會引發新的問題。其實，市場並非想象那麼悲觀，解決「市場失靈」除依靠國家的力量外，還可以通過成熟的公民社會中公民自治來對付失靈。而這歸根究柢取決於市場中的個體是否能夠擺脫「市場規律」的桎梏。譬如市場儘管在提供「公共品」方面存在缺失，但也不能忽視這樣一個現實，現實中有不少公共品確實是通過私人的自願捐贈而提供的，沒有任何來自政府的壓力。例如在英國，救生艇服務就是通過這種方式支付報酬的。如果你在海上遇險，皇家救生艇協會的船只就會前往營救，而且之前和之後都不會要求你為之捐獻一分錢，這項服務的存在對於每一個可能需要其服務的人來說就是一項公共品。這類例子不勝枚舉，宗教設施、民間慈善基金會或者公益事業，都是沒有任何政府干預背景下自發生成的公共品。儘管這類情況在現實中（尤其是不發達的市場經濟中）還不普遍，但經濟學在解釋這類活動時存在極大困難，這與「搭便車」理論的預測背道而馳。可以說，經濟學低估了個體之間協調他們的行為來解決共同難題的能力，政府這位「騎士」並非只需要解難時才有所作為，或許更多的時候他所要做的是提供一個良好的環境培育市場走向成熟，讓市場更多的時候仍能夠依靠自發秩序去解決問題。只有在窮盡所

有市場的能量仍無法解決「失靈」問題時，政府干預才應介入，這與我們所倡導的「通過自由選擇，自主地去追求自己的幸福」的正義理念，無疑是相吻合的。當然，如果政府沒有這個自治力，無所不在、無時不停的「市場失靈」將會為國家政府干預經濟生活提供源源不斷的理由，而最終，政府就會完全吞噬市場。

政府如何對市場的完善有更好的促進作用，體現在市場失靈的具體領域。國防、社會保障、反壟斷、勞動保護等是政府必須發揮其作用的領域，但如何發揮作用，則需要就具體領域分別而論。學者田國強對政府的職能做出了很好的概括，他認為政府在經濟中「扮演著三重手的角色，第一種手是無為之手，只要市場不失靈，除了基本的角色，就不要去干預經濟；第二種手是扶持之手，當市場失靈時，提供幫助之手，比如說社會保障制度、衛生健康制度，是幫助人們的；還有一種是掠奪之手，可以無代價地獲取資源，過度掠奪之手是政府的一些不規範的過高的稅收，掠奪資源，強制性的收許多苛捐雜稅」。涉及的產權制度、分配制度與再分配領域，本書將在接下來的內容裡作專門闡述。

(三) 市場對改善政府職能的作用

從前文分析政府失靈的內容中可知，政府的失靈往往由於其供求特性不具有市場機制的自我調節功能所致。因此，通過在政府運作中註入某些市場力量的因素，可以減輕政府失靈的影響。社會和經濟的改革不僅意味著公共部門的干預以改進市場失靈，相反，有效的改革也包括有時把市場過程擴展到政府部門的運行中去。這包括國有企業的民營化、公共事務引入內部市場機制等。正如查爾斯·舒爾茨指出的：「我們把公共部門視為對私人部門的干預，而不是相反」。[①] 將市場的過程和動因加入政府部門的經濟職能中，有以下潛在的優勢：一是可以減少政府對整個社會強制干預和官僚化侵蝕的需求；二是可以減少政府對信息的需要，以及促進其對完整成本效益的分析；三是能夠按照社會的期望，在諸如控制污染、減少交通堵塞和改善環境質量等領域，為私人部門的技術變革提供激勵。

西方市場經濟成熟的國家在這些方面有許多成功的經驗，如通過對學生在他們所選擇的地方「購買」教育來支持高等教育，而不是直接補貼大學；通過對個人發行教育憑證，使其能夠選擇特定類型的學校，而不是直接向這些教

---

① SCHULTZE. CHARLES L. The Public Use of Private Interest [M]. Washington, D. C: The Brookings Institution, 1977: 13.

育機構提供資助以促進其公平競爭發展；比如，為了規避單一貨源市場可能造成的壟斷與低效，對國防等大型公共品的採購，可在合同簽訂中納入機制設計的競爭因素；等等。

總之，現代經濟正義的實踐過程，也就是一個國家的經濟體系在市場與政府兩者中協調統一，通過不同程度的組合對之進行有效治理，從而導向社會目標生成與實現的過程，對應於市場機制靈活多變的運行、調節、應對功能，與之相匹配的政府也應具有隨機應變的開放性、競爭性政治機制。

4.2 產權制度的經濟正義分析

在「市場失靈」與「政府失靈」的現象背後，其實正是經濟正義的實踐中諸多價值矛盾衝突在現實經濟生活中的呈現。而在現代經濟體系的理論與實踐發展中，也正是圍繞探討市場與政府應如何合作這個主題，通過不斷創造、調整、完善各種經濟制度以實現二者不同程度的配合，從而在避免和解決上述「失靈」問題的同時，回應經濟正義對現實經濟生活發展的規導。產權制度就是其中對經濟的正義規導發揮著重要作用的經濟制度之一。

4.2.1 產權、產權制度

產權及其產權制度是構成市場制度以及其他許多制度安排的基礎，既是特定社會條件下社會成員享有自由、平等在權利上的確證，更是對經濟效率有著至關重要的影響。

（一）關於產權

產權是一個古老的概念，早在《羅馬法》中就對「財產權」及其所有權等有了非常明確的界定，[①] 之後，產權的概念在歷史上經歷了一個發展演變的過程：從私有財產出現到市場經濟確立的早期幾千年中，產權主要是一個法律上的概念，指財產的實物所有權和債權，側重於對財產實體佔有的靜態確認，其界定的是一種人與物的歸屬關係；產權概念被納入經濟學體系並形成系統的產權理論則是現代市場經濟高度發展的結果，產權理論從經濟學角度來理解和把握產權行使的現實狀況，其含義比原來寬泛得多，更側重於對財產實體的動態經營和財產價值的動態實現，側重於界定的是產權為核心的人與人之間的權

---

① 唐賢興．產權、國家與民主［M］．上海：復旦大學出版社，2002：24．

責關係。

現代「產權」概念有許多界定,在經濟學上,按照《新帕爾格雷夫經濟學大辭典》對產權的定義,「產權是一種通過社會強制而實現的對某種經濟物品的多種用途進行選擇的權利⋯⋯它可以轉讓——以換取對其他物品同樣的權利。」產權的有效性「取決於對其強制實現的可能性及為之付出的代價,這種強制有賴於政府的力量、日常社會行動以及通過的倫理和道德規範。」[①] 為進一步加深理解現代產權理論及其在實踐中的運用,需要對產權的特點做出更詳細的解釋。

(1) 與產權相聯繫的「物」不局限於生產資料,還包括超越財產的其他「物」:既包括物質資產、有形資產,還包括人力資產、知識資產、商譽資產等無形資產。與所有權概念相比,產權概念在經濟分析中運用得更為廣泛。

(2) 產權不是一種具體的權利,而是表現為一組權利:如在權利允許範圍內以各種方式行使權利(使用權);如在不損害他人的前提下可以享受從事物中獲得的各種利益(收益權);如在權利允許範圍內改變事物的形狀和內容(處置權);如在權利允許範圍內出租或出售(轉讓權)等等。

(3) 產權的界定是一個演進的過程。美國經濟學家巴澤爾指出,歸屬於人的產權並非一成不變,「它們是他們自己直接努力加以保護、他人企圖奪取和政府予以保護程度的函數⋯⋯產權不是絕對的,而是能夠通過個人的行動改變的」。[②] 同時,由於信息成本,任何一種產權物的潛在價值都難以窮盡。隨著新的信息的獲得,資產的各種潛在有用性被技能各異的人發現,並且通過交換他們善於運用有用性的權利而實現其有用性的最大價值,每一次交換都改變著產權的界定。因此任何一項產權都不是完全界定了的,而是一個不斷演進的過程。

(4) 產權與財產所有權的區別與聯繫。所有權澄清的是一種歸屬關係,即指所有者可處置屬於自己所有的財產的權利;產權則指人們是否有通過其所屬財產採取某種行動(而這種行為可能造成某種結果)的權利,而這種權利的有無並不與其保有財產所有權形成衝突。(比如我帶著自己養的狗外出,狗被禁止進入超市,這種禁止並不改變我對狗的所有權。)按照經濟學上對產權狹義的理解,產權就是「**指人們是否有權利用自己的財產去損害他人的利**

---

① 約翰·伊特韋爾,等. 新帕爾格雷夫經濟學大辭典:第三卷 [M].陳岱孫,譯.北京:經濟科學出版社,1996:1,101.

② Y. 巴澤爾. 產權的經濟分析 [M]. 費方域,段毅才,譯. 上海:上海三聯書店,2006:2-3.

益」。在現實中，只有當多個經濟行為主體間發生關係時，才可能會出現產權問題。不過，儘管產權有別於所有權，兩者間依然存在有較大關聯，產權涉及的是多個所有權之間的關係，即平等的所有權主體之間的權責利關係。比如說，業主 A 對房屋的所有權是否意味著他在家裡應享受安靜的權利？而其鄰居對除草機的所有權是否意味著他有使用該機器而發出噪音的權利？當只有一個所有權主體時，問題很容易解決，但是當衝突出現在兩個以上所有權主體之間的時候，通過界定所有權就難以解決問題了。

（二）關於產權制度

現代產權制度就是人類社會經濟長期發展的結果。所謂產權制度，是指通過結合既定產權關係與產權規則，而實現對產權關係有效的組合、調節和保護的制度安排。建立歸屬清晰、權責明確、保護嚴格、流轉順暢的現代產權制度，是實現國民經濟持續、快速、健康發展和社會有序運行的重要制度保障。

作為一種制度安排和經濟運行方式，產權安排主要包括產權界定和產權保護。產權界定一是把權利進行明確規定和劃分，確定其邊界和權能。界定的標準是明晰還是模糊，一般取決於交易成本的高低。通常產權越清晰越好，但在某些特殊情況下，較為模糊的產權界定反而更能降低交易成本，更具效率，如公共汽車的月票、餐館的自助餐等。二是把權利界定給誰，歸誰所有或支配。產權按不同的歸屬可區分為國有產權、私有產權和公共產權（集體產權）。「所有權關係將一個政治組織中的所有成員都放置在一個有關有價值的資產和處境的特定位置上」，[①] 不同的產權結構反應出特定社會條件下人們的經濟與社會關係。因此，在產權界定給誰的問題上，會產生較大的正義問題，應該以什麼為依據和標準來判定產權？或者說，我們因何而享有產權？也就是說產權界定的程序是否公正？產權界定后的結果是否會損害其他社會正義價值（比如自由、平等）而減損社會成員普遍的福利？與產權界定相對應，產權保護也是產權制度的重要環節，缺乏有效的產權保護，所有的產權界定和產權配置都可能落空。

經濟活動以交易為基礎，而交易順利進行的前提是交易者必須對所交換物擁有明確的產權，物品的交換也就是交易者之間的產權交換。如果交易物缺乏明確的產權歸屬，想要獲得該物的個體就不能通過市場競爭的方式以租賃、購買等交易方式獲得，取而代之的是「叢林世界」裡的暴力奪取。這種方式顯然會造成

---

① 丹尼爾・W. 布羅姆利. 充分理由——能動的實用主義和經濟制度的含義 [M]. 簡練，等，譯. 上海：上海人民出版社，2008：62.

資源的浪費——直到所耗費的價值與爭奪的資源價值相等時，這種爭奪才會停止。從整個社會來看，該資源的價值已經消耗殆盡。為了避免這種狀況，人們會停止爭奪，採取合作方式，通過契約的形式界定相應的權利，這種合作就是以對別人產權的尊重來獲得別人對自己同樣的尊重。在國家威權出現前，這種權利的界定主要取決於交易雙方的談判力量，並且為保證這種權利的兌現，交易雙方都要付出較高的保護成本。但隨著國家的產生，從制度層面為交易行為提供了基礎性保障，通過法律明確產權歸屬，制定一系列約束競爭者的行為規範，以向產權擁有者納稅來實現保護功能，這就是產權制度產生的過程。

產權制度作為基礎性的經濟制度，其運行不僅直接影響經濟效率，而且是市場制度包括其他制度安排能否正常運行的基礎環境。產權制度為良性競爭創造了條件，為維護交易秩序提供了保障。隨著產權制度的完善，經濟契約的交易都是在法律清晰界定的產權為既有交易環境中進行的，這可以使成本和收益的外部效應內部化，從而令經濟當事人明確把握其應承擔的成本和應享有的收益，權責分明，通過產權的成本來自發協調交易過程中參與者間的相互利益關係，進而減少談判對象，降低談判費用。可以說，產權制度的建立和發展便利了人與人之間的交易，推動了經濟的發展。

但是，界定產權本身又是有成本的。正如前面探討產權制度的產生源於人與人的合作，是人與人之間談判甚至爭論的結果，這一合作必須付出一定的交易費用。因此，並非在所有情況下，界定產權都是有利可圖的。當界定產權的費用高於其所帶來的利益時，產權制度往往是多此一舉。德姆塞茨在其《關於產權的理論》中以北美印第安人狩獵邊界的產生過程為例對此進行了闡明。在早期，皮毛貿易沒有發展起來，印第安人的狩獵只是自給自足，其捕獵量並不大，因而無須劃分他們之間的狩獵邊界也能保持正常的生活秩序。但隨著皮毛貿易逐漸昌盛，捕獵目的主要轉為出售，因而捕獵量劇增，印第安人之間的衝突由此增加，這時劃分各自的狩獵邊界就值得了。可見，產權制度從無到有，不僅是源於人們的智慧，更是基於社會條件變化，使得產權制度的建立具有現實性。這種變化，往往發生在某種新的生產技術或生產方式的出現，使得界定產權和達成合約的費用降低時，或者是產權制度所要帶來的利益增加時。

產權制度是政府可以遵循市場運行規律而為，實現政府與市場相結合而規導經濟運行的最重要的制度形式。產權界定是否得當，產權制度運行是否有效，取決於政府的作為是否恰當。按照科斯定律，當所有的權利可自由轉讓並且交易成本為零時，產權的最初劃分不影響資源的分配（忽略福利效應），即在政府最初劃分權利之後，通過個體所有者的自立交易權利又重新集中，從而

使資源總值最大化。但是一旦引入交易成本，政府的作用對資源分配的影響就很關鍵了。協商成本和其他交易成本可能會阻礙權利的再分配，而且政府最初的產權劃分會影響到一國經濟最終產出和國民生產總值等。「產權方面的細微變化可以改變經濟系統的宏觀業績並導致經濟的增長或停滯。政府對產權結構的任何重新界定都產生福利影響。這種影響既與獲利者有關也涉及損失者。」①任何一個國家的權利結構都取決於政府的實質，政府確定產權結構，產權結構反應了政府控制者的偏好和制約。可見，產權制度能否得到合理的制定以及有效的運用，政府起著極其重要的作用。正如林毅夫所指出的，「明智的政府和不明智政府的區別是什麼呢？答案或許在於政府如何引導個人激勵。在任何情況下，個人總是在尋找使他自己獲得好處的機會。然而，為了一個經濟的發展，有必要冒著超一般化的風險去建立一種鼓勵個人生動活潑地尋求並創造新的可獲利的生產收入流的系統，和一種允許用時間、努力和金錢進行投資並讓個人收穫他應得好處的系統。具有這種特徵的制度安排——更確切地講，在產品，生產要素和思想方面清楚界定並良好執行的產權系統——本來就是公共貨品。它不可能由誘致性制度創新過程建立。沒有政府一心一意的支持，社會上不會存在這樣的制度安排。」②

4.2.2 產權制度對經濟正義的促進

1. 經濟自由的落實與約束

產權既是從財產所有角度對個體自由的確證，是個體基本自由在法律上的體現，是一種現實的自由，還是對多人財產所有權之間行權的界線，是一種自由的約束。

產權是自由的落實。按照制度經濟學的評述，產權「是在確定的個人和確定的資產之間建立起了一種關係。這種資產可以是物質產品、思想或人們自己的身體。在這些權利得到充分尊重和良好保護的地方，我們就說存在著『經濟自由』。」③學者趙汀陽在《壞世界研究——作為第一哲學的政治哲學》一書中，對權利與自由進行了區分，他指出，「自由和權利是密切相關的概

---

① 思拉恩·埃格特森. 經濟行為與制度 [M]. 吳經邦，等，譯. 北京：商務印書館，2007：40-41.
② 林毅夫. 關於制度變遷的經濟學理論——誘致性變遷與強制性變遷 [M]. // [美] R. 科斯，等. 財產權利與制度變遷. 上海：上海三聯書店，1994.
③ 柯武剛，史漫飛. 制度經濟學——社會秩序與公共政策 [M]. 韓朝華，譯. 北京：商務印書館，2004：212.

念，但不能說自由就等於權利。兩者的關係是：自由是權利的內在含義，權利是自由的實際體現。如果不體現自由，權利就沒有意義；如果不落實為權利，自由就是空話而且不受保護。自由可以被無限幻想，在理論上說幾乎是無限開放，可是人總是生活在給定條件的有限世界裡，因此實際能夠兌現的自由或可能實現的自由總是非常有限的，在這個意義上，權利只是可能的自由」。① 也就是說，自由是自然合法的，而權利是約定合法的。在現代社會中，體現自由的權利多樣，其中財產權最為關鍵。相比於生命權而言，生命權對於人類社會來說具有基礎性意義，人活著才能生活；而「財產權才是現代社會之所以成為現代社會的首要因素，有了財產權人才有了個人自由的生活，這是現代成熟」。② 從政治哲學的角度來看，在現代社會中，受到明確保護的私有財產權正是人們實際上的自由邊界，這個自由邊界之內就是人們擁有完全主權的自由空間。因此，哲學家們認為，是私有財產權把自由真正落到了實處，讓自由不再是一句空話，不是隨心所欲，而是由法律、法規所界定、所保護的具體可行的行動權利。

　　產權是自由的約束。但是，政治哲學賦予財產權之於自由的意義仍具有一定的抽象性。法律規定了人人都有平等的權利是為了保證現實中人人都平等的自由，且每個人的自由不傷及彼此的自由。儘管法律上規定了人人都有平等的財產所有權，但是財產所有權的界定與實施過程可能會出現「公共領域」，在這個公共領域，權利間的行使可能會出現衝突，因此，如果人與人之間在各自的財產權行使過程中發生了利益衝突，又如何處置各自的財產權呢？顯然，政治哲學從財產所有的角度去理解的財產權，仍具有「自由」不可操作的抽象性與模糊性。現實的經濟學家對此做出了更具體細緻的剖析，並在此基礎上提出了有異於「財產所有權」的「產權」。經濟學者發現，當存在著多個財產權行權時，即便是財產所有者在自己的所有權範圍內行事，但由於兩種或多個所有權範圍互有交叉，各自的界限不確定，從而可能造成權利之間的衝突。也就是說，所有者雙方有權去損害他人利益，或雙方有權制止他人對自己的損害。從這個意義上來看，正如德姆塞茨所指出的，「產權包括一個人或其他人受益或受損的權利……產權是界定人們如何受益及如何受損，因而誰必須向誰

---

① 趙汀陽. 壞世界研究——作為第一哲學的政治哲學 [M]. 北京：中國人民大學出版社，2009：229.
② 趙汀陽. 壞世界研究——作為第一哲學的政治哲學 [M]. 北京：中國人民大學出版社，2009：230-231.

提供補償以使他修正人們所採取的行動。」① 因此，經濟學意義上的「產權理論」「產權制度」及其運用，是針對以財產權為基礎的自由行為的約束條件的更具體的界定，它確定了「兩種或多種確定的、平等的所有權條件下如何界定它們之間的責、權、利的關係」。② 通俗地說，產權理論中的**產權就是指人們是否有權利利用自己的所有權去損害他人的權益**。而且，由於人們對產權所有物的使用功能、內在價值是一個不斷認識開發的過程，因而引發權利間的衝突具有永恒性，基於此的產權界定也就具有不確定性，處在發展之中。法律意義上的財產權是在現實領域中，在各種產權行使的競爭性博弈中不斷得以細化、界定的過程，任何產權規定都只是當下的一種均衡狀態，**由所有者行使所有權的能力以及所有者的競爭優勢所決定的**。界定產權的競爭包括立法層次與實施過程兩個方面的競爭。法定層面的所有權界定完成后，當產權走向實施層面時，諸產權的競爭將繼續在公共領域中展開，直到各種權利配置在博弈中達至均衡為止。因此，產權的合理界定是一個人們在社會中避免由於自由界線不清晰而導致「自由傷害」的制度化責、權、利的過程。當然，所有權的實施過程發生的競爭，最終要通過立法層面的競爭來得以解決。因此，合理的產權界定是以民主政治為前提的，否則產權界定反而會成為利益集團剝奪他人自由的法律手段，產權制度就因此而喪失它所具有的正義性。

可見，產權制度是經濟自由的一種重要的實現、保護和約束機制，這是其在經濟正義性方面的重要意義。除此之外，產權理論及產權制度之於經濟正義的意義也體現在對效率價值的促進，這是尤為被經濟學所重視的。

2. 對效率的促進

產權具有可交換性、流動性。交換促進了產權資源的專業化和分工的發展，促進了不同產權資源的流動與重新配置，既促進了個別產權效率的提高，又促進了社會產權結構的優化。

在產權不明的經濟體系中，由於社會成員通過從事生產性活動的所得並不能得到制度的有效保護，人們對未來沒有穩定預期，造成個人收益與社會收益往往處於疏離狀態。這樣的經濟體系不僅在實質上打擊人們從事生產性活動的積極性，甚至還間接助長了「搭便車」等損人利己的現象，進而對整個社會的生產效益造成危害。近代以來，隨著「私有財產神聖不可侵犯」觀念的興起，直接促成了產權制度的產生。此一變革在制度上賦予了人們自由從事生產

---

① H. 德姆塞茨. 關於產權的理論 [M] //科斯, 等. 財產權利與制度變遷. 陳昕, 譯. 上海: 上海三聯書店, 1994: 97.

② 唐賢興. 產權、國家與民主 [M]. 上海: 復旦大學出版社, 2002: 29.

活動以更大空間的同時，更給予每個生產者的個人利益以實質的保護，從而大大地激活了人們生產致富的熱情，極大地推動了生產力的發展，為近代歐洲經濟的高速發展奠定了可靠的制度基礎。

從交易成本角度來看，在科斯所假定的交易費用為零的情形裡，對產權的不同界定不會對資源配置造成影響，但當交易費用為正時，產權的不同界定就會直接影響資源配置的效率，並且，產權制度的建立和發展狀況，又反過來進一步影響合作中的交易費用。顯而易見的是，當某資源的產權沒有明確歸屬時，如果一個經濟參與者要利用此資源的好處，或避免當他人運用此資源時可能對自己造成的損害，就需要與此資源的所有潛在使用者談判，交易成本的龐大是可想而知的。但如果通過對資源確定產權歸屬，明確產權邊界，就會大大減少談判對象，簡化交易計算，進而大大降低交易成本。同時，隨著產權制度的建立與完善，又促使國家逐漸完備產權保護體系，這也進一步降低了個體交易的風險與費用。例如，在傳統社會中，由於國家缺乏對跨地跨境商貿運輸比較完備的保護系統，商人只能通過自備武裝或雇用民間保鏢來防禦強盜，或者不得不給強盜一筆「買路錢」以保平安。這些費用大大增加了商貿的交易成本，從而阻礙了市場的擴展。[①] 在現代國家中，隨著現代軍隊、警察系統等國家武裝力量的建立與完備，為國內、國際商路的安全暢通提供了基本保障，加之商業運輸保險的形成，都大大減少了異地商貿往來的風險，從而極大地降低了現代經濟活動的交易費用，為世界市場的形成創造了條件。可見，產權制度的建立與發展為人們的交易活動提供了便利，極大地推動了經濟發展。

從制度變遷角度來看，產權制度的進步也是經濟發展的重要推動力量。諾斯在《制度、制度變遷和經濟績效》一書中對此有專門的論述。他通過對經濟史的梳理與研究指出，人類經濟史上的一些重大進步都與產權制度的產生與發展有著重大關聯。例如，人們通過建立起「排他性」的共有產權，此一重要的產權革命避免了人類對野生資源無節制的掠奪，從而促使人類從狩獵社會邁向了效率更高的農耕社會；之後，隨著莊園制的崩潰與土地私有制的確立，自耕農以及地主—佃農關係的產生，則為現代市場經濟的發展奠定了產權制度的基礎；隨著市場經濟日益紛繁複雜，專利法的頒布不僅明晰了產權糾紛，降低了交易成本，更通過對知識產權的保護而極大地促進了近現代科學技術的進步，推動了生產力的發展；等等。總之，產權制度的進步，促進了人們在生產性上的努力，對經濟效率的提升有著巨大的推動作用。

---

① 盛洪. 科斯教授和新制度經濟學 [J]. 天津社會科學, 1993 (4).

3. 降低「外部性」造成的社會不公

伴隨著產權制度產生的產權理論研究，最具成效的貢獻就是運用產權設定而大大提升了以市場的方式解決「外部性」及其引發的社會不公問題。

前文所述，市場在「外部性」問題上的失靈，正是由於公共品的產權界定模糊所致，造成公共品的過度使用，引發所謂「公地悲劇」。例如，公海的漁產由於各國競相捕撈而急遽下降，國境邊界處的河流往往污染最嚴重，公共牧場過度放牧導致草場質量破壞最厲害……這些「外部性」的存在使得企業或消費者的自身邊際成本與社會邊際成本不相一致，不僅導致市場配置失效，更是造成了得利者對其他人的社會不公。在產權理論興起之前，以庇古為代表的傳統經濟學家主張通過稅賦或補貼的方式使個體的邊際成本或收益與社會邊際成本或收益相一致，從而引導市場機制有效地配置資源，並使受損者或大眾通過稅收得到補償。但是，用稅收來克服負的「外部性」的最大缺點是政府很難確定邊際污染成本，因而無法設定最優的污染稅率。另一個政策是設定排污標準。政府通過調查研究，確定社會所能忍受或承受的環境污染程度，然後規定各企業所允許的排污量。凡排污量超過規定限度的，則給予經濟或法律處罰。但由於不同生產過程排污的方式和程度不一樣，降低排污量的成本也不盡相同，因此在制定統一排污標準時就會面臨這樣的問題：一刀切還是區別對待？若區別對待，又如何來有效分配准許的排污量？總之，這兩種政府直接干預的方式都會出現如前文所探討過的政府失靈問題，這種「命令和控制」的方法不能使個人、企業和政府在淨化環境方面形成必要的激勵。強制實行特定規章制度的規制者，缺乏善於生產過程和消除污染的可替代方法的具體知識；而那些成功降低了污染的個人、企業或地方政府會增加這樣的風險，即執法者會為他們設定更為嚴格的（成本更高的）排放標準——還不如維持現狀。這就形成了一個污染控制革新的障礙因素，隨著時間的推移，這個障礙會使「無效率」更加擴大；特定的規章還會使環境污染者產生這樣一種動機，即在迎合法律或規章要求的同時，並不真正降低污染。

這促使經濟學者重新思考市場失靈的原因以及政府在解決市場失靈問題上所能起的作用。高斯的產權理論對問題的解決帶來了啟示：既然不同的產權界定會給當事人諸方帶來成本和收益的變化，進而影響他們的經濟計算，那麼經濟學者們聯想到，如果給「排污」也設定相應的產權，通過建立「排污許可證」交易，就可以將「排污」成本或收益的外部效應內部化，使經濟當事人承擔其應當的成本或獲得其應得的收益，從而將「外部於」市場的行為納入市場體系的調節範圍中，進而解決此一「失靈」問題。比如說，由政府確定

污染水平並將排放額度適當地在廠商之間進行分配，不再硬性要求廠商必須為每噸污染繳納多少錢，並允許廠商自己選擇污染水平買賣許可證配額。許可證的價格由許可證市場的供給和需求來決定，數額上等同於排放費。這樣，那些有著較好排污水平的企業現在可以將用不完的排污證拿到市場去拍賣（以前這個優勢無法轉化為成本優勢，因此不能產生降污激勵），而排污水平差的企業則要麼提升自己排污技術，要麼去市場購買排污證，這樣，排污技術越稀缺，排污證的價格就越高，就越推進企業去創新排污技術。而隨著排污水平的提高，排污證價格會降低。這就將排污成本或收益的外部效應內部化為市場可調節的機制，把市場機制引進了環境保護和控制中。市場機制是分散決策的，每個企業根據自己的情況做出決定，因而避免了中央決策所面臨的信息問題，既提高了效率，又促使企業從根本上去改進排污技術，降低排污，從而從整體上提升了社會福利。這一制度在西方發達國家已經得到廣泛運用，並取得了顯著效果。美國1990年的空氣潔淨法的修正案中，發行了一定數量的許可證，控制全國二氧化硫的排放量，到2000年，排放量減少到了1990年的50%。並且，政府在推出許可證交易市場時估計在幾年內許可證價格都應在每噸二氧化硫300美元左右，但實際上，市場價格下降到了100美元以下。[①] 這意味著該政策的運行大大激勵了企業自主提升排污技術，降低排污水平的自主性，達到的排污效果遠遠好於政府的預期。由此可見，通過產權界定，可以使經濟參與者擔其應當，得其應得，不僅僅是有利於資源的優化配置，更重要的是化解了以前因成本—效益不對稱而造成的社會不公問題。

4.2.3 產權制度的正義性問題

儘管產權制度是現代經濟制度進步的一個重要成果，對經濟以及整個社會的發展都有著重大的促進作用，但產權制度在道德層面受到的爭議也從未平息過。總的來說，對產權及產權制度的正義質疑主要來自兩方面：

（1）建立在以財產私有為基礎上的產權，是否符合人性要求？是否從根本上符合人們對自由理想的訴求？按照馬克思主義的立場，人類社會相繼出現的私有制的進步性中所呈現出的經濟正義，都只是相對的、有限的甚至是虛幻的正義，唯有徹底消滅私有制，才能徹底實現真正的經濟正義。歷史上各種在私有制條件下所謂的經濟正義，其積極性僅在於通過個人財產權利的制度明晰，在滿足人性的自利性的同時也對人性無止境的貪欲給予一定程度的遏制，

---

① 保羅·薩繆爾森. 經濟學 [M]. 18版. 蕭琛, 譯. 北京：人民郵電出版社，2011：279.

以「私惡即公利」的方式來促進社會總體福利，從而有利於社會發展和人類進步——馬克思承認所有私有制的形成與發展都是以個體利益驅動為基本原則和內在邏輯的。但是，馬克思也深刻地看到，在私有制範圍內的所有制度進步，並不能從本質上促使人實現其本質，反而導致人的本質的異化，讓人非人化。因此，只有通過「私有財產即人的自我異化的積極的揚棄」，才能使人「作為一個完整的人，佔有自己的全面的本質」。① 也就是說，唯有消滅私有制才能獲得人自由而全面發展的社會條件，但這是一個緩慢的歷史過程，社會的進步不可能一蹴而就。馬克思就此指出，在推動所有制進步的過程中，「應當避免重新把『社會』當作抽象的東西同個人對立起來」，應該「在資本主義時代成就的基礎上，也就是說，在協作和對土地及靠勞動本身生產的生產資料的共同佔有的基礎上，重新建立個人所有制」。② 消滅私有制，建立公有制不能依靠正義口號來實現，私有制「只有通過它的所有制改造成為非孤立的單個人的所有制，也就是改造成為聯合起來的社會個人的所有制，才可能被消滅」。③ 人類社會的發展必須清醒意識到當下時代的局限性，一方面以終極目標引導文明發展的主旋律，但同時又不能脫離現實的經濟基礎去探求社會的進步；否則經濟正義的美好理想就會淪為空想，甚至走向反面。因此，在深刻意識到產權制度根本上的正義局限的同時，從現實來看，更迫切的要求是要關註產權制度在當下引發不義的可能。

（2）現實的產權關係是否建立在人與人公平正當關係的基礎之上？特定的產權制度是否能保障人們有自主選擇體現這種關係的方式並維護此選擇的權利？**從現實的正義性來看，產權的界定同樣也有其正義局限性，尤其是轉型中國家尤為突出**。對於轉型中國家來說，產權界定是改革中重要的制度安排，這就形成了一種衝突：作為制度安排的產權界定是為了促進整個經濟制度的效率，而改革本身就是一種制度變遷方式，制度如何變遷取決於改革的成本。而決定改革成本的因素**主要取決於在改革進程中利益分配而引發的各種衝突與抵制**。那麼，如果作為制度安排的產權制度界定會帶來巨大的改革成本，又應該如何應對呢？是為了未來（或當下）的效率而漠視改革成本繼續強行推行產權界定嗎？還是不能忽略改革成本而放棄（或部分放棄）產權界定呢？現實

---

① 中共中央馬克思恩格斯列寧斯大林著作編譯局. 馬克思恩格斯全集：第四十二卷 [M]. 北京：人民出版社，1979：123.
② 馬克思. 1844 年經濟學哲學手稿 [M]. 北京：人民出版社，1985：79.
③ 中共中央馬克思恩格斯列寧斯大林著作編譯局. 馬克思恩格斯全集：第四十八卷 [M]. 北京：人民出版社，1974：21.

中有沒有兩全的方法呢？

　　由於產權的明晰意味著權利的再分配，必定造成某些人或集團得利，而其他人或集團失利，正義問題由此而生。因此，基於「科斯定理」的產權清晰促進資源配置所產生效率本身的正義性，就足以引發經濟學界激烈的爭論。明晰產權能夠促進效率，但如果忽略公平，違背社會正義，從而破壞社會的良性運行，同樣對效率也造成損害。經濟學家黃有光就指出，產權明晰的過程就是對財產權再分配的過程，財產權的不同安排不僅產生分配結果的差異，還會產生不同的帕累托最優結果。經濟學家斯蒂格利茨對此也有同樣觀點，認為建立的一系列財產權如果會造成眾多的受損者，則反而會導致經濟低效益，這是不可忽視的。因此，儘管產權明晰能夠減少交易成本，提高經濟效率，但如果在產權明晰過程中無視公正，甚至打著「產權明晰」的幌子，行侵吞公共資產之實，這種產權明晰不僅不能帶來應有的效率，其滋生的社會不義更對社會生活造成了極大的危害。產權的合法性不僅僅有賴於法律制度或財務制度上的技術規定，更取決於道德地位的合法認可。如果所有者獲得的產權缺乏社會認可的道義性（譬如說某種產權的界定與獲得被社會多數人認為從根本上就是對他們的變相掠奪），那麼這樣的產權是不可能構成對所有者合法擁有的足夠支撐，其結果反而會增加交易成本。如果**因產權明晰所減少的交易費用，反而高於因產權變遷過程中損害社會正義而增加的交易費用**，那麼隨著日益累積的社會矛盾，兩極分化所造成的嚴重社會惡果，因不道德的產權明晰所減少的交易成本，已不足以抵消由此增加的交易成本，產權明晰就走向效率的反面了。

　　筆者2010年春節返鄉，發現家鄉重慶北碚最具代表性的自然風景區北溫泉公園的溫泉資源和風景區竟然被政府轉賣給了某公司，建成了高檔SPA娛樂中心，留待可供公眾免費遊玩的區域極其有限。從我記事開始，這個公園已經成為北碚人生活的一部分，是北碚人逢年過節家庭團聚、學生郊遊、訪親會友的常聚之地，是老百姓都消費得起的地方。但現在，轉賣後的北溫泉票價是398元/人，所有的好風景都圈在了私家圍牆之內，成了有錢人才能獨享的資源。北溫泉的產權在此次變更中或許能給地方政府帶來更高的經濟效益，但其造成的極大社會不公已完全否定了產權改革的正面意義。對於轉型中的國家來說，實質上過去的計劃經濟就是「交易權利」高度集中於計劃者的經濟，而市場經濟則是交易權利高度分散的經濟，因而由前者向後者的轉軌，不管形式上有沒有「分配式私有化」的程序，實際上都意味著初始交易權利的分配。在這個意義上，就涉及產權分配引發的正義問題：什麼資源需要界定產權？產權應分配給誰？如何分配才是公正的？

結論是：基於正義的審視，如何確定不同類別資源的產權歸屬：是私有，國有，或者集體共有？在目標上，並不是以單一正義價值目標（或效率，或平等）作為裁決，而必須從統合的正義目標（是否促進社會成員的整體福利）出發。而這一切顯然不是產權制度自身能得以保證的，而是取決於產權生成的背景——特定社會的政治條件。因為只有一國的政治制度才能決定其經濟制度及公共政策的制定是基於何種的價值立場。筆者在思考產權制度的時候曾經遐想，假如一個世界裡的所有資源都有被產權界定的可能性的話（理論上有可能性），而這個世界上某個最富有的人擁有足以買下整個世界的財富——如果他買下了整個世界，豈不是這個基於自由立場的產權制度就成了導向最專制世界的幫凶了嗎？但再一想又釋然了，因為即便世上有這麼個有錢人，他有買下世界的實力與意願，可是，**誰**又會同意將世界**賣給**他呢？可見，產權界定的權利由誰把控？如何界定產權？將產權界定給誰？這些關乎產權基本正義性的問題，最終取決於社會的政治制度。如果中國政治制度完善了「人民當家做主」，履行好了民主決策，讓老百姓能參與關於拆遷自家房子以圖城市發展的決策中，參與與開發商討價還價之中，參與公共資源是交給政府打理、私人打理還是集體打理，以及如何打理的決策中，世上就會少很多的拆遷糾紛，少很多正在變成富人私家花園的「北溫泉」，當然，也就不會有那麼多人將板子直接打在產權制度改革的「屁股」上了。

4.3 再分配制度的經濟正義分析

在經濟體系中，最核心的經濟正義問題是分配領域的正義。因為不同的分配方式關係著每個社會成員的基本社會狀況（角色、地位），並決定著其自由獲取幸福的外部條件。分配正義的實現主要靠初次分配與再分配的實施。由於現代經濟體系中，初次分配主要都是以市場經濟為既定條件，個體是以生產要素（勞動力）身分通過等價交換參與初次分配之中的，儘管在此背景下的分配方式受到了馬克思的深刻批判，但在這個人們尚未突破以商品為核心的市場經濟時代，以「效率」為主導的正義原則的初次分配是構成此經濟體系的基本要素。它是在這個時代下勞動者自由、平等地參與經濟活動的基本方式，儘管它的具體實施中還存在頗多問題，但在價值層面的爭論則相對較少。分配正義的核心問題是再分配，無論在正義價值層面，或在經濟的實踐層面，都存在大量爭議。本書僅就再分配制度做出詳細的經濟正義分析。

再分配指在初次分配結果的基礎上各收入主體之間通過各種渠道實現現金或實物轉移的一種收入再次分配過程，也是政府對要素收入進行再次調節的過程。從規範性來看，再分配制度實質是國家通過公共財政支出的途徑以「社會調劑」的形式對社會財富在全社會範圍內進行的分配，旨在實現「抽肥」「補瘦」，實現富人和窮人在分配上的相對公平，其目標是消除貧困並調和對社會有著破壞性的不平等，提升社會成員普遍福利。

基於經濟正義的考察，再分配作為一種國家功能，對社會生活進行著調節，其必要性需要得到道德層面的可靠支撐；作為現實的經濟制度，再分配的來源、限度、方式等還必須符合經濟規律和其他經濟要素的制約。

4.3.1 再分配何以必要

對於再分配必要性的論證，可以從經濟合理性與道德合理性兩個層面論之。

（一）再分配的經濟合理性

主流經濟學往往排斥將某個經濟行為動因看作一種直接的、道德上必需的，因此從所謂「客觀的」經濟學立場得出再分配合理性的一種理由是，將再分配的動因看作某種個人偏好的特殊組合。這種偏好組合是基於**忌妒**和**同情**。即「人們可以假定，關於分配的判斷是在最初忽略了人們自己在這種分配中所處的地位下進行的：這樣，對於不平等的社會反感就作為個人對風險的厭惡而被合理化了（Harsanyi，1955 年）。其次，可以假定，使得窮人感到他們在困境中日子更不好過的，正是由於瞭解到富裕階級是富裕的；使得富人覺得不適的則是由於窮人的低生活標準（Hocham & Rodgers，1969 年）。因此，不平等問題就以一種類似於污染對人的健康危害的方式，作為『外在性』而在個人效用範圍內合理化了」。① 這種經濟學的解釋將「再分配」當作人們的一種偏好選擇的「商品」，可以幫助我們在制定再分配具體政策時將偏好納入其中，通過成本—效益核算等經濟學手段來促進制度的有效性設計，但它將再分配的必要性建立在不穩定的「偏好」基礎上是不充分的，顯然它無法說明當經濟生活中不存在此類忌妒或同情「偏好」時又將如何？

除了偏好理論，經濟學還從擴大市場、提升人力資本素質等方面對再分配進行了合理論證。顯而易見，一個只有富人消費得起的市場是片面的、有限

---

① 約翰·伊特韋爾，等. 新帕爾格雷夫經濟學大辭典：第四卷 [M]. 陳岱孫，譯. 北京：經濟科學出版社，1996：116.

的、短命的市場，只有社會各個群體都能參與其中並分享由之帶來的福利，才可能是廣大、繁榮、可持續的市場。合宜的再次分配政策可以提升底層居民的消費能力，從而拉動內需，帶動生產力的發展，促進經濟效率的提高。正如世紀初由美國次級債引發的全球經濟危機，目前已進入產能過剩的全球經濟衰退期。由此，世界銀行副行長兼首席經濟學家林毅夫向發達國家呼籲：「請把你們的資源投資在發展中國家。這不僅助人，也可利己；不僅解決短期問題，也為未來可持續的、共享式的增長奠定基礎。我們不應錯過這個機會。」① 這個世界，只有富人窮人、富國窮國同舟共濟，才能創造共同美好的社會。除此之外，更重要的是，過度的收入差距會使低收入者難以享受較好的受教育和技能培訓機會，從而制約了他們參與市場中的能力，這導致社會人力資本素質的普遍低下，局限了社會的技術進步與創新，尤其是不能滿足社會產業結構轉換對人力資本的需求。而再分配針對窮人的教育與就業培訓等扶助政策將對整個社會經濟發展與個體福利能力的提升產生重大的積極作用。

經濟學家們一直試圖從經濟學角度為幫助窮人提供論證。阿巴·勒納是最早提出這個觀點的，他指出，如果收入的邊際效用是遞減的，那麼在給定的產量水平下，收入的平均再分配能實現社會的總體效用最大化。當然，勒納認為平均主義會降低總產品量，因此社會應該尋求一個能實現效用最大化的最佳點。

（二）再分配的原初正義性

學界對再分配的道德正義性從不同角度做出了多種論證，因篇幅有限，不一一贅述，筆者在此陳述自己在論文《國家功能與再分配的原初正義——兼駁諾奇克對羅爾斯的批評》② 中對再分配的正義性所作的論證。

筆者認為，再分配正義性與對國家功能之正義性的理解有關。關於國家再分配正義性的論證上，不能忽略這樣一個基本事實：社會先於國家生成，人類從自然狀態走向社會狀態有自發的邊際條件，正是這些條件使得人們即便處在國家強力控制下也擺脫不了自然與社會的「張力」，一旦邊際條件受到破壞，社會就會面臨解體的威脅。現代國家必須在制度上保障這些條件不受破壞，如果制度成本有賴於再分配的功能實現，那麼再分配就是正義的。

任何國家都是后於社會而出現的，國家的正義性在很大程度上包括一個底線功能：維護這個社會的存在。這不僅決定了國家權力的強制性與權威性，也

---

① 摘錄自林毅夫，《應當超越凱恩斯主義》2009 年 5 月 31 日人民網。
② 譚亞莉. 國家功能與再分配的原初正義——兼駁諾奇克對羅爾斯的批評 [J]. 齊魯學刊，2009（1）.

決定了國家權力的邊界與義務規定，而后者正是國家是否擁有再分配原初正義研究中容易被忽略的因素。

在前社會狀態下，對**資源的初次佔有**主要取決於「能力導向」的行為較量；而基於佔有者保住既得利益的動機，**資源的持續佔有**取決於佔有者部分利益和競爭者有關能力之間的「交易」。這種平等、互利、自願的「交易」為社會規範的生成與鞏固提供了可能，它使得人類超越了單一的能力競爭方式而發展出利益交換的和平方式，促進了人類的合作意向及行為。它作為「自然人」向「社會人」轉變的邊際條件，是社會生成乃至國家功能實現不可忽略的因素。而「自然狀態」中的部分能力導向行為方式在滿足某些條件時選擇了暫時退出競爭領域。這種「自動出局」與社會狀態的行為規範又有什麼關聯呢？事實上，整個文明史就是一個自覺不自覺地以有利於人類整體生存與發展利益為目的，不斷對人類行為方式進行篩選的過程，進而一方面形成了普遍的生產、生活和交往方式，另一方面則將對人類整體利益具有破壞性的「反社會行為」（如偷竊、詐欺、搶奪等）納入禁止或排斥範圍，用宗教的、道德的、法律的觀念與制度體系來維護整個社會的安全。各種類型的國家在這個問題上是一致的，即便諾奇克所認可的「最低限度的國家」，也需要一系列社會觀念與規範體系為保障。

然而，在**自然狀態**中，所謂「反社會行為」不過屬於對「有主資源」及其佔有者具有威脅的謀生行為，與別的行為相比，只有強弱之分而無優劣差序，行為的取捨只取決於行為者的利益「交換」是否實現；而在**社會狀態**下，已經無須向行為者付出任何補償，就可以通過既成的觀念和制度體系（規範）對行為進行約束。當然，社會的進步性就在於此，它為人類謀求較文明的安居樂業創造了條件。但是，一旦脫離了社會背景，或者個體拒絕社會角色的思維方式，約束「反社會行為」的正義性也就不為個體所認同了。儘管人類早已完成了從自然到社會的進化，但作為個體，人始終是「自然存在物」與「社會存在物」的統一恰恰也是文明的事實，人究竟是以什麼角色進行思考，取決於個體對生存狀態的判斷，「自然人」與「社會人」之間的角色轉換始終具有當下的可能性，社會也因此永遠處於與自然的張力中。無論是歷史還是現實，任何社會都無法完全消除各種「反社會行為」的威脅。黑社會對正常社會的挑戰，激烈的極端的「革命」對現存規範的顛覆等，無不透露出自然狀態的「底色」。而對於一個寧願回到自然狀態的個體來說，所有規範都喪失了合理性、正義性而形同虛設。如果國家建構看不到這個事實，國家正義也就無從談起。

為了防止個體向自然狀態的「退化」,我們不僅要以「社會人」角色來建構(社會的、國家的)正義,還要將「自然人」角色納入進來。從邏輯上說,國家功能與再分配的原初正義性,站在「社會人」的立場看,國家應當承擔維護社會安定、保衛公民的責任,而公民為此應給「維護者」「保衛者」買單;而站在「自然人」立場看,因為國家(社會)對「人性」(自然)進行了限制,「社會人」就應當給「自然人」買單。即只有當「社會人」通過國家向「反社會行為」的退出支付了成本,才能獲得對「反社會行為」的約束實施,以及相應的懲罰權利;所有社會成員則因享受了「社會存在」的好處就必須承擔恪守規範、維護社會的義務,如果你違反了規範,甚至進行「反社會行為」,社會就會借助國家權力向你實施懲罰。這個「社會」與「自然」的交易其實就是早先能力導向下「自然人」之間交易的推衍。重要的是,這裡的交易成本並非僅僅向違犯分子,而是向所有成員支付的成本,因為其實所有人都有著回到「自然狀態」的可能性,每個被約束的「自然人性」都是「社會人性」的「被補償者」,而它們內禀於同一個人。另外,所有願意以社會方式生存的成員,都是「反社會行為」退出的受益者,也應當為獲得了好處支付成本,因此成本的來源是全社會成員——這就完成了對國家功能及再分配的原初正義的補充證明。社會正義存在的前提就在於它對「不正義」的贖買,通過利益的讓渡,為所有人不搶劫、不偷盜、不欺騙等行為做出再分配的承諾。也只有在這個基礎上,社會才有資格(正義的理由)要求所有人以社會認可的交往方式、生產方式、生活方式,即以人的方式存在。

那麼,這個「社會人」通過國家支付給「自然人」的「補償」到底是什麼呢?這個「補償」體現為國家應承擔使每個成員在競爭失敗時免遭生存危機的義務。**社會狀態**是一種比**自然狀態**「進步」的生存方式,人們只有在所面臨的社會情況糟糕到還不如自然狀態情況時,才可能產生回到自然狀態的意願,因此,在一個社會中生存難以為繼或者十分糟糕的人,就處在「社會人」向「自然人」轉化的邊界上,是最有可能進行「反社會行為」的人。從這個意義上說,基於社會正義的國家,就**應當**通過再分配為所有社會成員提供基本保證而令其放棄「社會人」的角色,而再分配實現的補償功能則體現在制度安排的各個方面。

以諾奇克為代表的古典自由主義則把國家的功能僅限於保護公民的基本權利,提出「能夠得到證明的是一種最低限度的國家(Minimal State),其功能僅限於保護人們免於暴力、偷竊、詐欺以及強制履行契約等;任何更多功能的

国家都会侵犯人们的权利,都会强迫人们去做某些事情,从而也都无法得到证明」。① 但是,这种个人权利至上的先验性是「社会人」立场的单方面设定,没有考虑自然状态下权利观念的实现条件,这也就导致了其理论无法避免因社会不稳定而瓦解的理想主义尴尬。任何国家存在的共同前提是人们愿意以社会的方式生存,愿意以「社会人」的角色来思维。「最低限度的国家」也是如此,一旦失去了这个前提,所有社会意义上的「权利」「自由」也就釜底抽薪了!诺奇克在谈论再分配时总是将其当作国家对个人财富的强制剥夺而将之排除在国家正义之外,但是,如果我们把再分配当作社会生成的一种维护成本时,任何愿意以社会方式生存的成员理当为之付出成本。因此,这种再分配并未违背诺奇克的「自愿」原则。

至于再分配正义的目的与限度,古典自由主义认为国家通过再分配对最少受惠者给予补偿造成了「穷人对富人剥夺」。但事实上,根据权利与义务的对称,再分配的原初正义表现为国家通过再分配功能,建立起了公民享有生存基本保障权利与承担遵守社会规范义务的关系,以及公民享有社会规范、制度体系保障的权利与承担纳税义务(以保证再分配功能实现维护社会)的关系。按照这种权利与义务关系的要求,任何一种社会,即便是诺奇克所推崇的自由竞争社会中,那些更愿意维护现状、更担心社会动乱和变革的人,也正是在社会中处于优势地位、获取利益较多、较拥护「持有正义」的人,他们为了保全其既得利益就应当付出更大的代价。诺奇克没有透过差别原则表面上的「穷人受益」,更深刻地看到真正的受益者恰恰是他为其鸣不平的「被剥夺者」。差别原则下的再分配不仅不是对富人权利的侵害和其财富的剥夺,反而是富人为维护其利益「应当」自愿的行为。

而且,不受制约的自然竞争必然导致两极分化,而人的尊严与经济地位是联系在一起的,当个人尊严因为竞争失利而遭损失,他也就更容易转向「自然人」的思维。于是,国家功能与再分配的正义就不仅包含对公民生存底线的保障,还应包含对由于各种原因所导致的两极分化的调节。说到底,这种调节就是为了弥补因经济地位悬殊而造成对社会认同感的缺失,用制度来保障个体在竞争中,不因失败而丧失尊严,不放弃「社会人」的思维与行为,尽可能防止因「个人的不幸」而转向「个人的不德」,进而扩展成为社会的瓦解。

除此之外,再分配理论将个人因天资差异造成的不平等也纳入调节领域,

---

① 罗伯特·诺奇克. 无政府、国家与乌托邦 [M]. 姚大志,译. 北京:中国社会科学出版社,2008:1.

而古典自由主義者則認為「人們對他們的天資是有資格的」，如果「人們持有來自他們的天資⋯那麼他們就應該擁有它」，① 因此，對天資差異而導致的東西進行調整，造成「貶低人的自主和人對其行為的首要責任是一條危險的路線」。② 但是，這種觀點沒有意識到，雖然社會競爭中個體憑藉天資獲得的利益並不侵犯別人的權利，但並非每種行為都能被納入合法領域，那些被禁止的行為背後的天資能力只能處於被抑制狀態。因此在現實社會中參與競爭的是經過了「篩選」的天資能力，已經不是純自然、純偶然的了。因此，所有**合法地**獲得競爭勝利的能力都應該為維護這種**合法性**支付成本，以最大限度防止因天資差異而處於劣勢的群體鋌而走險，甚至破壞社會的遊戲規則。這樣，基於天資差異帶來的不平等，仍然是再分配正義應予以關注的。

當然，再分配用於維護社會邊際條件的限度以及所體現的差別原則非任意為之。其下限取決於窮人從再分配中獲得的好處與造反成本的比較，上限則取決於富人願意提供的補償與革命造成損失的比較。如果太低，窮人就傾向造反；如果太高，富人不幹。筆者將此稱為制度維護的邊際成本，這個成本不僅規定了國家（政府）的義務，也制約了國家（政府）的功能範圍。

總之，國家在社會的基礎上形成並促進社會的發展，社會穩定的維繫除了有賴於國家強力，其內稟生成的邊際條件，也應納入國家的調節功能，只有這樣，才能比較切實地理解現代國家制度建設中有關再分配的正義性，這對現代政治實踐有著特別的意義。

因此，再分配的正義性不是基於為了消除「不平等」，而是為了消除那種有可能導致社會走向分裂的「不平等」，這種「不平等」已經嚴重影響到一個人以「社會人」的身分自由地去獲取幸福的條件，因此，即便這種「不平等」是在社會既定的「公正」程序下的結果，也並不因此而具有不被調節的「正義性」。當然，如果社會中的「不平等」現實包括了較多的「過程的不公正」，那麼，社會的「不平等」就更容易觸及「革命線」。

從社會生成與維護的基本條件出發來看再分配的正義，具有原初性。基於此角度的論證說明了，不管在何種經濟條件下，不管人們在收入分配的過程中是否公正，所有情況導致的收入分配差距過多並且導致兩極分化，而弱勢層被推往社會邊緣而有淪為「反社會」的可能性時，再分配的必要性就此凸顯出來。但是，

---

① 羅伯特·諾奇克. 無政府、國家與烏托邦 [M]. 姚大志，譯. 北京：中國社會科學出版社，2008：271.

② 羅伯特·諾奇克. 無政府、國家與烏托邦 [M]. 姚大志，譯. 北京：中國社會科學出版社，2008：256.

再分配的正義性不僅僅表現在需要再分配，還包括再分配的限度（此是這個領域分析時往往被忽略的一面），即再分配的限度（再分配所依賴的稅收）不得超過社會精英成員不能承受的程度，如果前者是規避社會重返自然的「窮人的革命」，而后者則是規避同樣可能導致社會重返自然的「富人的革命」。

將註意力放在「不平等」（差距）本身之上，容易導致國家在採取再分配政策時只側重於調節的結果——縮短了表面（數量上）的差距，而忽略了再分配的不同方式會產生不同的調節結果，並不能夠真正幫助到窮人，本質改變窮人的境況才是再分配的立足點。

4.3.2 再分配的代價

基於再分配正義的認識，幾乎所有的社會都會採取措施向其貧困的公民提供幫助。但是所能給予窮人的東西需要從其他群體那裡獲取，這無疑是再分配計劃的主要阻力之所在。正如從前面分析可知，再分配的正義不僅包括應消除社會經濟不公平狀況對窮人的排斥，還包括決定這種調節力度的付出不應超過該社會其他成員能夠接受的程度。如果沒有再分配實現賴以為繼的社會財富基礎，沒有增進財富的動力機制，就不可能創造出平等分配的社會財富，而無限度的再分配，只會是共同的貧困。這在經濟學上則構成對再分配的成本（代價）的分析。

再分配將收入從富人向窮人那裡轉移，可能因此而損害效率。但正如前面關於再分配的正義性闡述，如果社會的正常維繫需要再分配實現相應功能，那麼，損害一定的經濟效率為「平等」買單是必不可少的，用經濟學的話來說，那就是如果「平等」是一種值得購買的社會商品的話，那麼損失的效率可以視作為之而付出的代價。也就是說，我們到底願意以多少效率為代價來換取更多的公平？阿瑟·奧肯在他的「漏桶」[1] 實驗中提出了這樣一個問題：如果我們重視公平，那麼將 1 美元從很富有的人的桶裡拿到很窮的人的桶裡時，我們將表示讚同。但設想在再分配之桶上有一個漏洞，設想富人所交的稅只有一部分（可能是一半）實際到了窮人的手裡，那麼以公平的名義所進行的再分配就是以損失經濟效率為代價的。顯然，奧肯看到了再分配所必須面對的這個兩難問題：當一個國家考慮其收入分配政策時，所要權衡的是，更大程度公平的收益和有關的政策會對國民收入產生多大的影響。而再分配的措施，以累進稅而言，由於降低了工作和儲蓄的積極性，將可能使實際產出減少。

---

[1] 阿瑟·奧肯. 公平與效率：重大權衡 [M]. 王奔洲，等，譯. 北京：華夏出版社，2010.

本書以圖4-1①中的收入可能性曲線來圖解再分配的成本以及闡釋上述奧肯的基本觀點。從圖4-1中可以看到當政府計劃對收入進行再分配時，各群體可以得到的收入。

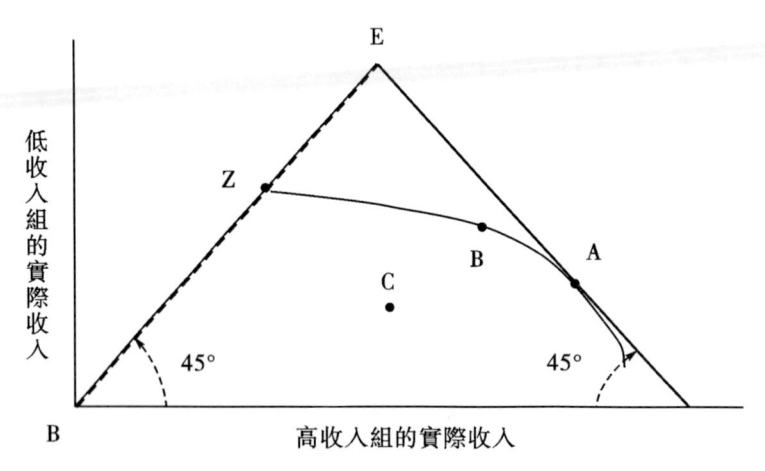

图4-1　收入再分配會損害經濟效率

A點標志最有效率的結果：國民產出最大化。如果社會能在避免效率損失的條件下進行再分配，則經濟將移向E點。因為再分配計劃一般要引起扭曲和效率損失，再分配的路徑可能是曲線ABZ。社會必須決定犧牲多少效率來換得較大的公平。

將人口分成兩組：低收入組的實際收入在圖4-1上用縱軸表示，而高收入組用橫軸表示。在再分配開始以前的A點，沒有稅收，也沒有轉移支付，人們簡單地靠他們的市場收入生活。在一個競爭的經濟中，A點將是有效率的，並且沒有應用再分配政策使國民總收入最大化。

但是，在自由放任的A點，高收入組得到的權力大大超過低收入組。於是人們也許會致力於稅收和轉移支付以增進公平，希望到達收入公平的E點。若採取這樣的步驟不會降低國民收入，則經濟將會從A點移向E點。AE線的斜率是負45°，體現了關於效率的這樣一種假設：從較富有的人那裡拿去每1元正好使較窮的人的收入增加1元。沿著負45°線，總的國民收入是固定的，它表示再分配計劃對國民收入的總規模沒有影響。

但大多數再分配計劃事實上對效率有影響，在奧肯的實驗中發現，從富人那裡徵收來每100元稅收，實際上只能使窮人的收入增長50元。再分配這個

---

① 保羅·薩繆爾森. 經濟學 [M]. 18版. 蕭琛, 譯. 北京：人民郵電出版社, 2011：340.

178　理念與制度：基於實踐視野的經濟正義研究

桶上出現了一個大漏洞。這種費用高昂的再分配可表示為圖 4-1 中的 ABZ 曲線。在圖 4-1 中，由於稅收和轉移支付所造成的無效率，使假定的實際收入邊界從斜率為負 45°的線上彎曲下來。造成這種效率損失的原因，正如奧肯所指出的，「現實世界中，再分配的非效率包括對富人和窮人與經濟刺激的相反作用以及稅收和轉移計劃的行政管理成本。」① 也就是說，如果一個國家對最富有的階層實施高稅率的辦法進行再分配，那麼這個階層工作的熱情就可能會受到挫傷或誤導，並導致國民總產出減少；他們可能在稅收律師身上花更多的錢，可能減少儲蓄（遺產稅太重），累積率可能下降；也可能減少有風險但回報高的創新投資……從而消極影響整個經濟的活力與效率。這樣，如果社會為窮人設置了最低收入保障，貧困的壓力就會降低，窮人就可能會因此減少工作。對這種再分配計劃的上述反應，都會降低實際國民總收入的規模。根據以前一些社會主義國家的經歷表明，那種試圖通過剝奪富人財產使收入平等的方式，最終使每一個人都受到了傷害。通過禁止企業的私人所有權，政府降低了由於財產收入多而引起的不公平，但工作、資本累積以及創新的積極性被降低，破壞了這個「按需分配」的「激進」實驗，並使得整個國家貧困化。

由此可見，正是再分配的成本耗費構成現實中人們對再分配正義功能的實踐限度的重要原因之一。在再分配過程中，如果存在著大量無謂的行政管理成本，或造成了工作消極和失誤，嚴重損害儲蓄積極性，甚至對自力更生、貢獻等社會普遍道德觀念產生否定性影響，等等，都會大大降低再分配的正義性。因此，奧肯的「漏桶」實驗的重大啟示意義在於：以什麼樣的再分配方式，來更好地堵住這個「漏洞」。而這顯然包括兩方面：如何管好進口（再分配的來源）與出口（再分配的方式）。

4.3.3 管好「入口」——對累進稅的反思

「漏桶」問題不僅包括再分配的使用，還取決於再分配收入的來源及其限度等條件。不合理的稅種及額度，都會造成「漏出」，即對效率的減少。因此把好「入口關」，也是對再分配制度實踐正義性的重要審察。「由於漏出，桶中有所損失。然而，只要用合理的方式灌註，它仍能在漏出的部分達到被剝奪者手中時保持盈滿。」② 那麼在經濟學上，影響再分配收入來源最重要的制約

---

① 阿瑟·奧肯. 公平與效率：重大權衡 [M]. 王奔洲，等，譯. 北京：華夏出版社，2010：109.
② 阿瑟·奧肯. 公平與效率：重大權衡 [M]. 王奔洲，等，譯. 北京：華夏出版社，2010：120.

條件是什麼呢？

（一）「拉弗曲線」的啟示

20世紀30年代的世界經濟大危機后，凱恩斯主義大行其道，不少西方國家紛紛採用擴張性的經濟政策。但「玫瑰色的繁榮期」之后，到20世紀70年代，這些國家紛紛陷入經濟停滯與通貨膨脹並存的「滯脹」困境之中。如何突破「滯脹」困境成為當時西方經濟學家的研究熱點。在此背景下，美國供給學派經濟學家阿瑟·拉弗（Arthur B Laffer）為了遊說時任總統里根採取降稅政策，提出了「拉弗曲線」理論。「拉弗曲線」的原理並不複雜，其曲線形狀如圖4-2所示。其基本含義為：當稅率在原點O時，稅率為零，此時稅收收入為零；隨著稅率提高，稅收收入也增加，並在E點達到峰值；此后當稅率繼續增加時，稅收收入反而下降，當稅率達到100%時，現實的情況上不再有人還會去工作，稅收收入變為零。因此曲線是兩頭向下的倒U形。供給學派將E點右側，「拉弗曲線」與橫軸及EE′圍成的區域稱為「拉弗禁區」，當稅率進入禁區后，損害生產積極性的影響大於收入影響，稅率提升，稅收下降。此時，要恢復經濟增長稅額，唯有降低稅率，方可魚與熊掌兼而得之——收入和國民產量同時增加。「拉弗曲線」雖然只是一個比較粗略的經濟計量實證模擬，但足以充分說明了稅率與稅收並非始終成正比。這種理論規律是以經驗事實為支撐的：當稅率太高時，勞動的成本過高，人們會以各種方式漏稅、逃稅甚至放棄生產，嚴重影響正常經濟活動秩序，自然收不上稅來。如果強制徵收，「革命」因素就會增加。可見稅率並非越高越促進稅收，在特定社會條件下，只有在能為社會成員普遍接受的合適的區域，才能起到促進生產，保證分配的積極作用。因此，不僅是出於何種目的的稅收政策，政府也必須保持適當的稅率，這就是任何稅種在制定中的重要約束條件，可以說是制度設計中的效率與激勵相容在稅制設計中的體現。

（二）對累進稅的反思

目前累進稅制是世界各國基於公平立場而採納的最普遍的再分配收入方式。所謂「累進稅」，即指按照課稅對象數額的大小，規定不同等級的稅率：課稅對象數額越大，稅率越高；課稅對象數額越小，稅率越低。累進稅納稅人的負擔程度和稅負能力成正比，具有公平負擔的優點。從其負效應來看，累進程度太大，則又會導致獎懶罰勤，不利於鼓勵人們工作，並造成「拉弗曲線」效應，降低納稅效益。因此，合理的累進稅制在充分考慮收入的平等性調節的同時，必須根據具體條件，在稅率確定、稅種匹配等實踐問題上做出科學合理的論證，以最大程度避免它在運用中的負面效應，保證再分配制度「入口」

図 4-2　拉弗曲線

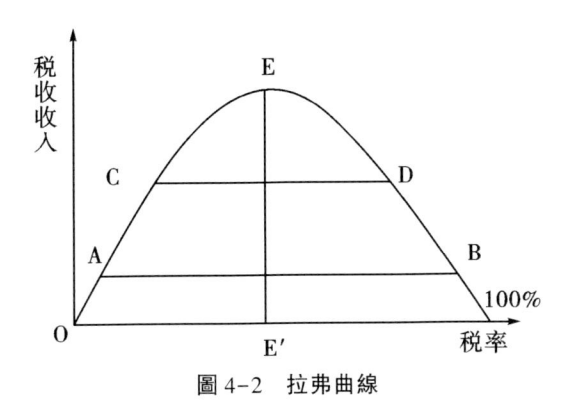

的正義性。

以中國為例，在累進稅運用上應合理考慮如下問題：

1. 稅率高低問題

如果個人累進稅對高收入階層的邊際稅率太高，不僅會損害居民創造財富的積極性，而且可能會造成個稅徵管出現漏洞，並導致高收入階層出現巨額灰色收入，從而導致儘管個稅稅率很高，但政府實際徵收的個稅卻相當少的情況。就中國來說，儘管中國的個人累進稅率最高達到 45%（在全球屬較高的），但 2008 年中國在個人所得稅上的收入為 3,720 億元，僅占全國財政收入的 6.1%，僅占 GDP 的 1.2%。當年居民工資收入為 15 萬億元，而個稅收入僅占 2.5%。2010 年，中國個稅收入為 4,840 億元，占全國財政收入和 GDP 比例分別為 5.8% 和 1.2%。這個比例不單遠低於主要財政收入依賴於個稅的發達國家，亦低於一般發展中國家。可見，在中國存在著比較嚴重的逃稅、避稅現象。有學者曾調查中國的百貨公司的銷售收入中，相當大一部分是以「購物卡」的方式來實現的（約占 20%～30%）。這顯然是一種避稅手段。不少企業或事業單位在正常工資之外，給員工發放大量的各式購物卡，在徵收個稅時這些巨額收入往往被遺漏。姑且不論「購物卡」這一形式合理或合法與否，一個制度若派生出如此巨大的「灰色行為」，對經濟發展的效率絕非好事。[1]

2. 稅種結構問題

個人所得稅只是一個經濟體系諸多稅種之一，如果個稅體系與其他稅收制度安排不配套，會導致這個「入口」出現嚴重「漏出」。比如在香港，個稅和企業所得稅分別為 15% 和 16.5%，差距很小；在美國，個稅和企業所得稅都是

---

[1] 摘錄自陳昌華：《高收入階層稅率過高將損害效率》，載於財新網，2011 年 5 月 3 日。

累進稅制，且最高邊際稅率都為35%。顯然，這種稅制設計的主要目的是減少企業主和企業高管在兩種稅制間「套利」的空間。而反觀中國，個稅實行累進稅制，最高邊際稅率為45%，而企業所得稅則統一為25%。可以想見，企業主或企業高管在這種稅制下的「最優」選擇，是將自己的工資收入盡可能壓低，而把所有可能的個人開支都以「員工福利」的方式支付。這樣的話，既不用付個稅，企業也因支出增加而導致稅前盈利下降，可以少付所得稅。政府則因為這種「灰色行為」損失了大筆收入，而且也削弱了累進稅的公平性。

　　基於如上對累進稅制度稅率及稅種匹配的實證分析，可見累進稅制雖然作為一種理論上先進並且在西方國家得到較成功運用的制度安排，但因社會條件的改變，或者在具體稅率等設計上的偏差，會導致完全不同的執行效率。稅收制度作為重要的經濟制度安排，不僅要保證制度本身的正義性，在其設計與執行中，還要考慮制度的執行效率與激勵相容等問題。任何一國的個稅制度改革在借鑒國外先進的制度時，還必須結合本國的現實條件，如居民的納稅意識與觀念、居民收入與財富結構、社會對其的把握程度、稅務機構的執行條件、與其他稅種的匹配等問題。空有制度的理想目標而脫離現實條件的個稅制度安排甚至可能在現實中偏離其原初的正義性，起到相反的效果——收入最高的那部分人反而納稅少，主要的稅額卻是由普遍的工薪階層承擔。

　　以俄羅斯個稅改革為例，茅於軾先生2009年撰文對此作了介紹。[①] 俄羅斯於2001年進行了個稅改革，在稅改之前，俄羅斯實施三級累進稅制，起徵點為年收入3,168盧布，從3,168到50,000盧布的稅率為12%，年收入在50,000至150,000盧布的稅率為20%，超過150,000盧布的，稅率為30%。改革以後，個稅的起徵點提高到4,800盧布，稅率統一減為12%，外加1%的養老準備金。在稅率改革的同時，政府加強了徵管管理，並提高了懲罰力度。單純從計算來看，既提高了起徵點，又取消了累進稅率，稅收收入肯定要減少，但事實上改革后的次年，俄羅斯的經濟增長5%，而稅收收入增加了25%（以不變價計）。2002年的個稅收入增加了21%，2003年繼續增加了12%。說明這次個稅改革是成功的。迄今為止全球已經有20多個國家受俄羅斯稅改的影響，實施了統一稅率的個稅改革。這次俄羅斯的個稅改革，提高了起徵點，並將稅率統一降低到12%，反而增加了稅收。這證明原來的稅制下有許多高收入的人隱瞞了他們的收入，連最低收入的稅率都沒有交。稅改后，他們開始按統一稅

[①] 摘錄自茅於軾：《俄羅斯個稅改革的經驗》，載於「天則研究所」，http://blog.cnfol.com/maoyushi/article/5384805.html。

率納稅，從而使稅收總額得以增加。當然，他們從隱瞞改變為主動申報，一方面是由於稅率的降低，但也由於政府加強了稅收徵管管理，提高了懲罰力度，使他們逃稅的成本提高，而納稅的成本降低，所以他們改變了行為方式。光有減稅，沒有徵管的加強，效果不會這麼顯著。

中國的情況與俄羅斯很相似，都是從計劃經濟轉向市場經濟，稅務機構徵管能力還不完善，居民納稅意識比較淡薄，個體收入與財富公示制度不完備……在此條件下，片面追求制度理論上的「正義性」而採取激進的高稅率累進稅，勢必加大納稅成本，減弱制度執行效果。因此，最大限度地從制度設計本身去激發納稅人的自覺性（或降低執行內在阻力），通過合適的稅種、合宜的稅率、相匹配的稅種相結合，實則是再分配收入途徑現實的正義考量。

4.3.4 管好「出口」——對再分配實現形式的反思

再分配制度能否達到消除破壞性不平等與消除貧困的目標，主要取決於再分配的實現形式，即再分配給誰、分配什麼、採取何種手段這些實施環節的具體考慮。

（一）分配給誰

再分配制度中，福利分配對象的確定和選取一直是制度設計中具有基礎性且爭議較多的環節。在關於社會福利政策的分配理論與實踐中，對於如何確定分配對象主要有普遍性原則與選擇性原則這兩種不同的選擇立場。

1. 普遍性原則

普遍性原則又稱為全民性原則，是指在政府社會福利政策的可及性方面，國民不因地位及其他個人條件或狀況的差異而被區別對待，而應該能公平地享有及獲得政府的公共服務。[1] 普遍主義者認為，並非只有窮人、殘障人士或遇到特殊困難的人才會遭遇不幸，從動態的角度來看，每個人的境況是因時因勢而變的，經濟危機、疾病、天災等任何一種不定因素都可能改變一個人的當下境況，也就是說每個人都可能面臨社會風險而淪為弱者並產生社會需要。因此，作為社會需求的回應，再分配社會政策的目標應該具有廣泛性和全民性，即應該面向所有社會成員而不作區別對待。例如，所有小孩都應該接受照顧和教育，所有患者應該受到健康照顧，所有老人、殘障人士和失業者都應給予收入支持。因此，社會保險、公共教育、養老等這些與收入無關的再分配福利項目都應該像政治權利一樣，作為一種普遍的社會權利。

---

[1] TITMUSS R M. Commitment to Welfare [M]. London: Allen & Unwin, 1968.

2. 選擇性原則

選擇性原則是指再分配福利應根據個人需求來決定，如公共救助和公共房屋。資源應該運用在「值得」幫助的對象上，所以必須經由某些調查及核定的程序。選擇主義者認為，在社會生活中雖然人人都有風險可能性，但不同的人所面臨的具體社會風險狀況是不同的，不同的人群有不同的抗風險能力，不同的人群所面臨的風險度也不同，因此，公平合理的再分配政策不應該是人皆有之的普遍給付，而應該是給予那些經過一定標準界定與資格審核得以證實的家庭或個人以選擇性的給付。再分配應該將有限的資源集中救助那些不能維持基本生計並且理由充分的邊緣人群。合理的再分配政策應該只提供有限的救助，再分配的社會福利不應該是普遍權利。

總的來說，這兩種再分配對象的確定原則各有秋千。選擇性原則比較注重成本效益，可以把有限資源集中在那些真正有需求的人身上，從而達到控制福利開支的目的。而普遍性原則往往是無的放矢，降低了緩解不平等與反貧困政策的效率。但是，由於選擇性原則採取了區別對待，很多情況下以家庭經濟狀況來決定資格，從而強化了道德與經濟層面的社會差異，導致社會分割，形成隱性的「社會歧視」。許多研究表明，社會救助項目會帶來污名效應，導致一些有資格的人寧願放棄社會救助。鑒於這兩種原則各有利弊，現實的操作中往往是將兩者結合起來。比如，有學者建議[1]，在資源的分配選擇標準上不應局限於收入水平，還應包括各種相對客觀的指標，如醫療照料、懷孕、未成年子女等。而任何一項再分配福利項目都有一個觸發標準，只要滿足觸發標準，則不論收入多少，每個人都享有再分配福利資格。具體的操作，比如有許多福利國家是將再分配資源的一部分用於普遍性給付，但只保障最低生活標準，而剩餘的部分則集中於最貧困的人口。再比如在英國，為新媽媽提供的公共健康家訪是全民性的，但是對於那些風險更大的母親和子女則給予額外的探視。在法國，單親父母、低收入家庭和殘障兒童除了領取全民皆有的標準家庭補貼外，還能領取額外的特殊補助。

在再分配政策的資格確定上，除了遵循全民性和選擇性兩大基本原則，還涉及對具體選擇標準的確定。即如何確定社會生活中哪些是瀕臨社會邊緣（可能性最大）的弱勢群體？這主要有四類資格標準：

---

[1] COLLARD D. The Case for Universal Benefits [M]. in D. Bull (ed.) Family Poverty: Programme for the seventies. London: Duckworth in association with the Child Poverty Action Group. 1971: 208.

（1）根據身分屬性確定資格

即根據個人的身分（如老人、兒童等）來確定資助資格。由於老人、兒童等特定人群不能在自由市場經濟條件下通過自身滿足需求，因此必須通過政府再分配為其提供必要的福利。比如在法國、日本、瑞典和英國等發達國家都建立了兒童津貼計劃，只要有未成年兒童的家庭，都可以領取一定數額的兒童津貼；如在中國香港，年齡在70歲以上的永久性居民，皆可領取一定金額的高齡補貼。

（2）根據社會貢獻（或迫害）確定資格

它指為國家社會做出特殊貢獻或遭受過不公平的社會迫害的人群，如退役軍人、受種族歧視或政治迫害的人。這類再分配福利政策一般具有補償性質。比如美國20世紀70年代提出的平權行動項目，其目的是彌補過去受到排斥而無法獲得正常生活和機會的非裔美國人，這個計劃在高等教育、就業等方面給予了非裔以優待政策。

（3）根據專業診斷確定的資格

這類資格是指由（醫療）專家來判斷一個人是否具有差異性需求，是否需要向其提供特殊資源與服務。這類資格是針對個人，以需求的技術診斷為基礎，診斷由經過授權的專業人員來完成。常見的是根據專業醫務人員出具的殘障證明及其殘障程度來確定。

（4）根據家計調查確定的資格

所謂家計調查，就是以居民家庭收入和支出為主要調查內容的綜合性的專門調查。此類資格的條件是收入和資源低於貧困線而無法維持基本生活或社會所認同的基本生活標準的家庭或個人。運用家計調查方式確定的再分配方式主要是社會救助項目，如英國的收入援助，美國的困難家庭臨時救助、食物券、醫療求助，以及中國的最低生活保障制度。

通過以上分析，可以看到在再分配制度的制定與實施過程，由於處於社會困境中的成員存在不同的情況，按照不同的分類標準與確定方法給予分配對象的資格認定是一個複雜的過程；另外，不同的國家因為發展程度的差異，在確定何謂貧困的標準上也有著很大的差異。如果奧地利、德國、盧森堡等國家的最低標準是「得體像樣」或「維護人類尊嚴」；芬蘭和瑞典的標準是「適度但充足」；還有些國家的標準是「解決溫飽」；等等。也就是再分配的對象在人群性質的確定上有著共通的標準，但再分配的政策力度則取決於特定國家的經濟發展實力。

（二）分配什麼

再分配應該採取什麼方式、什麼內容，是社會福利政策設計的重要論題。

理論與實踐中主要糾結於兩種分配形式：現金，或是實物。對於困難的家庭，政府到底應該是資助其一定金額的收入，還是提供食品、住房或別的生活資源？對於兒童教育，應該是設立眾多的公立學校來保障每個兒童獲得義務教育，還是給每個家庭等額的教育券令其在教育市場中自行選擇私立學校？這些政策背後其實都包含著不同的正義價值傾向。

1. 實物分配方式的優劣

在經濟學界，有學者認為實物分配有利於形成規模效應。因為再分配實物的需求量相當大，通過政府批量採購的產品或服務，在生產上具有規模效應，可大大降低成本，提高效率。如果採用現金補助，購買的私人化、多樣化會使同類產品價格高昂得多。① 同時，採用實物補助，可以避免補貼現金被挪為他用。不過這種分配方式雖然促進了資源的效率，但是卻限制受助者的消費自由，使再分配政策有淪為社會管制窮人的工具之嫌。尤其是實物分配運用在較為便宜的日常生活服務時，負面效果比較突出。因此，實物分配原則一般應局限於家庭具備充足的收入之后應用；或者在社會成員遭遇到群體性重大災難時（如地震、海嘯等）應急所用。

2. 現金分配方式的優劣

持現金分配方式的觀點認為，現金福利優於實物分配，因為現金給予使用者最大的自由和選擇權，令其可以按照自己的偏好來獲得最大的效用（福祉），並進一步促進整個社會的福利。此外，現金便於發放與使用，大大節省了再分配實施的行政成本，節約了資源，「漏出」少。而且，現金分配避免了實物分配帶來的污名，在給予扶助的同時又為窮人自由選擇提供了可能，維護了窮人的尊嚴。但是，由於再分配的政策對象往往是有別於普遍社會成員的特殊人群，或者是無法獨立決策的老人或兒童，或者是殘障人士，或者是教育程度不高的赤貧者，往往並不能充分瞭解市場信息並作出理性選擇，因此，現金的自由選擇是否帶來實質的效用最大化很成問題。事實上，許多研究表明，如果現金給付不帶附加條件，很難得到100%的善用。比如早年中國對四川甘孜、阿壩等地的藏民家庭給予現金的福利資助時，卻發現補助金並沒有用在孩子的教育或者別的更緊要的需求上，小孩仍在當放牛娃，而錢卻被男主人拿去買酒喝了。這就完全背離了再分配正義的初衷。

鑒於現金分配和實物分配各有優劣，一項再分配政策應該採取哪種方式，

---

① MYRDAL A R. Nation and Family：The Swedish Experiment in Democratic Family and Population Policy [M]. Cambridge, Mass：M. I. T. Press, 1968.

則取決於具體條件下兩種方式的利弊權衡。一般來說，由於現金給付不會扭曲個人消費和生產選擇，社會保險、社會救助與補貼、公積金等方式得到比較廣泛使用；但現金給付卻可能導致分配目標失效的問題，因此通常需要運用制度設計的原理，為現金給付設定約束條件。以巴西、智利、墨西哥等20多個國家所採用的「限制性現金轉移支付」項目為例：這些國家的低收入家庭必須參與國家所規定的婦幼保健、保證適齡兒童入學等項目，才能獲得政府的現金生活補助。此制度所包含的設計理念，就是以收入激勵方式，來保證弱勢群體獲得必要的教育和健康服務。但是，當在家計調查不完善而且成本較高的地區，則宜於實行實物分配。由於信息不完善時，政府不能充分掌握個人情況，必須建立某種特別供給物的機制將不合資格者自動篩選出去（如分配只有窮人才願意食用的粗糧等）。雖然實物補貼仍會造成價格扭曲，但這種損失可以從前者的「漏洞」減少中得到彌補。同時，在通貨膨脹的條件下，實物分配也比現金給付有更好的保值作用。總之，具體的分配方式，既取決於政策所面對的具體問題，又取決於決策所處的經濟條件與政策環境。

4.3.5 小結

對再分配正義實現的一種整體反思：

再分配是在既定的經濟制度之下，通過各種措施去彌補經濟制度自身運轉所造成的不平等問題，然而，再分配所解決問題的能力又有賴於經濟制度自身的運轉所帶來的成果。說得更具體點就是，被一個國家高度依賴用以為社會成員提供各種收入、服務等福利措施的源泉，正是經濟的繁榮和持續的利潤，而這又正是造成再分配要去解決的問題的根源。這恰恰構成了當今以再分配為核心理念的西方福利國家的內在矛盾，「它一方面給資本強加各種沉重的負擔，對它進行懲罰，同時也通過通貨膨脹、失業或兩者兼施的方式對所有其他人進行懲罰」。[①] 也就是說實現再分配正義目標的手段，又成為進一步擴大了再分配要致力於調節的「不義」目標。因此在廣泛運用再分配的福利主義國家中大多出現了諸多弊病：依賴自上而下的福利分配制度，缺乏民主基礎；過於強調保護和照顧，而削弱了個人自由；再分配行政機構的官僚化導致效率缺乏；巨大的福利支出導致政府財政困難；利益群體的出現，形成改革障礙；等等。

當然這種分析看到了問題的實質，但也存在著片面性。即它隱含的條件是再分配的調節結果不能改變分配之前的經濟「效率結構」，也即沒有改變造成

---

① 克勞斯·奧菲. 福利國家的矛盾 [M]. 郭忠華, 譯. 長春：吉林人民出版社, 2006：6.

「不平等」的實質條件。畢竟，效率本身並無過錯，利潤的增長和經濟的繁榮並非罪惡，罪惡的是這種效率形成了壞的「不平等」經濟結果，因此，如果再分配通過效率創造的利潤對這種不平等的結構做出了有益的調整，我們沒有理由認為再分配后的世界仍是原來那個不義的世界。這就引出接下來的問題，什麼樣的再分配才能真正起到對經濟的不平等結構有著根本性的解決呢？目前關於再分配的限度、內容與方式，理論與實踐經驗所提供的資源顯然都還不足以解決好這些問題，關於再分配正義的實現研究仍是一個有待於繼續探討的問題。也或許，答案根本就不在再分配這裡，而是關乎整個生產方式及其經濟制度的變革，這已經超出了本書的研究範圍。

國家圖書館出版品預行編目(CIP)資料

理念與制度：基於實踐視野的經濟正義研究 / 譚亞莉著. -- 第一版.
-- 臺北市：崧博出版：財經錢線文化發行，2018.10
　面；　公分
ISBN 978-957-735-515-7(平裝)
1.經濟哲學
550.1　　　　　107015591

書　名：理念與制度:基於實踐視野的經濟正義研究
作　者：譚亞莉 著
發行人：黃振庭
出版者：崧博出版事業有限公司
發行者：財經錢線文化事業有限公司
E-mail：sonbookservice@gmail.com
粉絲頁　　　　　網　址：
地　址：台北市中正區延平南路六十一號五樓一室
8F.-815, No.61, Sec. 1, Chongqing S. Rd., Zhongzheng Dist., Taipei City 100, Taiwan (R.O.C.)
電　話：(02)2370-3310　傳　真：(02) 2370-3210
總經銷：紅螞蟻圖書有限公司
地　址：台北市內湖區舊宗路二段 121 巷 19 號
電　話：02-2795-3656　　傳真:02-2795-4100　網址：
印　刷：京峯彩色印刷有限公司（京峰數位）
　本書版權為西南財經大學出版社所有授權崧博出版事業有限公司獨家發行
　電子書繁體字版。若有其他相關權利及授權需求請與本公司聯繫。

定價：350元
發行日期：2018 年 10 月第一版
◎ 本書以POD印製發行